中国工程项目国际化战略丛书

国际项目实施方略

杨道富　杨　鹏　著

黄河水利出版社
·郑州·

内容提要

本书查阅了国际咨询工程师联合会成立100多年来的管理文件资料，是根据作者积累30多年的国外工作经验和涉外企业提供的大量国际工程招标、投标、设计、管理等资料精心编著的。全书共7章，主要内容包括：国际项目理念方略；招标准备及招标实施方略；投标准备及投标实施方略；项目合同运行实施方略；工程项目技术实施方略；常用合同协议信函标准格式；国际项目实施管理专题论述。本书内容丰富，资料翔实，数据齐全，叙述简洁，方便实用。以目前高等教育教学资源数据库建设微课程、知识点、碎片化知识智慧库的形式编辑，实现一事一议一方略，便于应用查询。

本书不仅可以作为国内外施工单位、设计部门、投资决策机构的培训教材，而且可以作为有关工程技术人员以及大专院校师生的自学用书，还可以作为政府管理人员行使职权进行决策的依据。

图书在版编目(CIP)数据

国际项目实施方略/杨道富，杨鹏著. —郑州：黄河水利出版社，2015.8

中国工程项目国际化战略丛书

ISBN 978-7-5509-1139-0

Ⅰ.①国… Ⅱ.①杨… ②杨… Ⅲ.①国际承包工程-项目管理 Ⅳ.①F746.18

中国版本图书馆CIP数据核字(2015)第115944号

组稿编辑：王路平 电话：0371-66022212 E-mail：hhslwlp@163.com

出 版 社：黄河水利出版社

地址：河南省郑州市顺河路黄委会综合楼14层 邮政编码：450003

发行单位：黄河水利出版社

发行部电话：0371-66026940、66020550、66028024、66022620(传真)

E-mail：hhslcbs@126.com

承印单位：河南承创印务有限公司

开本：787 mm×1 092 mm 1/16

印张：12.25

字数：280千字 印数：1—1 500

版次：2015年8月第1版 印次：2015年8月第1次印刷

定价：30.00元

前 言

国际项目实施管理研究起源于1913年，以国际工程师联合会(FIDIC)成立为标志，至今有100多年的历史。第二次世界大战结束，战后繁重的重建任务带来了国际建筑业项目承包的蓬勃发展。在工程项目施工建设中，世界工业发达国家深深地意识到：人为和自然因素对于大型工程建设项目的影响很大，不实行科学的管理制度，可能带来无法承受的风险和不可估量的经济损失。各国都非常需要一套标准的、通用的国际管理条件，以便在正常情况下确保项目目标的实现。在经历了很多曲折之后，国际工程师联合会(FIDIC)和许多国际组织总结出了一些可资借鉴的具体办法，通过招标、承包、咨询、监理，以契约的形式确定各自的权利和义务，以便在正常情况下确保项目目标的实现。项目目标主要包括：进度目标；质量目标；投资目标。为了达到上述目标，必须对雇主(或业主)、承包人(承包商)、监理人(咨询工程师)3方实行科学管理，用合同的方式强制约束各方的行为，使其严格履行及行使各自的责任、权利、义务，以及应承担的法律责任和经济损失。

改革开放以来，经济全球化的发展和国家"走出去"战略的决策部署，推动了对外经济技术交流的不断扩大深入，我国的各类公司和技术人员，面向国际市场，不断走出国门到外国开发项目和承包工程项目，外国公司也进入我国市场进行开发项目和投标承包工程项目。现在国内一些世界银行和国际融资项目(如鲁布革、小浪底、二滩等工程)，以及一些外资企业的工程项目，都已经采用了国际惯例。在过去的几十年里，因为我国大部分技术人员缺乏这方面的知识或知之不多，所以在国际工程项目的招标、投标、管理实践中，曾经给国家和企业造成过不同程度的经济损失。

我国政府主管部门1981年开始出台政策让企业走向国际市场。1988年颁布文件在建筑行业推行"三项制度"(项目法人责任制、建设监理制、招标投标制)改革，工程承建监理制度全面开展。1996年国家基本完成建设行业的事业向企业体制改革过渡。1996年8月13日，国务院总理李鹏召开国务院会议审议《中华人民共和国建筑法》，1998年3月1日开始实施，以法律的形式进一步确定了建筑市场管理的"三项制度"改革，依法管理建筑市场。从此以后，大型工程项目主张全部或部分实行国际通用的方式进行项目管理，以便中国建筑市场全面与国际惯例接轨。

中国与国际惯例接轨走过几十年的历程，能否成就"中国世纪"、建设创新型强国、把握未来"中国世纪"的发展，应采取3种方法：①把当前的困难和挑战变为推进改革的强大动力，更加充分有序地释放民间与市场的力量；②对内调整发展方式和产业结构，对外积极审慎收购扩张，全面优化和提升自己的软硬势力；③以坚定明确的国家战略、清晰健康的国家形象、积极负责的价值理念融入国际社会，成为一个既令人尊敬又不可替代的全球规则的主要制定者。

2015年1月28日，国务院总理李克强主持召开国务院常务会议，要求加快铁路、核电、建材生产线等中国装备"走出去"，推进国际产能合作、提升合作层次。对接相关国家建设和发展需求，通过政府推动、企业主导，运用商业模式，促进我国重大装备和优势产能“走出去”，开展产能合作，实现互利共赢。这不仅是扩大国际投资经贸合作的重要机遇，可以形成新的外贸增长点，也是国内产业优化升级的重要抓手。

会议确定：一是大力开拓铁路、核电等重大装备国际市场，整合行业资源，创新对外合作模式，探索采取合资、公私合营等投资运营方式，为有需求的国家提供工程设计咨询、施工建设、装备供应、运营维护等全方位服务，并通过国际合作开拓第三方市场。二是以钢铁、有色、建材、轻纺等行业为重点，针对国际市场需要，支持企业利用国内装备在境外建设上下游配套的生产线，实现产品、技术和合规标准“走出去”。三是通过对外工程承包、对外投资等，巩固通信、电力、工程机械、船舶等成套设备出口。支持企业境外并购、建立海外研发中心等，提高跨国经营能力。四是完善支持政策。用好外经贸发展专项资金等现有政策，立足长远支持一批重大项目，为重大装备和优势产能“走出去”提供便利。五是强化统筹配套。加强境外投资监管，规范企业经营秩序，坚决防止恶性竞争。六是注重履行企业社会责任，带动当地就业，加强人员培训，做好后续服务。把我国优势产能和装备打造成国家新“名片”。

目前，作为一个合格的项目经理和工程师，不仅要掌握工程建筑的理论和技术，即具有规划、勘测、设计、施工的能力，而且还要掌握工程招标、投标、承包管理方面的知识。在国际项目实施中决策的无知很可怕，特别是大型、巨型工程项目实施，受政治、经济、社会、自然等条件影响太大。例如：水文的随机性，地质和地基的复杂性，工程所在地点的特殊性，项目外部政治、经济、市场环境的多变性和项目本身的跨行业、多专业、实施时间长、项目建设不可逆转等特点影响很大。由于人类对事物认识和预测能力的局限性，可能会给项目实施带来许多复杂的、破坏性的事件和无可弥补的风险。其中有些风险是可预见的，有些风险是无法预见的。由于风险结构、计量、后果的不确定性，这就更需要对项目中的有形风险、无形风险，以及风险预防和控制的费用进行深入的探讨和研究，采取风险控制、风险自留、风险转移等措施对项目实施科学管理。

20 世纪 90 年代初，我国一些高等工科院校开始开设适合国内情况的项目管理课程。21 世纪初，几乎所有高等工科院校都开设了适应国内外工程项目管理和监理的专业和课程，都在抓紧培养能够胜任国际项目实施的专门人才，以满足我国面向国内市场和国际市场进行项目实施的需要。自从我国开始在项目建设中实行“三项制度”以来，已收到了明显的社会效益和经济效益，在确保工期、提高质量、控制投资和按计划完成建设项目等方面均取得了良好的效果。

作者从 1983 年开始研究国际项目实施管理，在国外曾与英国咨询机构莫特麦克唐纳公司（Mott Mac Donald，创建于 1890 年）和日本咨询机构日本国际工程咨询公司（Nipon Koei – Hyundai Joint Venture，Japan’s No. 1 International Engineering Consultants）在工程项目上进行经济技术合作和交流工作 5 年多，收集了一些国际招标、投标、管理方面的资料，根据自己的工作实践和体会，结合国际工程项目合同运用的情况，先后撰写了《国际建筑工程承包知识 200 问》《国际工程项目中 DRB 的作用和特性研究》《国际水电工程施工中的索赔及应用研究》《FIDIC合同条件的历史沿革与特性研究》《基于国际工程项目管理中的争端裁决研究》《国外图纸快速翻译法》《承包国际工程与技术人员素质提高》《国际工程管理文件简介》《国际国内建筑工程招标承包的发展综述》等研究成果。在省内外主讲《国际工程项目管理》60余场次。其中1995年11月出版的《国际建筑工程承包知识200问》专著,1998年获河南省教育委员会优秀著作二等奖,2004年获河南省优秀科普作品一等奖(全省仅评出10部著作),助推了中国建筑改革和国际化的发展。

经过作者多年来对国际项目管理的不断探索研究,亲历工作实践、建筑科普宣传、项目经理培训、高等学校教学等工作,凝练了本书,希望能对国家实施国际化"走出去"战略有所贡献,能为政府决策部门、行业企业、施工单位、设计部门、投资决策机构、相关项目实施管理人员以及高等院校的师生提供借鉴和学习参考。让教育真正承担起认识世界、传承文明、创新理论、咨政育人、服务社会、创新科技文化的神圣职责,让中国融入世界并与国际实现全方位接轨。

本书以手机网络课程和微课程的形式撰写,按照新课程标准及教学实践要求,教育教学过程中围绕各个知识点(重点、难点、疑点)开展教与学的活动。具有一事一题一议一决策的功能,具有检索单个议题时间较短、容量较少、自主学习、简便实用、快捷高效、示范经典、设计精致、最终实现手机终端接收等特点。不仅可以供国内外工程技术人员在项目实施现场随时查阅学习,而且可以用于高等院校工程建筑专业、工程监理专业、项目管理专业等的师生教学和实训,还可以作为政府项目实施管理的决策参考。本书是走向国际建筑市场、参与国际项目竞争的指南,是我国与国际工程项目承建惯例接轨的方法,是国内建筑工程项目管理改革的措施,是工程技术人员必备的常识和手册。

本书引用了国际咨询工程师联合会(FIDIC)合同条件的规范格式和惯例文本,借鉴了涉外企业和技术人员提供的参考资料,得到了黄河水利职业技术学院中国工程项目国际化战略丛书编委会的指导和支持。杨鑫鑫和郭亚娟参加了本书的撰写、编辑、校对和资料整理等工作。在此,作者对本书的撰写、出版给予了大力支持的单位和个人一并致谢。

杨道富

2015年6月

目 录

第一章 国际项目理念方略

第三章 投标准备及投标实施方略

第四章　项目合同运行实施方略

第五章 工程项目技术实施方略

第六章 常用合同协议信函标准格式

第七章 国际项目实施管理专题论述

第一章　国际项目理念方略

1-1　项目和工程项目的定义是什么?

“项目”(Project)一词已被广泛地应用于社会经济和文化生活的各个领域。工作(Work)通常包括运作(Operations)和项目(Projects)两部分。运作是持续不断的和重复性的,而项目是一次性的和唯一的。于是,项目可以用它的这种特征来定义:项目是为完成某个唯一性的产品或服务所做的一次性的努力。所谓一次性,是指每个项目都有其确定的起点和终点;所谓唯一性,是指其产品或服务在某些特定的方面有别于其他类似的产品或服务。

“工程项目”是指建设领域中的项目,一般是指某一项建设工程或某一项具体的建设工作。如建设项目的可行性研究,建设项目的规划、设计、咨询、施工、安装、维护和维修等工作。它既指项目建造的成果(包括产品和服务),也指建造这一成果的过程。

1-2　国际工程项目的定义是什么?

“国际工程项目”一般是指某种特定的建设工程,或指某一项具体的建设工作,如建设项目的研究规划和咨询设计或施工安装等工作;它是跨国的,就某一国家而言分为海外工程(Overseas Projects)和国内涉外工程;就一个项目来说,从咨询、融资、招标、投标、施工、监理到培训等各阶段或环节的主要参与者(单位或个人,产品或服务)来自不止一个国家(或地区);它一般是需要按照国际上通用的项目管理模式通过国际性公开招标投标竞争取得参与资格,并进行建设的项目。

1-3　国际工程项目管理的定义和内容是什么?

“国际工程项目管理”(International Project Management)属于项目管理知识体系(Project Management Body of Knowledge)的范畴,项目管理知识体系是指项目管理这一专业领域中的知识总和。项目管理知识体系主要由9项内容组成,如图1-1所示。

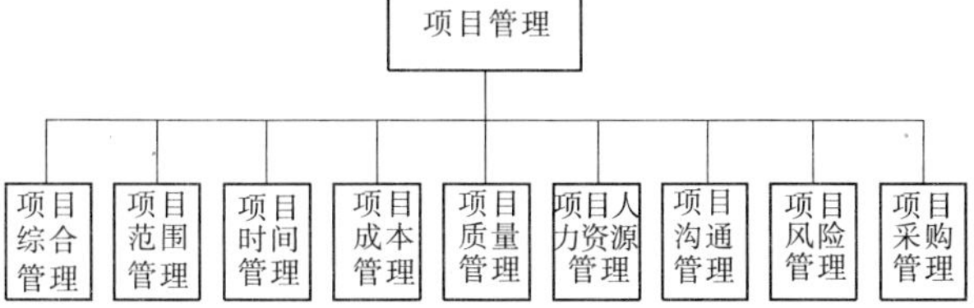

图1-1　项目管理知识体系及内容

项目管理知识体系的9项组成内容,缺一不可地构成了项目管理的金字塔结构。整体或综合管理将统揽全局,项目各项管理内在结构相互关联影响,风险管理的重要性将影响整个金字塔结构的安全，如图1-2所示。项目管理知识体系包括正在广泛应用的已被公认的传统经验，也包括在某个领域内开始被采用的先进技术和创新。国际工程项目管理便是项目管理知识体系的这些传统经验在国际工程领域中的应用和创新。新的项目管理知识体系列入了计算机辅助集成管理，把“智能项目管理”列为第10项管理。

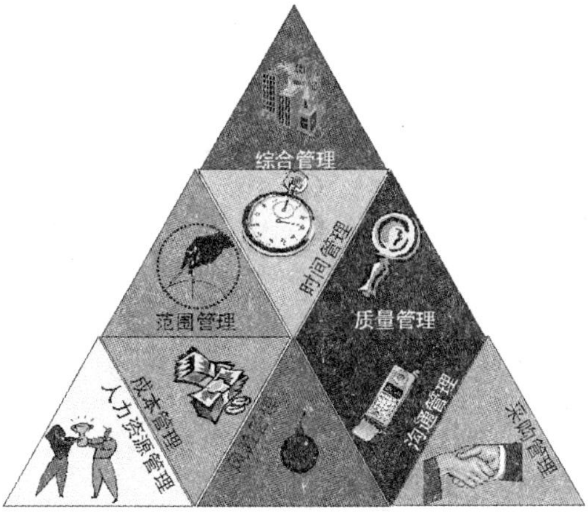

图1-2 项目管理知识体系的金字塔结构图

在项目管理知识体系中，主要工作内容归纳如下。

(1)项目整体(综合)管理。它包括项目计划制订、计划实施、综合变更控制。

(2)项目范围管理。它包括项目的启动、计划编制、范围定义、范围核实、范围变更控制。

(3)项目时间管理，也叫项目进度管理。它包括项目活动定义、活动排序、时间估算、进度计划编制和优化、进度控制与调整。

(4)项目成本管理，也叫项目费用管理。它包括项目资源计划编制、成本估算、成本预算、成本控制。

(5)项目质量管理。它指遵守项目质量管理原则和模式，按照项目质量管理体系规定，进行质量计划编制、质量保证、质量控制。

(6)项目人力资源管理。它包括组织的计划设计、结构模式选择、机构编制、人员获取、队伍组建。

(7)项目沟通管理，也叫项目信息交流管理。它包括沟通信息计划编制、确定信息交流的方法和手段、提交项目沟通绩效报告、保障信息管理始终畅通。确保项目信息及时恰当地产生、收集、传递、储存、处理、查询所要求的全部需要。

(8)项目风险管理。它指掌握风险因素、风险辨识、风险量化、定性风险分析、定量风险分析、风险应对计划编制、风险监控管理对策和决策。包括安全计划、灾难计划、应急计划等。

(9)项目采购管理。它指主要从项目外部获取工程、物资和服务，进行采购计划编制、设施计划编制、招标询价、供方选择、项目合同实施管理、合同收尾等。工程、物资和服务统称为“产品”。

新的项目管理知识体系变成了10项，列入了计算机“智能项目管理”，国际上比较流行的各类项目管理软件也在不断更新，属于前9项管理体系辅助管理。进入21世纪，在第 40 个“国际扫盲日”，联合国把“不会读图和不会使用计算机”定义为“功能型文盲”。项目管理已经离不开计算机和信息技术。

1-4　国际工程项目的特征有哪些？

(1)一次性。一次性是指每个项目都有其确定的起点和终点。当一个项目的目标已经实现，或者已经明确知道该项目的目标不再需要或不可能实现时，该项目即达到了它的终点。在任何情况下项目实施的期限是有限的，项目管理团队是为实施项目的特定目标而专门建立的，不可能在项目实施结束后继续存在。当项目完成时，该项目管理团队就解散了，其成员则被指派到新的任务上去。

(2)唯一性。任何项目均涉及某些以前没有做过的事情，所以它是唯一的。尽管一个产品或服务所属的类别范围很大，但其本身仍然是唯一的。例如：尽管一个城市、一个小区建造了多座完全相同形式的住宅楼，但每一座楼都有不同的坐标地点、不同的承建人、不同的建造时间、不同的户主等。某些重复性因素的存在并不能改变为整个项目所做的管理工作具有基本的唯一性的特征。

(3)整体性。一个工程项目可以由多个子项目和多个部位组成，彼此之间紧密相关，必须结合到一起才能发挥项目的功能。因此，要整体统筹规划、设计、实施、运用。

(4)实施时间长。一个大型工程项目的建成往往需要几年，有的甚至需要数十年，不可预见的政治、经济、社会、环境、自然因素多。

(5)不可逆转性。工程项目实施中不易逆转，例如钢筋混凝土建筑物不能轻易逆转成原材料，因此实施前需要事先做好实施计划和细则。

(6)产品地点的固定性。受项目所在地的资源、气候、地质等因素制约，当地政府以及社会经济的干预和影响很大。

(7)涉及多个专业和多个学科。这个跨多个专业和学科的新管理体系。从工程项目准备到实施的整个过程十分复杂，对人才素质结构有很高的要求，既需要掌握某一个专业领域的工程技术知识，又需要掌握涉及项目实施的法律、金融、外贸、保险、财会等多方面的其他专业的知识。

(8)跨国的经济活动。由于国际工程涉及不同的国家、不同的民族、不同的社会文化和经济背景、不同利害关系者的利益，因而项目有关各方不容易相互理解，常常产生矛盾和纠纷。

(9)需要严格的管理。由于有不止一个国家的单位和人员参与，不可能依靠行政管理方法，而应采用国际上多年来业已形成惯例的、行之有效的，并为行业权威机构颁布的文件范本规定的一整套项目管理方法。

(10)风险与利润并存。国际工程是一项充满风险的事业。因此，一个公司要想在这个市场中取得竞争优势、生存下来且不断发展壮大，就需要努力提高公司及其成员的素质，加强项目管理。

1-5　国际项目阶段和项目生命周期是什么？

为了顺利完成项目，项目管理班子通常要把每一个项目划分成若干个项目阶段，以便进行更好的控制。这些项目阶段总称为项目生命周期,如图1-3所示。

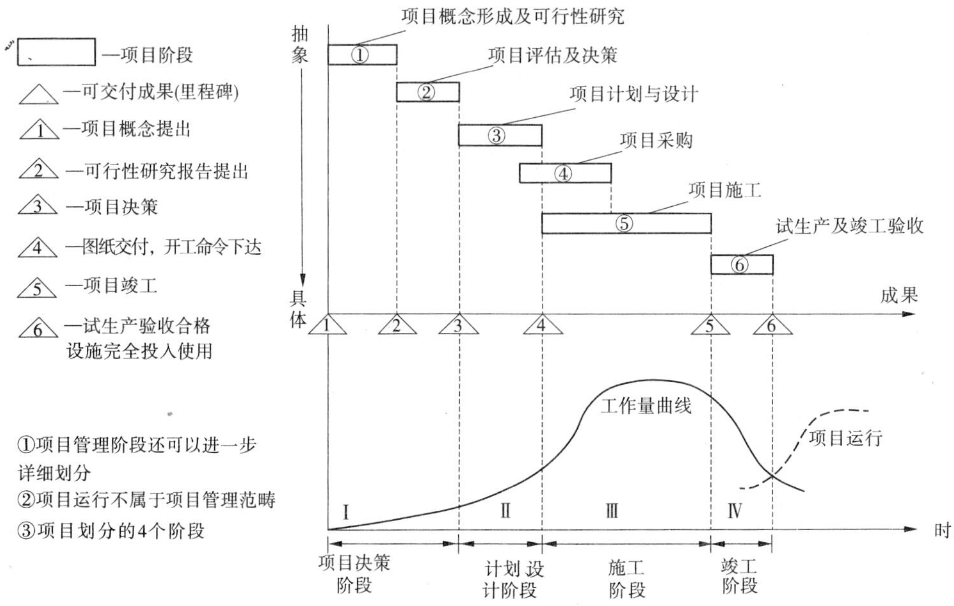

图1-3 国际项目生命周期及阶段划分

(1)项目阶段的特征。

每一个项目阶段都以一个或数个可交付成果作为其完成的标志。可交付成果就是某种有形的、可以核对的工作成果。可交付成果及其对应的各阶段组成了一个逻辑序列,最终形成了项目成果。

每一个项目阶段通常都包括一套事先定义好的工作成果,用来确定希望达到的控制水平。这些工作成果的大部分都同主要阶段可交付成果相联系,通常也使用该可交付成果的名称命名。

(2)项目生命周期的特征。

大多数项目生命周期的阶段序列一般是某种形式的技术传递或文件传递(例如:从意向到设计,从施工到运行)。前一阶段产生的可交付成果一般经批准后才能进行下一阶段。但是,有时候如果认为所涉及的风险是可以接受的话,后一阶段可以在前一阶段的可交付成果批准之前开始。

1-6 项目的4个阶段和主要工作是什么?

国际工程项目生命周期大致可以划分为4个阶段:项目决策阶段、项目计划与设计阶段、项目施工阶段、项目试生产及竣工验收阶段。虽然许多项目生命周期彼此类似,但绝不完全相同。如图1-3所示。

(1)项目决策阶段。

项目决策阶段包括项目概念形成及可行性研究和项目评估及决策阶段。主要目标是通过投资机会的选择、可行性研究、项目评估和业主决策,对项目投资的必要性、可能性,以及为什么要投资、何时投资、如何实施等重大问题，进行科学论证和多方案比较。为保证项目决策的科学性、客观性，可行性研究和项目评估工作应委托高水平的咨询公司独立进行，可行性研究和项目评估应由不同的咨询公司来完成。

(2)项目计划与设计阶段。

该阶段的主要工作包括项目设计、项目计划的制订和项目征地及建设条件的准备、项目招标及承包商的选定、签订项目承包合同。本阶段是战略决策的具体化，在很大程度上决定了项目实施的成败及能否高效率地达到预期目标。

(3)项目施工阶段。

项目施工阶段包括项目采购和项目施工。但有些项目少量采购在设计阶段就开始进行了(如采用设计/建造模式)。本阶段的主要任务是将“蓝图”变成项目实体，实现投资决策意图。在这一阶段，通过施工，在规定的日期、质量、费用范围内，按设计要求高效率地实现项目目标。本阶段在项目周期中工作量最大，投入的人力、物力和财力最多，项目管理的难度也最大。

(4)项目试生产及竣工验收阶段。

该阶段应完成项目的竣工验收、联动试车、试运行生产。项目试运行生产正常并经业主认可后，项目即告结束。但从项目管理的角度看，在项目维修期中，仍要进行项目管理。

根据项目复杂程度和实际管理的需要，项目阶段划分还可以将以上 4 个阶段逐级分解展开，便于验收管理。

1-7　什么是项目管理?

项目管理就是运用各种知识、技能、手段和方法去满足或超出各利害关系者对某个项目的要求，这就意味着要对因以下原因而产生的相互冲突的要求加以权衡。如:具有不同要求(范围、时间、费用、质量以及项目的其他目标)的各利害关系者;确定的要求和期待的要求。

1-8　项目的主要利害关系者有哪些?

项目利害关系者就是积极参与该项目或其利益受到该项目影响的个人和组织。项目管理班子需要弄清楚谁是本项目的利害关系者，明确他们的需要和期望是什么，然后对这些期望进行管理和施加影响，确保项目获得成功。

项目利害关系者有许多不同的名称和类型，对利害关系者进行命名和分组，可以帮助我们识别社会群体中哪些个人和组织属于利害关系者，如图 1-4 所示。

1-9　项目利害关系者的要求和期望是什么?

各利害关系者的要求和期望不同，各方的要求和期望常常相差很远，甚至矛盾，因而很难全部满足，需要科学协调。

(1)业主。要求投资少，收益高，时间短，无质量等问题。

(2)咨询部门。期望合理的报酬，松弛的工作进度表，迅速提供信息、迅速决策，及时支付工作报酬。

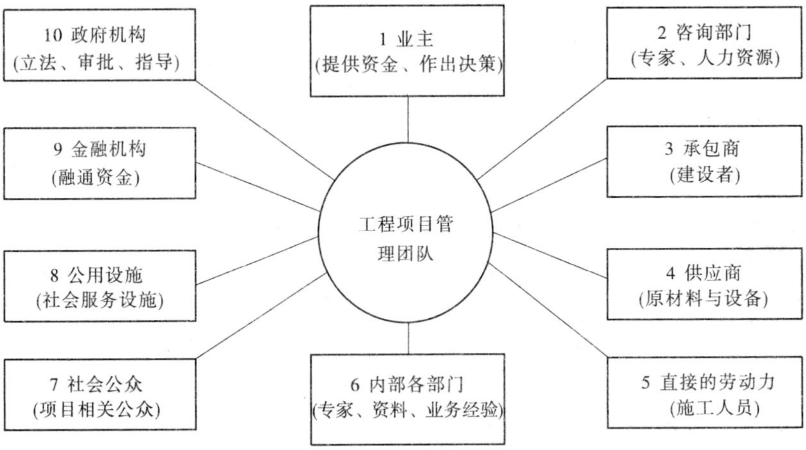

图1-4　国际项目的主要利害关系者

(3)承包商。期望有优厚的利润,及时提供施工图纸,最小限度的变动,原材料和设备及时送达工地,公众无抱怨,可自己选择施工方法,不受其他承包商的干扰,及时支付进度款,迅速发放执照,及时提供服务。

(4)供应商。要求规格明确,从订货到发货的时间充裕,有很高的利润率,最低限度的非标准件使用量,供货质量要求是合理的、可以接受的。

(5)直接的劳动力。期望及时提供施工图纸,最小范围的设计变更和改动,供应商的原材料和装备及时送达工地,公众没有抱怨,建筑指令明确,不受其他承包商的干扰,施工执照发放及时,对提供的服务质量认可。

(6)内部各部门。期望有松弛的工作进度,有足够的时间收集信息,及早获得有关项目提供的信息,项目实施对施工的程序带来的变动最小。

(7)社会公众。期望工程建设施工期无污染及公害,在项目运行期内对外部环境不产生有害的影响,项目有社会效益,产品质量优良、价格合理。

(8)公用设施。要求事前提出在项目实施过程中,对水、电、气、通信、交通等公用设施的要求,把项目建设的干扰降至最低程度。

(9)金融机构。要求贷款安全,按预定日期支付,项目能提供充分的报酬以清偿债务。

(10)政府机构。要求项目与整个国家发展的宏观规划目标、政策和立法相一致。

1-10　国际项目管理模式有哪些?

国际上多年来已形成多种项目管理模式,并且这些模式正在不断地得到创新和完善。下面我们介绍10种国际上常见的项目管理模式。

(1)设计 - 招标 - 建造(Design - Bid - Build)模式。它属于传统模式,这种项目管理模式在国际上最通用,世界银行、亚洲开发银行贷款项目和采用国际咨询工程师联合会(FIDIC)的合同条件的项目均采用这种模式。由业主委托建筑师或咨询工程师进行前期的各项有关工作,待项目评估立项后再进行设计,在设计阶段进行施工招标文件准备,随后通过招标选择承包商。业主和承包商订立工程施工合同,有关工程部位的分包和设备、材料的采购一般都由承包商与分包商和供应商单独订立合同并组织实施。业主单位一般指派业主代表与咨询方和承包商联系，负责有关的项目管理工作，有的业主也把有关管理工作授权给建筑师/咨询工程师（监理工程师），如图 1-5 所示。

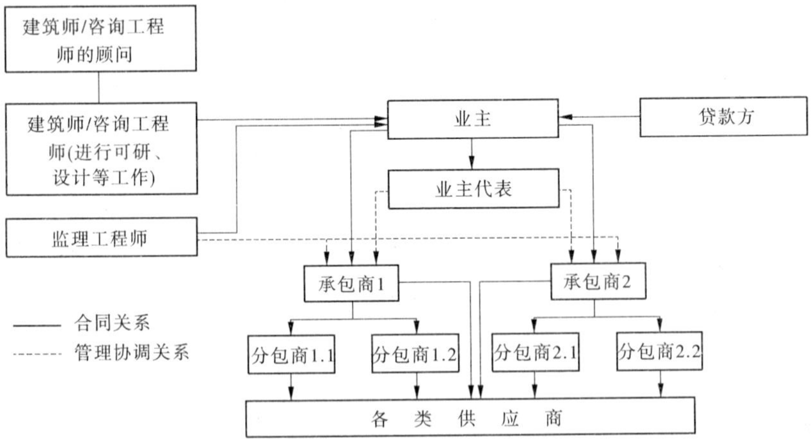

图 1-5 项目设计－招标－建造模式组织机构图

（2）建筑工程管理（CM）模式（Construction Management Approach）。这是近年来在国外广泛流行的一种管理模式，这种模式与过去那种设计图纸全部完成之后才进行招标的传统模式不同，是采取阶段性发包方式，如图 1-6 所示。

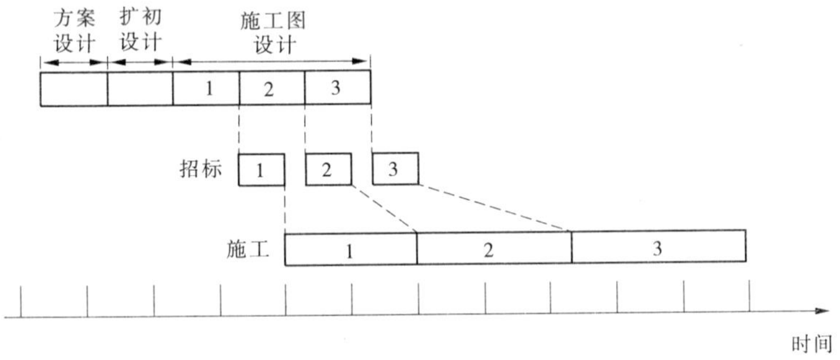

图 1-6 建筑工程管理（CM）模式结构图

CM 模式有多种形式，业主可以根据项目的具体情况加以选用。最常用的两种方式是：代理型 CM 方式（如图 1-7 所示）和风险型 CM 方式（如图 1-8 所示）。

（3）管理总承包（MC）模式。如图 1-9 所示。

（4）设计－管理（Design－Manage）模式。它是指一种类似 CM 模式但更为复杂的由同一实体向业主提供设计和施工管理服务的工程管理方式。在通常的 CM 模式中，业主分别就设计和专业施工过程管理服务签订合同。采用设计－管理模式时，业主只签订一份既包括设计也包括类似 CM 服务在内的合同。在这种情况下，设计机构与管理机构是同一实体。这一实体常常是设计机构与施工管理企业的联合体，有分别以施工承包商和

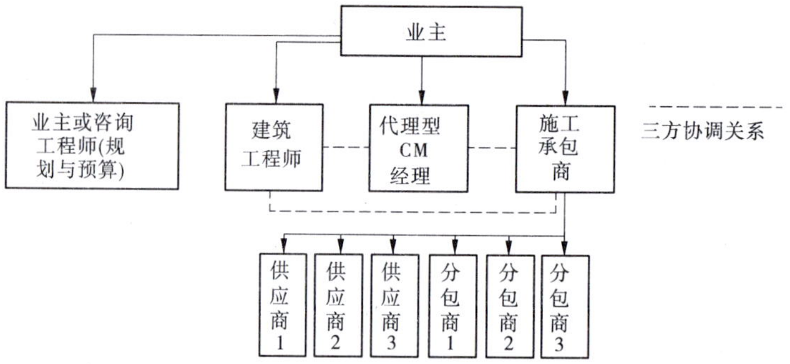

图 1-7　代理型 CM 方式结构图

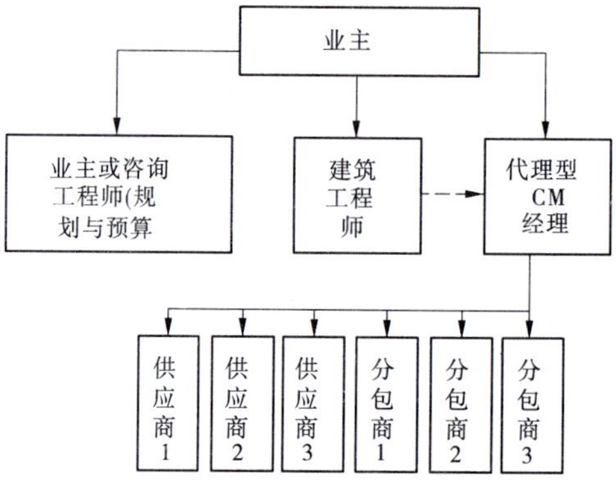

图 1-8　风险型 CM 方式结构图

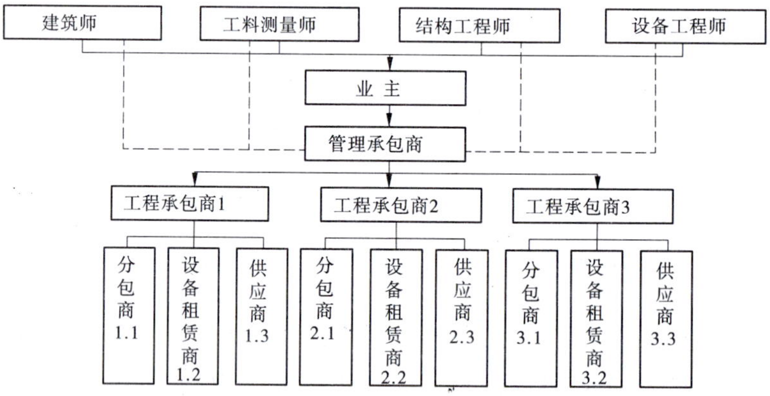

图 1-9　管理总承包(MC)模式结构图

设计管理公司为代表两种形式,如图 1-10 所示。

(5)合同更替型模式。它是指业主在大型工程初步设计和技术设计阶段,及对地质条件了解不够充分时进行招标,把结构详图的部分设计责任连同工程一起推给承包商。

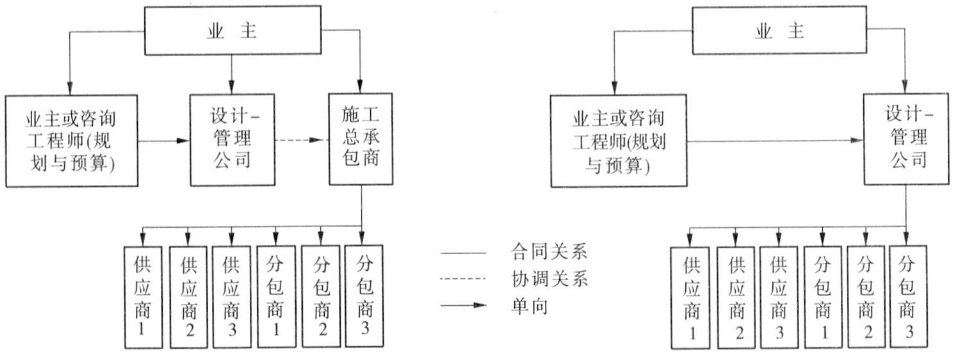

图 1-10　设计 - 管理(Design - Manage)模式结构图

根据国际 FIDIC 条款 3.1(c):“工程师的任何批准、校核、证明、同意、检查、检验、指示、通知、建议、要求、试验或类似行动(包括未表示、不批准),不应解除合同规定的承包商的任何职责,包括对错误、遗漏、误差和未遵办的职责。”由承包商承担 20% ~70% 设计任务并承担责任,如图 1-11 所示。

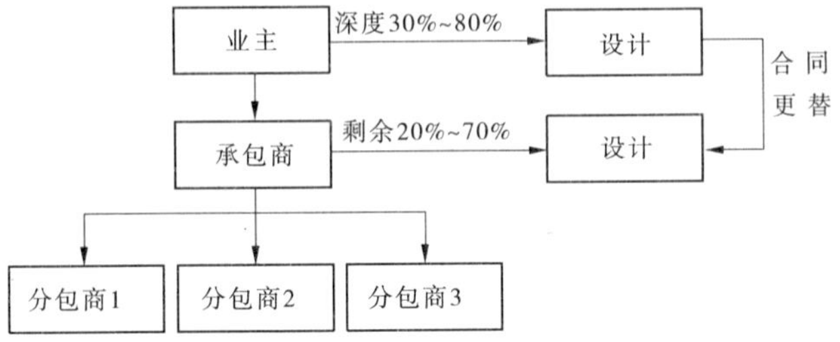

图 1-11　合同更替型模式结构图

(6)设计 - 建造、EPC 交钥匙工程模式。设计 - 建造是一种简练的项目管理模式,在项目原则确定之后,业主只需选定一家公司负责项目的设计和施工。这种模式在投标和签订合同时是以总价合同为基础的,设计和建造总承包商对整个项目的成本负责,首先选择一家咨询设计公司进行设计,然后采用竞争性招标方式选择分包商,当然也可以利用本公司的设计和施工力量完成一部分工程。近年来这种模式在国内外比较流行,由于可以对分包采用阶段发包方式,项目可以提前完成。同时,由于设计与施工紧密配合,业主能在包干报价费用节约、提前竣工、承包商对整个工程承担责任等方面得到好处。

“交钥匙”模式是承包商向业主提供包括融资、设计、施工、设备采购、安装和调试直至竣工移交的全套服务。业主和承包商密切合作,完成项目的规划、设计、成本控制、进度安排等工作,甚至负责项目融资。仅由一个承包商对整个项目负责,避免了设计和施工的矛盾,可显著减少项目的成本和工期。

(7)BOT(Build - Operate - Transfer)模式即建造 - 运营 - 移交。这是指东道国政府开放本国基础设施建设和运营市场,吸收国外资金,授给项目公司以特许权,由该公司负责融资和组织建设,建成后负责运营及偿还贷款,在特许期满时将工程移交给东道国政府。

BOT(Build - Operate - Transfer)模式随着社会的发展又派生出了以下4种模式:建设 - 拥有 - 经营 BOO(Build - Own - Operate)、建设 - 转让 - 经营 BTO(Build - Transfer - Operate)、建设 - 拥有 - 经营 - 转让 BOOT(Build - Own - Operate - Transfer)、建设 - 租赁 - 经营 - 转让 BROT(Build - Rent - Operate - Transfer)模式。

(8)伙伴合同模式。业主和承包商以相互信任为基础,构成基本的伙伴或同盟关系,以确保项目的成功和相互利益作为共同的目标,订立联合方式的基本合同,并围绕回避合同纠纷,确定一些具体的解决程序和方法。典型的合同内容,包括承包商提供有关项目计划、设计、工程管理等方面的服务方式及其报酬标准。常用成本加酬金的支付方式。据称美国是从20世纪80年代开始这种模式的,有很多民间工程采用这种方式。

(9)带VF价值功能条款的合同模式。用F代表功能、C代表成本、V代表价值。3者具有以下关系:$V = \frac{F}{C}$。

带VF价值功能条款的合同模式,目的在于从承包商的经验中获得有利于降低成本、提高功能的工程技术和管理方法,即价值工程原理的应用。有利于技术水平和施工能力的竞争,有利于承包商从积累的经验和资料中获得经济效益。投标书中带VF方案,对原设计进行改进,使中标可能性提高。按照VF方案采用和实施效果,确定对承包商的奖励或报酬比例。

(10)PFI(Private - Finance - Initiative)私有资金投资运营管理建设模式。

PFI是利用私人或私有机构的资金、人员、设备、技术、管理等优势,从事公共项目的开发、建设经营的一种建设模式。在项目开发过程中,私营企业或私有制机构组建的项目公司在合同特许期限内,集项目的建设、经营和产权于一体。政府将项目开发过程的风险转移给能够合理承担风险的私有机构,提高私有资金的经济效益,为公众提供更好更优质的服务。PFI已成为利用私有资金(民间资本或非政府资金)的一种总模式,包含着BOT、BTO、BROT等建设模式,主要目的是调动社会私有资金投资管理公共项目。

1-11 国际项目管理的过程和步骤是什么?

项目管理是一个整体化的过程,强调整体管理的重要性,项目管理的过程就是造成某种结果的一系列行动。对于项目,有5个基本管理过程,包括"发起、计划、执行、控制和结束"。

(1)发起(Initiating)。认识到项目应当开始,并努力实现之。

(2)计划(Planning)。找出目标并设计实现这些目标的有效方案。

(3)执行(Executing)。协调人力和其他资源以便执行这个计划。

(4)控制(Controlling)。通过对进展情况进行监测,并在必要时采取纠正步骤以达到上述目标。

(5)结束(Closing)。雇主正式地接收项目,并使其有条理地结束,进入常态化运行。

上述项目管理的过程在项目的所有层次、所有项目阶段、各种各样的技术过程中发生。技术过程因为应用领域和项目阶段的不同而彼此不同。

1-12　国际项目管理各个过程之间的相互关系是什么？

（1）项目管理的各个过程不是独立的一次性事件，它们是贯穿项目每一个阶段、每一个层次，工作强度有所变化的、互相重叠的复杂活动。

（2）项目管理的各个过程通过它们产生的结果联系起来。一个过程的结果将成为另一个过程的依据。

（3）在项目的每一个阶段，都包括上述基本过程的全部，一个过程在上一个阶段的结束，为下一个阶段的发起提供依据，如图 1-12 所示。

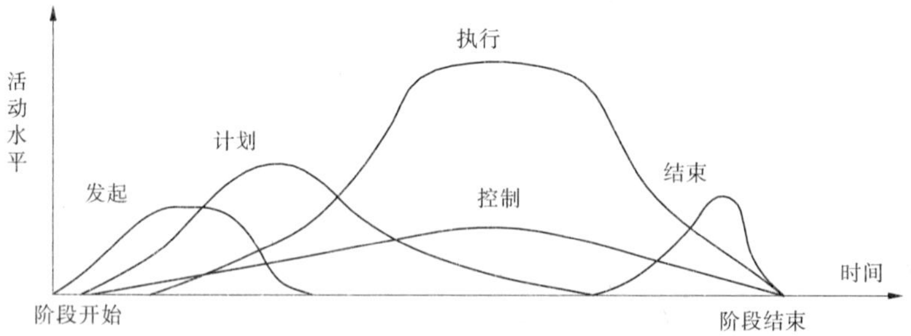

图 1-12　项目管理各个过程之间的相互关系

1-13　项目管理的不确定性、费用与时间的关系是什么？

项目管理的不确定性与实施时间成反比，项目成本与实施时间成正比，如图 1-13 所示。项目投资费用与项目实施时间成反比，项目累计投资额与项目实施时间成正比，如图 1-14所示。

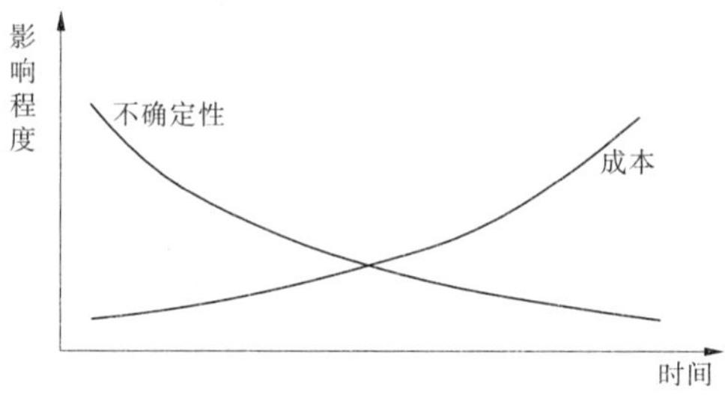

图 1-13　项目管理的不确定性、成本与时间的关系

1-14　项目管理的动态控制原则是什么？

项目实施管理的影响因素错综复杂而且多变。在项目实施中，“变是永恒的，不变是相对的”。项目实施管理实际运行轨迹是围绕着理论计划轨迹不断的、无数次的修正纠偏的过程，如图 1-15 所示。

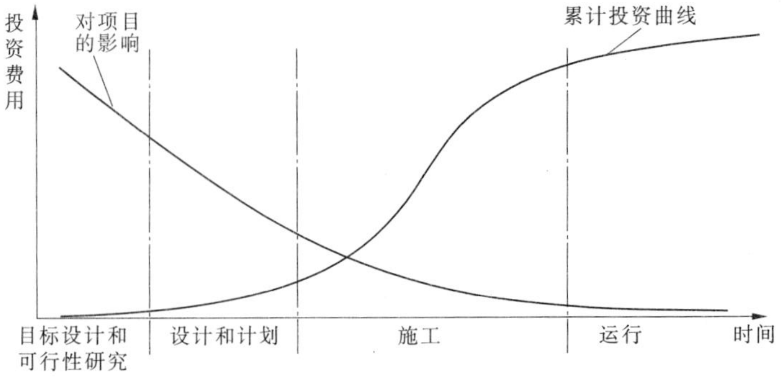

图 1-14　项目管理的投资费用与实施时间的关系

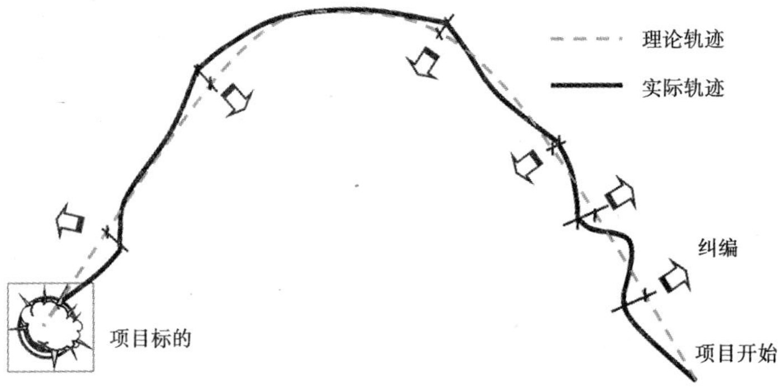

图 1-15　项目管理的理论计划轨迹和实际运行轨迹的关系

在工程项目进展中，项目管理者实时调动人力、财力、物力三大主力，在受到各种干扰时及时收集数据，将实际值和计划值进行比较，检查偏差值是否超出该调整的幅度，有两种结果：一种是实际偏差值没有超出该调整的上下限幅度值的工作不调整，进入下一个工序工作；另一种是实际偏差值超出该调整的上下限幅度值的工作进行调整，通过人力、财力、物力的投入，改变现状，纠正偏差后进入下一个工序工作，如图 1-16 所示。

项目实施控制纠偏的步骤是：首先，纠偏有规范的周期。利用规定的周、月、季度例会，在业主、承包商、监理都参加的会议上协商纠偏控制工作，称为周、月、季度例会纠偏，为近、中、远期项目实施管理调整措施。其次，纠偏要看偏离的幅度。施工双代号网络图上的关键线路与工期密切相关，关键线路上的关键工作一般不能受到影响，与关键工作相关的紧前工作都在常规调整范围，要经常检查施工时标网络前锋线，根据偏离的幅度及时调整。最后，纠偏需要延长工期和经济补偿。在业主、监理工作不到位，不能按时提供图纸、施工场地、设施等情况下，在不可控制风险的影响下，延长工期是时间索赔，经济补偿是费用索赔。

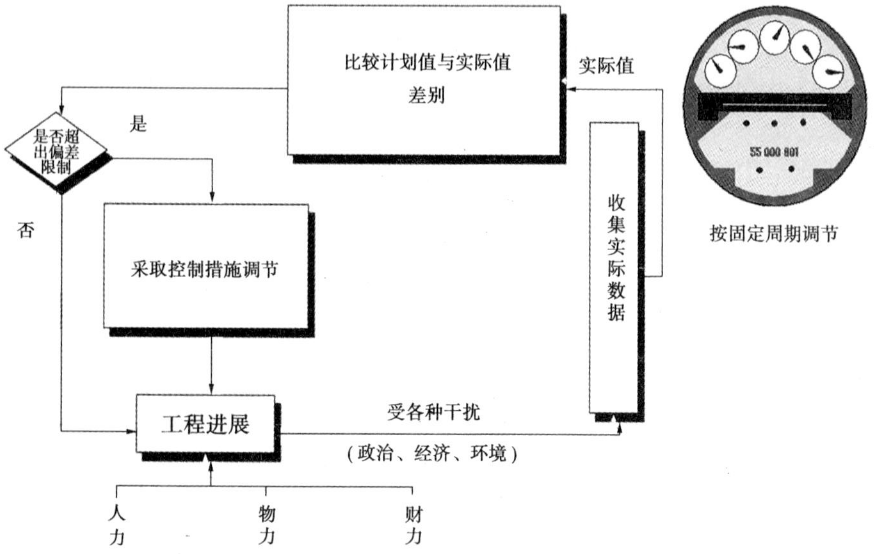

图 1-16　项目实施过程动态控制检测和周期调节措施图

1-15　项目实施过程对经济性的影响关系是什么?

项目实施过程的初期对经济性影响最大,项目计划必须正确、完善、细致。完成一个草草计划的项目,将比一个精心计划的项目多花出许多倍的时间和代价,如图 1-17 所示。

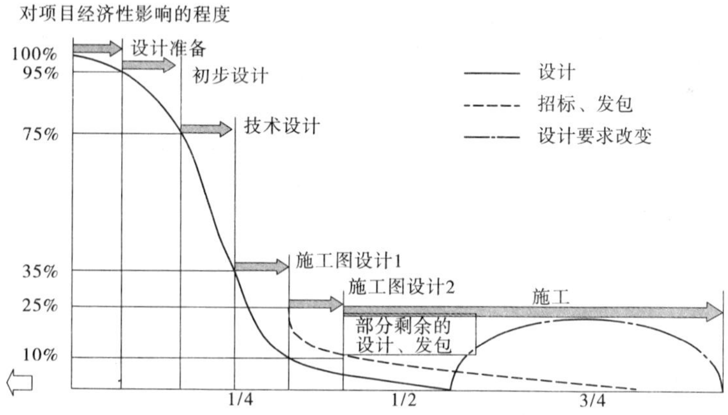

图 1-17　项目实施过程对项目经济性的影响关系

1-16　市场变化与企业学习创新能力的关系是什么?

国际市场风云变幻,竞争激烈,技术更新很快。国际项目实施过程迫使企业不断创新,要求企业的学习能力、技术更新能力、创新能力增加的速度要超过变化的速度,否则企业在未来就会消亡,如图 1-18 所示。

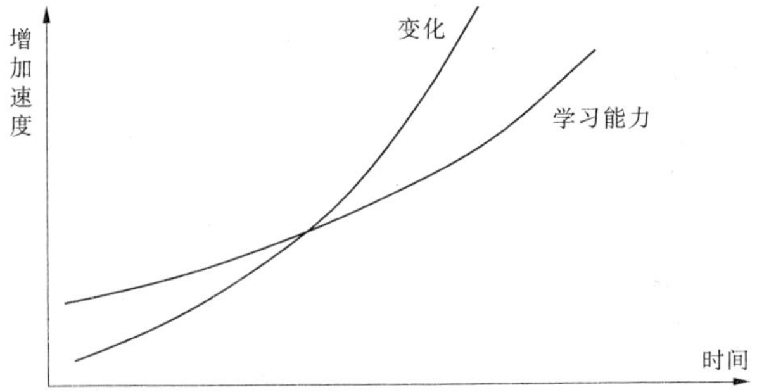

图 1-18　市场变化与企业学习能力和创新能力的关系

1-17　项目经理和团队成员需要的能力结构是什么？

项目经理需要 3 大能力：项目管理能力、技术能力、商务能力。项目实施过程动态控制检测和周期调节措施，关注利害关系者的相关利益，就是要找平衡点。如图 1-19 所示。

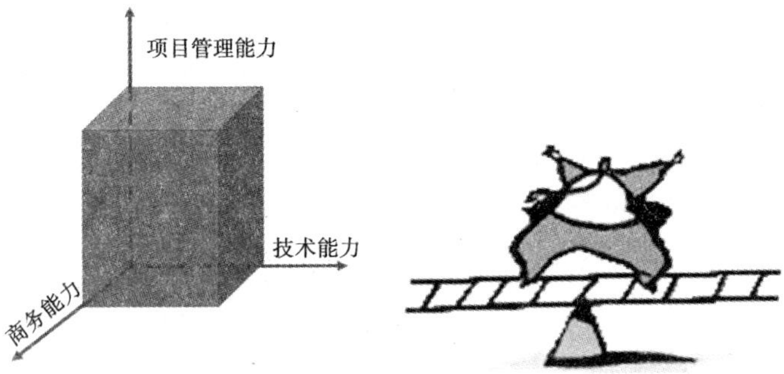

图 1-19　项目经理需要的能力结构

项目团队对各类人才的基本评价，要考察 8 个方面的能力因素：①一般能力；②职业经验；③熟练程度；④区域工作经验；⑤适应性和稳定性；⑥群体意识；⑦合作精神；⑧语言能力。如表 1-1 所示。

"一般能力"虽不易评价，但容易理解；"职业经验"是指担任特定专业工作职位的经验，以前担任过类似专业工作可认为有相关的经验；同样的原则也适于"熟练程度"和"区域工作经验"；其他 4 个方面的能力或许是显而易见的，比较抽象的是第 5、6 项和第 7 项。

上述 8 种因素定性能力的评分，每种能力分成 10 个等级，每个等级都有大概定义。根据人才的各种能力因素分值，可以计算人才分值和绘制评价曲线。在评价时，即使将成员的能力划分成最精确的等级进行评分，其评价也是主观多于客观，基本属实。所以，也可以适当简化，有时无需分 10 个等级，而采取高、中、低 3 个等级，1 至 3 为低；4 至 7 为中；8 至 10 为高。

表 1-1　项目团队人才评定选拔应具备的基本能力评价指标

能力分类	能力级别	分值	业绩和水平
(1)一般能力(处理同类工作业务的综合能力)	初级	1	不合格
		2	勉强合格
		3	合格
	中级	4	低于平均水平
		5	平均水平
		6	略高于平均水平
		7	高于平均水平
	高级	8	可以驾驭工作
		9	可以全面驾驭工作
		10	能力杰出的领导
(2)职业经验(从事行业、企业同类工作业务的精力)	初级	1	完成初级职称工作的经历 1 年
		2	完成初级职称工作的经历 3 年
		3	完成初级职称工作的经历 5 年
	中级	4	完成中级职称工作的经历 1 年
		5	完成中级职称工作的经历 3 年
		6	完成中级职称工作的经历 5 年
		7	完成副高级职称工作的经历 2 年
	高级	8	完成副高级职称工作的经历 4 年
		9	完成正高级职称工作的经历 2 年
		10	完成正高级职称工作的经历超过 4 年
(3)熟练程度(完成行业、企业类似的或相同的工作任务)	初级	1	没有参加完成 1 次工作任务
		2	参加完成 2 次工作任务
		3	参加完成 4 次工作任务
	中级	4	为主要完成人、合格做过 1 次分项工作任务
		5	为主要完成人、较好做过 1 次分项工作任务
		6	为主要完成人、很好做过 1 次分项工作任务
		7	为主要完成人、很好做过 2 次分项工作任务
	高级	8	独立负责完成 1 次完整工作任务
		9	独立负责较好完成 1 次完整工作任务
		10	独立负责很好完成 1 次完整工作任务

续表 1-1

能力分类	能力级别	分值	业绩和水平
(4) 区域工作经验(完成行业、企业所在地区的工作经验)	初级	1	没有地区工作经验
		2	有地区工作经验 1 年
		3	有地区工作经验 2 年
	中级	4	有独立担任地区工作经验
		5	有独立担任地区工作经验 1 年
		6	有较好独立担任地区工作经验 1 年
		7	有较好独立担任地区工作经验 2 年
	高级	8	有独立负责担任地区工作经验
		9	有很好独立负责担任地区工作经验 1 年
		10	有很好独立负责担任地区工作经验 2 年以上
(5)适应性和稳定性(完成任务过程中对地区、团队、工作环境的适应性和稳定性)	初级	1	基本不会办事
		2	办事很不灵活、很不可靠
		3	办事很不灵活、基本可靠
	中级	4	办事不灵活、基本可靠
		5	办事基本灵活、可靠
		6	能适应新工作局面、可靠
		7	开创工作新局面、基本可靠
	高级	8	开创工作新局面、可靠
		9	能建设创新人才团队、基本可靠
		10	能建设创新人才团队、可靠
(6)群体意识(所在行业、企业工作团队的群体意识)	初级	1	总是以自我为中心
		2	只以小团体为中心
		3	只以单位、部门为中心
	中级	4	有以团队为主的初级群体意识(或通情达理)
		5	有以团队为主的中级群体意识(或通情达理)
		6	有以团队为主的高级群体意识(或通情达理)
		7	有以团队为主的聚合群体意识(或通情达理)
	高级	8	有以大局为中心的群体意识,双向思维
		9	有以大局为中心的群体意识,合作共赢
		10	有以大局为中心的群体意识,能驾驭事态发展,修正制度偏差,赢得或成就未来

续表 1-1

能力分类	能力级别	分值	业绩和水平
(7)合作精神(所在行业、企业工作团队的合作精神)	初级	1	初级合作,有敌意,工作靠不住
		2	初级合作,无敌意,工作靠不住
		3	初级合作,工作靠得住
	中级	4	中级合作,低级团队能接受的程度
		5	中级合作,一般团队能接受的程度
		6	中级合作,高级团队能接受的程度
		7	中级团队合作较好,善于规避纠纷
	高级	8	高级团队合作良好,善于处理纠纷
		9	高级团队合作很好,善于处理纠纷,善于调解纠纷
		10	高级团队合作很好,预防缺陷、纠纷产生,处理和解决矛盾很好,调解纠纷互利共赢
(8)语言能力(所在行业、企业、专业团队的专业信息传递能力)	初级	1	有初级语言能力,语无伦次
		2	有初级语言能力,语言表达意愿很有限
		3	有初级语言能力,语言表达缺乏说服力
	中级	4	有中级语言能力,语言表达、交流水平较低
		5	有中级语言能力,语言表达、交流水平一般
		6	有中级语言能力,工作交谈、意图表达、信息传递水平一般
		7	有中级语言能力,工作交谈、意图表达、信息传递水平较高
	高级	8	有高级语言能力,商务谈判、意图表达、信息传递目的性和水平较高
		9	有高级语言能力,商务谈判、意图表达、信息传递沟通、交流流利(说、读、写)
		10	有高级语言能力,商务谈判、意图表达、信息传递目的性强,胜券在握、交流水平很高(说、读、写)

1-18 国际项目实施过程的规律有哪些?

(1)没有一个项目自始至终由同样的人启动,由同样的人按时、按预算完成;

(2)项目进展迅速直至完成 90% 为止,由此便停滞不前,或进展缓慢;

(3)确定项目目标的一个好处是它能让你避免估计相应成本的困难;

(4)在项目实施进行得顺利时,某个差错是会随之发生的;

(5)项目风险出现时,觉得已不能变得更糟时,连带的反应确实变得更糟;

(6)想象改进程序和工艺对项目实施有利时,你可能忽视某些事情会出现反面效应;

(7)如果项目范围允许变化,那么变化的速度将超过项目进展的速度;

(8)没有一个项目能够完美无瑕地完成,在试图去除这些瑕疵点时,新的问题也随之产生,解决也更困难;

(9)编制一个草率的项目计划,将比编制一个精心的项目计划多花出更多的时间和成本。

1-19 项目实施管理和日常工作管理的区别有哪些?

项目管理和日常工作管理不同,通常项目管理的不确定性比日常工作管理的风险更大,如表1-2所示。

表1-2 项目实施管理和日常工作管理的区别

序号	区别因素	项目实施管理	日常工作管理
1	性质	项目独一无二	工作不断重复
2	时限	工期有限	工作时间相对无限
3	革新	实时性需求创新	渐进性工作变革
4	目标	多目标不均衡管理	日常目标均衡管理
5	资源	多变的资源需求	稳定的资源需求
6	组织	柔性的、临时的组织	稳定的、持久的组织
7	利益	效益效率型,追求利益最大化	常态型利益,持续重复运行
8	类型	风险型,不可预测事件较多	经验型,工作可计划预测性强
9	管理	①充满了不确定因素; ②跨越部门的界限,横向联系多; ③有严格的时间期限要求 项目管理必须通过不完全确定的过程,在确定的期限内生产出不完全确定的产品,日程安排和进度控制常对项目管理产生很大的压力	①注重对常态工作和质量的考核; ②注重当前任务执行情况与前期进行比较; ③以纵向上下级部门的关系进行职能管理 在一般工作环境中,使用一般的管理办法,管理结构须以任务(活动)定义为基础来建立,以便进行时间、费用和人力的预算控制
10	结果	项目顺利实施并实现盈利最大化	完成年度目标并经过考核合格

1-20　国际项目管理的主要因素有哪些？

项目管理是以高效率地实现项目目标为目的，以项目经理个人负责制为基础，能够对工程项目（或其他一次性事件）按照其内在逻辑规律，实施计划、组织、协调、控制管理。项目经理是法人，提倡民主议事，但不能不投票决策，民主议事后的独断是项目经理决策的需要。

项目管理就是以项目为对象的系统管理方法，通过一个临时性的、专门的柔性组织，对项目进行高效率的计划、组织、指导和控制，以实现项目全过程的动态管理和项目目标的综合协调与优化。

项目管理的主要因素及要求，如表1-3所示。

表1-3　项目管理的主要因素及要求

序号	项目管理因素	管理理念措施策略要求
1	目标	实现项目全过程的动态管理及项目目标
2	对象	工程项目或被当作项目来处理的运作
3	思想	系统管理的知识体系方法论
4	组织	通常是临时性、富有柔性、扁平化的组织
5	机制	项目经理负责制，强调责权利的对等
6	方法	目标管理，包括进度、费用、质量、技术与安全管理
7	手段	计划、组织、监督、协调和控制
8	要点	创造和保持一种使项目顺利进行的环境
9	措施	应具有先进性和开放性
10	资源	在规定的时间内获得需要的资源并价格合理

1-21　国际项目管理专业工程师资格认证的条件是什么？

从事国际工程项目管理，需要行业组织的资质认证，国际项目管理专业工程师资格认证应具备以下条件：

（1）基本能力：应该具有项目实施、项目管理、项目背景经历，会处理利益相关者关系，会运用系统的方法论实施项目管理，项目目标明确，有项目控制与评价的判断准则，熟悉项目阶段，把握项目生命期，熟练运用国际标准与规范指南。

（2）社会能力：具有政治、经济、自然洞察力，会鼓舞激励员工，组织社会化结构的团队，构建企业学习型组织，胜任自我管理和事件冲突管理，具有领导艺术，会商务谈判、沟通、交流。

（3）方法能力：能编制项目实施计划和组织管理结构，能主持项目实施过程的时间管理、资源管理、成本管理、财务管理、控制管理、协调管理，能带领团队创新技术和解决生产问题。

（4）组织能力：具有管理公司和项目组织能力，进行质量管理、合同管理、风险管理、实施测量和项目进展管理、多项目同时管理、起草和更改文件管理，组织项目前期开工准备工作，进行项目信息系统编码和报告编制，编制项目竣工总结报告，管理项目竣工移交工作，组织项目验收评估，领导施工设备撤离和人员离境遣散工作。

(5)个人素质：具有沟通能力和首创精神的领导艺术，工作务实、热情，具有激励能力；对外具有沟通、谈判、联系、交流的能力，思想开放、灵敏，自我控制力强，价值鉴赏能力强，敢于担当、乐意负责，有诚实的人格，解决问题能力和解决冲突能力强，身居全局全面思考，公正、平等、忠诚、坚强、乐于助人。

(6)总体印象：通情达理，团队意识强，分析问题逻辑性强，具有系统管理能力，语言和文字表达明晰、正确、目的性强，知识技能和工作阅历广博，综合能力强。

1-22 国际项目管理的组织形式有哪些？

组织就是有意识形成的职务或岗位的结构(Harold Koontz)。组织的动态是永恒的，组织的静态是暂时的、相对的。动态的组织指的是组织运行，静态的组织指的是组织机构。

组织机构通常为任务而设，因事设岗，因岗聘任。岗位要求一专多能，同时拥有多种技能。例如集司机、翻译、电脑操作、经理于一身的项目负责人。项目管理本身就意味着对日常方式的批评。项目实施中各个国家的工作人员聚集在一起，目标各异、忠诚度不够，靠规范的制度和统一的国际标准来约束每个人的行为。

国际项目管理的组织因管理的对象、环境、条件而设。组织形式根据机制来分有以下4种：①职能制组织形式；②项目制组织形式；③矩阵制组织形式；④网络制组织形式。

组织形式根据成员体的结构可分为正式组织和非正式组织。

(1)正式组织：当两个以上的人或联合体，为了既定的项目目标而形成协调其活动的上下级关系时，这样的组织就是“正式组织”，如图1-20所示。

(2)非正式组织：没有自觉的共同目标，靠合约协议完成共同目标的任何联合体的个人活动称为非正式组织，如图1-21所示。非正式组织成员要具有与任务相关的知识与技能、个人对项目感兴趣、有时间和精力参与项目、有开放的心态和喜欢团队合作的意向，有随时进入和退出的机制，是一个开放型的组织结构。

图1-20 正式组织结构

图1-21 非正式组织结构

1-23 国际项目管理中对项目经理角色的要求有哪些？

什么是项目经理？项目经理是通过组织别人的劳动获得成果的人，是通过先让别人成功而后使自己成功的人。项目经理是对项目实施并成功完成任务负有全面责任的人。项目管理主张群谋议事，但要独立决策，不要靠投票少数服从多数的结果来管理项目。

例如，生活中两杯 50 ℃的水加起来还是 50 ℃，50 ℃加 100 ℃的两杯水不会是 100 ℃。项目经理的理论、技术、管理都需要有一定的专业高度，就是说“多少个臭皮匠，也成不了诸葛亮”。项目经理是一种高级管理职业，是指挥实施项目的人、发布命令的人，是吹号的人，如图 1-22 所示。

图 1-22 项目经理与成员之间的关系

权力是一个光环笼罩的词，权力使用的范围和目的是什么？如何动态管理运行分配？如何控制“车夫手中的这把青草”？如何用好权力涉及许多学问，400 多年前英国哲学家培根说过，知识即权力。权力不能和无知、无能、私心结合。职权要用好、用足、用到位，奖励权要精神和物质并用。权威要从任命和拥戴两个方面树立，要想得到下属成员的拥戴，除了任命，还要完成下列工作：

(1)实现组织交给的目标——管理到位的最终结果；

(2)建立一套行之有效的管理规章、工作程序、制度标准——管理到位的体制保障；

(3)发现问题和解决问题——管理到位的能力体现；

(4)提前预测控制风险——管理到位的有效方法；

(5)调动员工积极性——管理到位的重要手段。

1-24 国际项目管理发挥影响力的基本策略是什么？

组织临时的实施项目团队，必然要经历 4 个阶段：形成期、风暴期、规范期、成熟期。每一个阶段的成功都与项目经理的影响力有关，发挥影响力的基本策略有 8 种：

(1)激励鞭策。通过要求、鼓舞、鞭策、奖励等手段来向目标对象施加影响。主要形式是：①经常检查下属工作；②对目标对象大声吆喝，设置紧迫的最后期限；③搬出合同、契约、法规、规章制度约束。④拿出临时性奖励措施激励。

(2)上司支持。通知告诫下属，自己的管理要求得到了更高层管理人的批准，以此来说服目标对象；向更高层管理人要求，希望能到现场来帮助说服目标对象，以便保质及时完成任务。

(3)沟通交换。沟通交换思想观点、目标任务、行动措施、方法手段等。全部或部分准确无误地告诉目标对象下一步的实施方略，如果他们接受任务，将会得到什么样的回报，同时应偿还以前欠下的工资、承诺、人情和债务。

(4)联结同盟。建立攻守同盟体，通过别人来说服目标对象。直接告诉目标对象，说哪些人支持你的观点，希望对方也能支持你的观点。

(5)表彰奉承。当面表扬，背后批评。只要成员有优点就立即表扬和奖励，通过精神和物质奖励，让目标对象感觉自己的现在和未来在团队中状态良好。

（6）理性说服。对于高层次人才要理性说服，以事实、数据、现状为依据，采用辩证、换位、全局、系统、逻辑的方法说服。

（7）引导启发。利用不同员工的特点和情绪，引导启发项目实施的工作方法、措施、技术、程序、工艺等的创新思维，节约成本、缩短工期、保证质量、提高效益。

（8）专家咨询。向相关专家咨询与项目实施、资金投入、施工过程、操作技术相关的内容。让相关目标对象参与规划、设计、施工、运行讨论，改变与项目实施目标不一致的观点、方法、工艺等措施。由于人善变，但不愿意被改变，就让员工自己改变自己。

1-25 国际项目管理激励理论有哪些？

（1）马斯洛的需要层次理论有5种：①生理的需要；②安全的需要；③社交的需要；④尊重的需要；⑤自我实现的需要。

（2）赫茨伯格的双因素理论包括保健因素和激励因素。

①保健因素是指那些与人们的不满情绪有关的因素，如企业政策、工资水平、工作环境、劳动保护、人际关系等因素需要维护保健。

②激励因素是指那些与人们的满意情绪有关的因素，如工作表现机会，工作带来的愉快，工作上的成就感，由于好的成绩而得到的奖励，未来发展的期望，职务上的责任感，历史的使命感等因素需要刺激、激励、助推成长。

（3）麦克利兰的成就需要理论有3种：①权利的需要；②社交的需要；③成就的需要。

（4）佛罗姆的期望理论。人们在工作中的积极性或努力程度（激发）正能量M是效价V和期望值E的乘积。即：$M = V \times E$。效价V和期望值E相互助推积极性的力量呈几何级数增长。

（5）亚当斯的公平理论。要使组织成员保持较高的工作热情，必须使工作报酬公平合理，使组织的成员感到组织的分配是公正的。特别是管理层和作业层之间，保持脑力劳动和体力劳动的公平合理，如图1-23所示。

图1-23 管理层和作业层之间的公平

1-26 国际项目FIDIC施工合同中主要事项时序如何安排？

在国际项目实施管理中，主要采用FIDIC合同文件管理，在施工合同中主要事项时序安排，已经形成国际惯例，如图 1-24 所示。

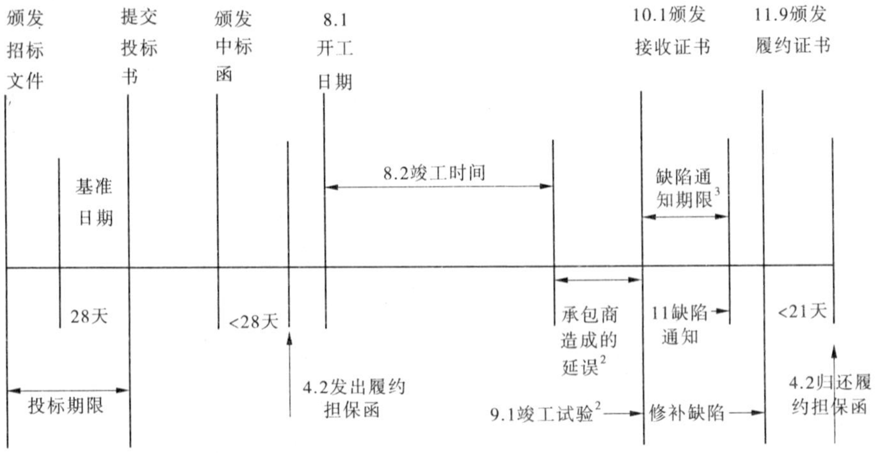

说明：1. 竣工时间用天数表示，加上任何根据第 8.4 款规定的延长期。

2. 为了表示事项顺序，上图系按承包商未能遵守第 8.2 款的规定为例。

3. 缺陷通知期限用天数表示，加上任何根据第 11.3 款规定的延长期。

图 1-24　国际项目 FIDIC 施工合同中主要事项时序图

施工合同中主要事项时序图是按照承包商未能遵守竣工时间的规定为例。施工合同中主要事项时序安排都用天数表示。竣工时间在每一个投标书附录中都有说明，竣工时间还要加上按合同工期索赔的任何延长期。缺陷通知期限要加上缺陷弥补期承包商工作的任何延长。为了看懂国际项目 FIDIC 施工合同中主要事项时序图，详细注释如表 1-4 所示。

表 1-4　国际项目 FIDIC 施工合同中主要事项时序注释

事件顺序	主要事件	合同运行安排	新 FIDIC 条款编号
1	颁发招标文件	查招标公告或招标通知的规定	
2	基准日期	提交标书截止日期前 28 天	1. 1. 3. 1
3	提交标书截止日期	查招标通知的规定	
4	颁发中标函	招标单位公告中标单位	
5	发出履约担保函	中标 28 天内	4. 2
6	开工日期	标书规定的开工日期	8. 1
7	竣工时间	招标文件公布的施工天数	8. 2；8. 4
8	承包商造成的延误	承包商未能遵守竣工时间的规定	8. 2
9	竣工试验	竣工项目的全面、最终验收	9. 1
10	颁发接收证书	竣工验收合格后进行	10. 1
11	缺陷通知期限	投标书中规定（最少 1 年）	11. 3
12	缺陷通知	弥补缺陷清单	11
13	弥补缺陷时间	投标书中规定时间加承包商工作的延长	11；11. 3
14	颁发履约证书	履约合格	11. 9
15	退还履约保函和保证金	颁发履约证书后 21 天内	4. 2
16	项目人员和设备撤出	现场清理结束	

1-27 国际项目管理中需要灵活运用的有哪几个问题？

项目管理体系中所确认的子过程及其影响因素，大多数情况下适用于其他项目。因为并不是所有的项目都要用到这些实施过程，所以在项目管理9项知识体系中，并不是在所有的项目上都会出现这些事件和影响因素。在项目管理中应该灵活运用以下几个方面：

（1）一个过程未出现，并不表明这个过程不应该进行。项目管理班子应当找出并管理所有保证项目成功需要的影响因素和全部过程。

（2）依赖于特殊资源的项目，可能在范围定义之前就确定了责任和任务。因为事件特殊，所以是否可以顺利完成任务，要取决于能找到谁来完成此事，或谁能顺利获得这些特殊的资源。

（3）某些项目实施的结果可以提前定义，用来作为推动或制约实施过程的各种因素。例如，项目管理班子可以规定一个目标完成的时间和日期，而不让计划的过程推导来确定工期。

（4）较大的项目可能需要较多的管理细节。例如，风险识别可以进一步细分，以便集中精力识别费用风险、进度风险、技术风险和质量风险等主要影响因素。

（5）在子项目和较小的项目上，对于那些其结果已在项目层次上确定了的过程，或用途有限的过程，可以简化程序，子项目和较小的项目不必花费太多的时间和精力用在系统管理上。例如，一个分包商可能不会去关心已明确由总包商承担的风险；对于一个仅由4人组成的项目管理班子，可能不需要正式的网络信息交流规划和信息中间传递等。

1-28 国际项目管理决策为什么不能少数服从多数？

常见社会事务民主管理、少数服从多数这个说法，在项目管理中讲不通。民主是政治词语，是对利益后期分配调整的一种方式；管理是经济词语，或是属于经济行为决策科学范畴的事，是对前期决策、担当风险后对成果利益获得的另一种方式。也有人说管理是一门艺术，但无论是艺术还是科学，其最大的特点是不能少数服从多数。

自然科学这一属性是显而易见的，2加3等于5，绝不能因为大多数人举手说2加3等于6就等于6了。即便是一时无法定论的命题，也只能存疑，不能表决，如果讲民主数学，一定令人笑掉大牙。

社会科学也是如此，历史研究上有不少争论的事，大家只能各抒己见，大胆假设，小心求证，不能因众口一词就定论。经济理论五花八门，争奇斗艳，也莫衷一是，是表决不成的，所以没有民主历史，也没有民主经济。

艺术中有下里巴人，也有阳春白雪；众人有爱新潮的，有喜传统的，不是受大众欢迎的通俗文学就一定是好文学。虽然人们投票选书、选电影、选戏剧，但这不是选最好的艺术，而是选一种潮流和倾向。所以，民主艺术也是讲不通的。

管理是一门科学，也可以说是一门艺术，不是多数人赞同的事就是正确的，就必须按此决策。管理决策是高智商的择优活动，不能和无知者一起投票，至于决策之前要征求意见、集思广益，是一种工作方法和利益无关的讨论。所以说，项目民主管理是讲不通的，不能把政治范畴简单地套用在项目管理科学上。

1-29　国际项目为什么无法集体管理?

管理是一门科学,管理的集中体现就是决策。按照中国的传统,决策是领导人的职责,所以大家统统把管理和领导等同起来,于是就有了一个说法叫集体领导,对管理概念不清的人也就延续到集体管理了。

集体是一个集合的概念,集体领导顾名思义是共同决策,其结果就可能会成为大家全参加决策,大家全都不负责任,人人都有否决权,一件事长期议而不决,效率低下。

集体决策时 2 人同意、3 人反对的事,在集体领导的框架下不是否决了,就是要再议。如果否决错了,谁承担责任呢?结果必然是没人承担责任。

建筑法赋予现代项目管理的要点就是项目经理负责制,是由项目经理一人对整个工程做出决策并承担责任。项目经理又把职责分解下来,一层层交付下去,于是分工明确,各司其职,每一个负责人会有一定权利、义务和责任。每一层次,每一个部门的负责人全要根据其掌握的大量信息和数据,独立地在自己职权范围内做出决定,也可以说要实现独立管理。项目经理调度好了各层负责人,各层负责人动员了所有员工的积极性,这个集体就有了效率。

1-30　国际项目主管为什么现场拍板不妥当?

国际项目高级主管人员的成功之道在于用人,不在于管理具体事务。如果上层管理人员越俎代庖,则可能造成下属管理人员逃避责任或避免做出决定,容易滋生下属养成把问题上交的弊病。

第一种情况,上层主管人员只能为下属提交的多个方案和管理范围分工之间的问题做出决策,因为这是下属任何一个管理人员无法独立决定的。现场出现的问题有两种情况:一种是涉及几个下属分管范围的事,另一种是属于某一个下属负责的事。对于前一种,主管只有在详细了解各部门情况之后,根据其制定的战略原则做出判断和决策,这是一个复杂细致的工作,不可能到现场走马观花就能做出,也就是说不要当场拍板。对于后一种下属负责的事要预先提交几个排过序的方案,让领导决策。

第二种情况,是说下属负责人在分析复杂情况之后,仍然无法做出决定,那么上级主管又怎么可能在现场短短的时间内做出决定呢?如果真能这样,要么上级主管是天才,要么下级负责人是白痴。看来上级主管是天才的不多,主要是下级负责人太笨或不负责任。那么上级主管的责任就不是到现场解决具体问题,而是要解决用人的问题了,否则,就要经常到现场拍板,等于兼了一个下层管理的差事。如果这位上级主管有这样的能力,正好说明这个下属管理的设置是人浮于事,可以取消下级机构,以便减少项目管理的中间环节,节约资源。

不要把当机立断和现场拍板混为一谈。当机立断是管理者的能力,是在占有大量准确信息的基础上,该“出手”时就“出手”。而现场拍板就是在管理上出现了结构性的问题,要在调查之后,才能统筹解决问题。

1-31 国际项目矩阵管理结构和权力行使的关系是什么?

项目管理讲究有职有责有权,职务和权力相当,责任和后果一致。所谓工程项目的组织结构,不过是职责分配的范围、方法和体现。

社会管理的政府及行政部门的组织结构是相对稳定的,不能经常改变,不少政府组织结构和编制是通过立法确定的,即便是总理或部长也无法随意变更。

因为国际项目管理知识体系涉及多种专业,在工程项目实施过程中,对各种专业的需求又在不断变化,所以组织运行和组织结构是动态的,为了应对各种变化,动态的组织结构要具备以下几个独特的要求:

(1)组织成员如何灵活调动变更,不会造成混乱;

(2)如何达到人尽其用,不会因需求的改变导致成员无所事事;

(3)如何保持当项目实施的环境、程序、条件等变化时,信息流通的通达性、真实性、一致性和可检索性正常。

上述项目管理独特的要求,就需要用矩阵方式来分配权力,如图 1-25 所示,把组织结构看成是一个三维空间。分项工程、局部工程和部门之间的技术人员可以横向和纵向沟通及调动,组成项目小组,成员可以是全职,也可以是兼职,有新项目就做,项目完成就回原部门,做其他与项目实施目标相一致的事。

要布局好矩阵管理结构也有 3 个要点:

(1)参加人员从事工程本身分内的工作,只对直接的项目经理负责,不对越级的主管领导负责。

(2)主管领导或负责人不能越级干涉底层项目管理,主管领导的工作是向项目提供设备、物资、人才等资源,保证提供资源的质量,协调资源的分配、在不同项目上使用的时间、地点功能配套等矛盾。

(3)管理层和作业层的成员分工明确,用制度和章程规范管理者所承担工作的责任、义务、权利,以及利益分配的办法。

做不到这 3 点,矩阵管理也是行不通的,会乱了项目实施程序和工艺流程的阵脚。如图 1-25 所示。

1-32 国际项目管理为什么是多目标平衡协调的艺术?

项目管理其实是协调,在管理上有 3 个基本要素,即成本、进度和质量。管理就是协调这 3 个要素之间的关系,或者是平衡 3 个要素的艺术。

没有绝对的成本、进度和质量,管理的是这 3 个要素的合同要求底线。常见施工场地上写的标语是:百年大计、质量第一。人们习以为常了,并没有去深究这"质量第一"到底是什么含义。"质量第一"是说在 3 要素中,把质量放在第一位,若理解为可以无限提高成本和任意延长进度,这显然是荒谬的。

质量当然重要,但不是越高越好,满足合同要求的验收条件就好。因为工程项目管理的三要素要平衡,所以质量必须受成本和进度的制约。比如,三峡大坝的建设要先建一个围堰,这是临时结构,能满足 10 年一遇的洪水通过即可,堰内要求干燥,有些渗水也无大

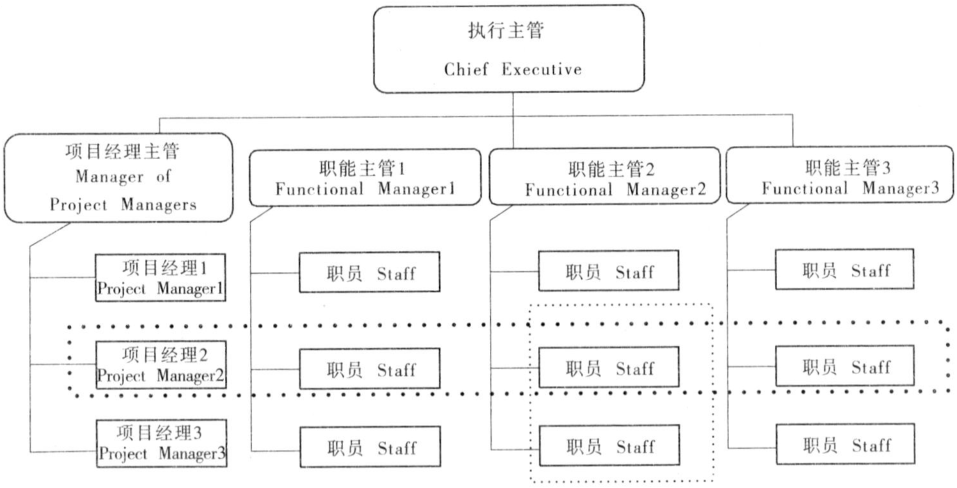

图 1-25　项目管理矩阵组织和权力关系图

碍。若建一个可抵抗 50 年一遇洪水围堰的成本，比建 10 年一遇围堰进水后耽误一年工期的损失还高，就不需要那么高的质量。

进度也不是越快越好。例如，建一个普通食堂如果正常工期半年可以接受，非要把工期压缩为一个月，成本要翻几番，连混凝土固结的时间都不能满足，同样的结构也许就盖不起来了。

成本当然不是越低越好，市面上的伪劣产品除了仿制，主要是追求了一个最低成本和最高利润。成本比消耗的人工、材料、物资等投资还低，是要不得的。

综上所述，要成本、进度和质量兼顾。懂得数学的人都知道，这应该是一个三维空间的命题，没有任何一维可以取代其他两维，也没有一种绝对的关系。不同地区、不同项目、不同实施团队、不同经济能力、不同技术力量，更重要的是有不同的目的，全需要一个总体的协调平衡。甚至在工程项目进行中这个平衡也会不断变化，项目经理就像是抛三个球的魔术师，在玩一场平衡的游戏。

1-33　国际项目管理的权力层次如何划分？

在项目实施管理中，大权独揽、小权分散的概念太模糊。项目管理上的权限有大有小，但笼统讲大权独揽、小权分散是表达不出权限之间的关系的。一个大型项目，是由业主直接或间接任命一个项目经理，由此人对整个工程的成本、质量和进度承担全部责任；但一个人的精力和能力都是有限的，项目经理要把工程分解为若干子工程，任命子工程的项目经理。同样由每一个子项目经理独立承担其部分的成本、质量和进度，而每一个子项目经理再对其所承担的分项工程或分部工程进行分解，委以团队的工长或团队负责人。

管理层就是这样一层层委托下来的，按照国际项目管理原则，每一层不要超过 5 个部门，直到一个人可以具体操作的那个层次，为最佳管理机构。

层次分得太少，负责人忙不过来，顾此失彼；层次分得太多，人浮于事不说，彼此间的摩擦和矛盾大增。而解决矛盾恰恰是上一级主管的责任，也就是说，项目经理并不直接管理子工程，他只负责协调子工程之间的事务。比如：某一子工程因故误期，对其他子工程的影响；某两类子工程在空间、设备和资源上的冲突（吊车谁先用，挖地基的土石挡了运输设备的通道，工程专家的使用等）。因为这种子工程或子工序之间的事是介于两个或几个下级负责人权限之间的事，是下一级负责人无法独立决定的，必须由上一级负责人取舍。

如果说这就是大权，也勉强可以讲是大权独揽，其实权力必须独揽，不能集体负责，大权、小权都一样要有人独揽并承担责任。

小权分散就太含糊了，管理权力的“分散”是根据项目分解做出的，分解不是简单地分散权力，是为了把职责落实在具体的管理人身上。严格地讲这是权力（或职责）的授予，未必是小权。

一个好的管理人员是要知人善用、统筹全局，而不是越过下层管理人员去办具体的事。当然下级管理人员有时需要指导、提醒和督促，上级有时也可以提具体的建议。注意只是建议不是命令，你不能命令下级按你的决定去做他分内的事，那样你就解除了下级的责任。

1-34　国际项目管理的外行与内行领导怎么看？

有一句名言叫“外行不能领导内行”，是要否认外行的领导。但笔者认为此话就看你怎么理解，关键在于对外行和内行如何定义。如果外行指大老粗、缺乏文化（看来这可能是名言的本意），那“外行领导内行”肯定是错误的。如果外行指具体的专业，外行领导内行就是普遍的现象了。

根据国际项目体系对知识结构的需求分析，任何一个项目的实施全都是由多种专业人员完成的，没有一个人能够对项目的所有专业全都是内行。如果坚持高层管理人员只有业务内行才能领导，则永远找不到内行领导。

美国陆军军官学校西点军校200多年来，培养了3位总统、5位五星上将、3 700多名将军及无数的精英人才。

在商界，自第二次世界大战以来，在世界500强企业里，西点军校培养出来的董事长有1 000多名、副董事长2 000多名、总经理5 000多名。

西点军校为美国培养了一大批杰出的政治家、企业家、工程学家、科学家、教育家和艺术家。西点军校曾有79人荣获“罗兹奖学金”，排名仅次于哈佛大学、耶鲁大学和普林斯顿大学。

美国在第二次世界大战之后，原来在军队里建立功勋的一批管理人员，进入了对他们来说完全陌生的福特汽车公司。他们在这个企业大显身手，开创了现代企业管理的先河。从汽车技术来讲，他们之中不少人自始至终是个外行，他们对福特公司的管理贡献巨大。其中一位名人是越战时当了美国国防部长的罗伯特·麦克纳马拉。

管理企业（或工程项目）与企业产品的研究、开发和制造是不同的分工，不能混为一谈。当然企业或工程的领导（管理人员）需要对本企业或本过程有深入的了解，但从专业的角度讲，他们不是也没必要是专业内行。项目经理是成本、质量和进度的平衡大师，平衡管理是内行就行，选项目经理是看这种平衡艺术，不一定要找专业内行。

1-35 国际项目管理如何区别下属设施报告是想要的还是需要的?

在项目实施管理中,做系统分析最难的就是不知道用户要什么,而用户往往觉得我要什么早就讲清楚了,你为什么还不明白。其原因在于用户(其实也包括我们自己)往往区别不了需要什么和想要什么。例如以下发生的案例:

(1)项目实施要申请一个项目成本核算的会计系统,似乎这是一个简单明了的要求,但实际上会计系统有很多种,有独立的、有和其他系统联网交互的系统。独立的系统也可分为单机的、多机的、内部网的、互联网的和其他系统交互的,还要明确交换何种信息,项目编码系统是什么结构,对安全的要求又是什么。

(2)项目实施要申请购置计算机,似乎这是一个非常简单的要求,但实际上应该考虑什么牌子,购买计算机干什么,以满足工作需要判别好坏。今天买今天需要的,不需要太超前;领导不需要高档计算机,配中低性能笔记本就行,便携,有利于出差用;项目实施进度人员计算机要装配项目管理系统 P3、Project 及智能项目管理系统 Pert 等软件,就需要大容量的高速计算机才能运行;CAD 绘图员应配大屏、大容量、高速集成线路的计算机。他们真正需要的是可靠的工作工具,而解决的方案是在分析之后才能确定的。

区别需要的和想要的不但是可行性分析的根本点,也是在工程实施中对总体设计、详细设计、设备选型、工期进度判断的基础。要重视整个工程项目固定设施和临时设施真正需要的可行性研究,涉及整个工程项目的成本控制,不要轻易以为这是一个显而易见的小问题。

1-36 国际项目管理如何对待超额完成任务的现象?

我国项目管理在那个轰轰烈烈的“大跃进”年代,不但放高产卫星,而且在机械工业上和建筑工程上到处是提前完成任务、超额完成任务的报道、口号和消息,似乎这是管理业绩和成就的最好体现,其实超额完成任务往往是要不得的。以下的例子说明了这个问题。

如果运输水泥的工人超额或提前完成任务,把水泥堆到了工地上,一场大雨下来,就是一场灾难,因为到货水泥超过了使用水泥的速度和仓库存储的能力。

修建一条铁路,如果合理预期 3 年完成,实际上日夜赶工,2 年完成,就会导致成本上升、质量下降。如果业主付得起这个价格,想提前使用并发挥效益,也认为合算。那么在制订工期计划时就应当订 2 年而不是 3 年。说来说去,那不是超额完成任务,是制订了不好的施工工期计划,又没有及时变更、修订,弥补施工工期计划的缺陷。

也许有人说,既提前完成任务,也不提高成本多好,但亦并非好事。还以铁路为例,如果真能提前一年又不增加成本,首先,说明原来的施工工期计划制订错了。其次,如果铁路是按施工工期计划提前完成的,但是和铁道配套的一系列工程项目,如电力、通信、防洪、车站设施、道路交通、职工生活设施、维修站、运营人员培训都不是按这个计划提前一年完成的,仅仅把铁路修好了,不但无法使用,又无适当人员来维护,到铁路要用时,路基冲毁、项目设施的缺陷和毛病就会出来了。再次,提前完成的铁路还会干扰沿途其他生活生产设施的规划和建设。

还有人说,那么其他相关工程项目,也按提前一年完工,而且按不增加成本的原则实施呢?如果真能做到(我很怀疑,但这时质量出了问题,例如"大跃进"和"文革"年代的项目存在的问题),那等于说一个大工程,只要一味赶工,不要计划也可实施,这岂非天方夜谭!

究其实质,提前完工、超额完成的思想源于本位立场,缺乏全局观念,也就是说,没有系统观念。任何一个部门不按时间、质量、合同计划完成任务,就会打乱整个工程的计划,是要不得的。最好还是认真制订一个既切实可行、非常详细,又不过分保守的计划,大家同心协力去完成项目任务。

1-37 项目管理的专家系统为什么是为专家使用的系统?

在项目实施过程中,经常听人们说专家系统是取代专家的系统,不少信息理论的书又称为决策系列丛书,这些观点是不正确的,今天开发的仅仅是辅助决策的系统。人在目前的信息社会中,仍然是万物之灵,还无法被任何一个信息系统所取代。

为什么这样说呢?在理论上,今天的IT技术只能处理量化的事物,而无力对付随机的、非量化的判断。而在处理量化的技术上,IT技术又只能处理线性的关系,对非线性关系几乎束手无策。数学上已经证明:4次以上的运算公式方程没有标准解答。所以,我们编写不出求解的通用程序。决策的过程不是简单或复杂的定量分析结果的推演,而是多维空间的综合的平衡,项目实施过程是没有标准答案的判断。经验、环境、性格,甚至直觉,都对决策会起到重要的作用,而没有一个开发的系统可以把这些因素都考虑进去的。

我们现在还只能开发出为专家使用的系统。这个人工开发的系统可以最大限度地发挥计算机的优势,及时、准确、系统地提供大量有用的、真实的信息,为专家决策提供依据。这些信息是处理过的、提炼过的信息,是能提示专家分析、研究、做出决策的,具有某些内在联系的信息。提供信息是为决策服务的,而不是取代项目管理专家的。所以,不要期望安装了先进的信息系统管理上就会出现奇迹,项目成功的根本是选对了项目经理。

1-38 项目管理的报表信息如何纵向交流?

信息交流是人类最古老的社会活动之一,"上古结绳而治",恐怕是最原始的一种信息交流方式。但直到20世纪中期,信息的交流还主要是纵向的,即从下到上的汇报形式。用今天的话来讲,多数是以报表的方法实现信息的纵向交流。

据说秦始皇每天要看几车各地呈上来的竹简,那么他也是重视信息的统治者。可以说从古至今,信息的纵向交流并没有根本的改变,只不过在今天的信息技术协助下,信息纵向流动的速度大大加快了,信息系统的容量大大扩充了。当然反馈的效率也提高了。

值得注意的是任何一项技术的进步,总有正负双方面的作用。信息传播速度和数量的提高,造成了信息爆炸。而不少人还以为信息爆炸是好事,其实信息爆炸,把需要信息的主管淹没在信息之中无所适从,等于没有信息。典型的事例是在开发信息系统时,要求编造大量报表,一个部门要求生成几十种报表的很常见。究其原因,一是以为信息多多益善,二是生成五花八门的报表太容易了,三是为了表面好看,取悦上级和公众。

并非信息多就好,信息必须经过处理提炼,使有用的情报脱颖而出才有价值。今天的

IT 技术有强大的信息储备功能和检索功能，主管部门不必强制规定印到纸上才算得到了信息。大部分报表只有在需要分析数据时才应当生成。项目经理应当把精力放在分析信息上，而不是放在收集数据上。

在信息革命之前，报表除了提供给主管分析，还是建档储存信息的唯一手段。信息革命在这方面的改变，往往被人们忽视了。正确理解无纸办公，不是说可以不要纸张，而是说不再用纸质报表来传递信息、收集数据、储存资料。因为信息时代使报表的功能简化了，所以报表要大幅度减少，才可以提高效率。

1-39 项目管理的信息如何横向交流、共同分享？

老子说："鸡犬之声相闻，老死不相往来"，生动地描写了中国古代自然经济的社会。但在一个庞大的工程项目施工工地，至今为止，各部门的交流往往也有这种现象，也就是说，缺乏横向联系。

造成这一困境的技术原因，从数学上看是显而易见的：2 个部门联系需要 1 条通道，3 个部门的联系需要 3 条通道，4 个部门需要 6 条通道，5 个部门需要 10 条通道。10 个部门就需要 55 条双向通道。这是说，在一个有 10 个部门的企业，每个部门必须随时和 9 个部门联系，才能保持信息系统畅通。如果把每一位工作人员看成一个信息源，100 人的企业就要求有 5 050 条通道，1 000 人的公司则需要 500 500 条通道，这显然是无法办到的。

只有到了信息时代之后，有了信息高速公路，人类才有了解决这个瓶颈的技术保障。那就是在大数据时代，建立一个统一的数据库，这个数据库储存了所有的信息，需要信息的各部门或个人到这个数据库来取得其所需要的信息。因此，从理论上说，10 个部门只需 10 条通道就可以了。由于这个数字如此之小，即使给工程参与的每一个人建立一条通道，也毫不成问题，这就是内部网（Intranet）。过去是由信息的生成部门决定何时向谁提供何种信息。现在是由信息的用户决定何时取得何种信息，这就是信息共享的观念。当然，信息共享不是说不考虑信息的安全。通过信息技术，只有授权的用户才可以查询、更改、删除某一部分数据。这种信息的安全措施是按领导级别、管理层次、分项工程办公室、供应商、相关企业或工程项目事先规定的程序和授权来设置的，没有随意性。信息从生成的部门（数据源）开始在不同的部门间流动，而这些部门给原始数据赋予更多的信息，信息技术的术语称之为数据增值，即信息量越来越丰富。

举一个例子，在网络项目管理中，设计工程师在蓝图上标明了闸门的规格和数量；采购部门据此马上发出了招标通告；合同部门据此编制了合同文本和价格范围，发出了招标文件；供应商立即投标；专家评委确定中标制造厂商和价格；成本部门马上将闸门价格的信息计入成本；仓库人员知道了到货的时间；工地上知道何时可安装；编制计划人员安排竣工验收的时间、措施、标准；一旦通过质量验收，监理工程师签署付款证明；财务部门就可以编制账单；负责资金管理的部门也可根据闸门的到货时间，核实控制资金的支付转移……闸门的信息在各个部门之间流动，信息范围价值越来越大。各个管理者不用去相关发布信息的部门翻阅纸质档案查询，只在数据终端检索需要的信息，例如可以通过手机、电脑搜寻自己需要的信息。只要一个部门数据更新，所有网络授权部门就会马上从共同的数据库中获得最新信息。

信息的发布不受时间、地点、场所的限制，这就是典型的网络数据共享、典型的横向交流。国际项目管理的高管，可以实时查询原材料采购进展、资金使用流向、设备运行状况、项目实施进展、工程质量控制、现场人员结构、风险预测控制等信息，根据项目实施动态运行的情况，及时做出决策、发布指令、处理存在的问题。

1-40　国际项目管理为什么没必要勤请示、多汇报？

在社会管理中，据说勤请示、多汇报是下级对上级表现或者想得到提拔的一个很好的工作方法。那么就应当仔细分析一下，勤请示什么？又多汇报什么？什么叫作勤？时间间隔多长才叫多？

下级管理者如果有明确的职责，应当知道上级主管的方向性要求。在自己职责内的事情，应当全力以赴克服困难去完成，而不应该把自己的责任推给上层，由上级做决定。为此，他们需要主动获取信息，在项目实施开始之时或在接到任务之时，对本职工作下一番功夫去分析研究，若有不明白之处或发现错误，马上请示汇报，直到明白或上级批准之后才去执行。不可以在似懂非懂之时就开工，然后每事必问。设想如果你叫孩子去买菜，当然是给他列清单讲清楚要什么，价钱范围是什么，取代的变通方法是什么，你总不希望孩子没听清就跑去了菜市，为了萝卜、红薯、大蒜等一次次跑回来请示你吧？

向上级汇报什么呢？如果事无巨细，把怎样做的工程逐一汇报，就好像孩子买菜回来滔滔不绝地告诉你，如何与卖菜的人讨价还价；如何找卖豆腐的商贩……你一定烦了吧？因为他如果买回来合适的食品，就说明他把事办好了，也有此能力采购食品，你不必去操心这些细节。

实践经验证明，要求给他勤请示的上级，不是他自己不能把工程分解合理或职责明确到位，就是爱对下属越俎代庖、管得太多。同样，如果一个下级向上级唠叨办事的细节，上级就会感到这个下级对自己办事没信心，老想得到上级的肯定才能干下去。

项目管理也不是说不要请示和汇报，请示的问题应当是方向性、战略性的问题，是超出自己职权的问题（通常这是部门之间或者高层管理的事）。汇报是汇报工作是否按计划规定的成本、进度和质量完成，有没有超出计划的事，超出计划的原因是什么，调整解决之道是什么，而不是完成的工作的细节。

现在共享的信息系统，可以把汇报的时间、内容、格式进行规范，变成一个常态工作，每周或每月末上网传输报告。除非发生重大偏差，一般无须专门汇报，更不要多汇报。上级主管可以根据需要随时在系统内检索查询。小浪底水利枢纽高管可随时从网络上获得进度、质量、成本运行等状况。

至于勤不勤请示，关键在于有无可请示的事件，职权外的问题、部门之间的问题、方向性问题一旦发生，必须请示；否则根本没必要，不能用勤不勤来要求下级工作。

1-41　国际项目管理工作大规模汇报会是否需要开？

大规模的汇报会是很有中国特色的现象，是否需要文山会海的汇报会？国际项目管理几乎不开大型汇报会，偶尔开个汇报会，也只是几个当事人互通情报，称为周和月工作例会，而且周和月工作例会必须要解决项目实施中存在的重要问题。

汇报会顾名思义是汇报工程进展,大型会议的汇报人往往整理了一大堆资料,撰文打印很多本。登台琅琅出口,台下人手一册,未等台上念完,听众已心知肚明了,所以几天大会完全是一个形式。小型汇报会也许不那么正式,汇报的人也许只有腹稿。但发言要一分为二,先讲成绩,娓娓道来,令人昏昏欲睡。问题则一带而过,不注意还真听不出来。当领导者得训练出听话听音的本事,一小时的长谈,只听其中三五分钟的关键问题。

为什么西方不需要汇报会呢?因为这种工作方式成本过高,效率过低。通过今天的信息技术,几乎汇报的任何数据全可以随时从系统中获得,真正需要交流的是少数非量化的信息,这不需要大会来汇报,而且大会往往并不适合传递非量化的信息。

既然在信息社会建立了新的信息系统,工程管理人员的工作就应当相应调整。不能在保持老的工作方法的同时又加上一套新的,那样的话,一层层的主管除了要向上级汇报,还要向计算机汇报,负担不但没有减少,反而还加重了。岂非两条渠道花钱找麻烦?无论如何,对于管理人员来说是要突出解决和计划偏离的事件。正常的进展不必开会汇报,省出时间和精力去应付进度、质量、投资偏差。所以,应该依靠现代化的项目信息管理系统,汇报会可以不开,至少少开。不要把工程管理例会和竣工成绩总结会混淆在一起。

1-42 国际项目实施管理编码的诀窍是什么?

项目管理需要编码。因为编码是信息系统的大梁,没有合适的编码,就没有办法信息共享,特别是在项目实施中,编码的重要性就更突出了。

项目管理的编码应具有以下基本要求和原则:

(1)项目信息编码是数字信息系统的纲领,快捷、准确地从信息终端找到需要的信息是人们共同的愿望。

(2)项目信息编码的唯一性、永久性、固定性是编码规划的核心。即在任何时间一个编码只代表一个事物,或一个事物永远拥有这个编码。

(3)项目信息编码在动态变化的项目实施中具有稳定性、独立性、定位性,互不干扰和互不影响,这是编码的基本要求。

(4)根据项目信息编码的快速输入、查寻、检索要求,编码应该多使用字母代号和数字,少用汉字。

(5)根据项目信息编码的属性,分析各种可能出现的特殊情况,要注意编码的层次、容量、无限的变更扩容和序码添加。即:编码不能用完了。

(6)项目信息编码结构要简捷易懂,具有大众意识,有利于快速检索判断设施部件所在的部位和性质。

(7)要考虑项目信息编码和使用软件的兼容性。

(8)建议制订详细的信息编码规划,为后续项目实施编码工作导航提供依据。

编码时要考虑什么呢?编码的诀窍是什么呢?应该注意以下工作:

(1)设计编码的人要对编码事物的属性有深入了解,考虑各种特殊情况或可能出现的情况。自下而上,自上而下,统一要求,克服缺陷,优化编码。

(2)不要把编码变成密码,在编码中尽量不带保密信息。所有的信息必须是相对稳定的、不可能更改的信息。信息要有利于数据库储存并且方便检索。

(3)要设计好编码结构,这个结构和标示的事物的分解方式是一致的,因此必须有专业人员,即通晓该事物的专业人员参与。

(4)编码不要过于复杂,要留有扩充余地。要考虑使用的软件或硬件,以及可能使用的软件编码的兼容性。

(5)编码必须由使用者的上级发文公示,在该项目实施中强令执行,绝对不允许松散无纪律、各自为政的现象存在。

1-43 国际项目成本控制中的财务和会计的区别是什么?

财务是对资金筹集、成本控制和会计核算的统称,其实财务和会计有根本的区别,财务是会计的上位词。资金筹集是项目实施前的事;控制成本是管好未来要花的钱,一般花出去的钱,无论对错是没有办法挽回的;会计是过去账单的记录,对已经采购的商品,无论采购的对与错,账单是必须支付的。

对于一个管理工程的项目经理来说,他的工作是面向未来,对未发生的事进行预测、分析和决策,以求减少项目成本。他不应该也无必要把精力放在已发生,无法改变的会计事务性工作上。项目经理是对成本、进度和质量完全负责的人,成本控制是项目经理的首要责任。

对于项目经理来说,他不必把成本管到一分一角一元,他只要掌握在某一数量级上就可以了。在事先预算规定的范围内,项目经理对预算可以变通(包括增加、削减、借用)。会计是执行部门,不应当也不可能对采购的质量或需求做出评估,但将严格根据会计制度支付,精确到一分一厘,只要符合制度,会计必须支付,如果不符合制度,项目经理也无权干涉,不能强令支付。只有把成本管理和会计结算分开,成本管理才会有保障。不能赋予财会人员设备采购的否决权,因为财会人员不懂设备,不是管错了,就是用非技术的标准做决定。

1-44 国际项目管理如何避免先验主义发生?

我国有些通俗的说法叫“解剖麻雀”、“种实验田”、“蹲点”等。这些意思全是要做调查研究,避免主观主义和先验主义。

因为麻雀虽小,五脏俱全,容易得到,好解剖。所以,小学生上生理课,解剖麻雀不失为好方法。但人们可能由此忽略了“解剖麻雀”有一个不言而喻的假设,那就是麻雀的五脏六腑和其他脊椎动物的五脏六腑是大同小异的。大熊猫的生殖能力低下,是无法从解剖麻雀上研究的。“解剖麻雀”仅仅是一种基本学习,不能代替深入研究。

对于一个项目来说,政治、经济、社会、环境、运行工况等很多因素都在不断变化,作为项目经理,切忌把过去的、局部的经验轻易地当成普遍的规律,要学会在项目动态实施中收集信息并科学决策。成功的项目案例,可学习,不可照搬,搬一次失败一次,外界各类因素都在动态变化,要避免先验主义造成的失误。

1-45 国际项目开始前的3个必备文件是什么?

我国大型工程都有个开工典礼,安排领导讲话和剪彩。有来宾、媒体、施工技术人员和工人出席仪式，有奠基活动、“破土”仪式。而实际有的工程项目可能已经开工，甚至快半年了，有的水电工程项目截流已经准备好了一段时间，就等领导到现场宣布截流成功。严格地说，这不是工程的开始，而是工程启动后一种商业或政治性的活动。项目开始启动前真正的热身活动，要准备3个必备的基本文件：施工管理计划、工程进度计划、工程预算编制等。

在项目实施中，项目经理应不断把实际发生的情况和这3份文件对比，不遗余力地执行这3份文件，千方百计地把误差调整到3份文件规定的范围内。如果发生了不可逆转的变化，项目经理必须及时跟踪、调查，搞清楚什么原因，采取什么样的措施对策，预测并估算风险事件发生发展的后果。对项目实施过程是否该干预、调整的判定依据，就是将实际实施的过程对照3份既定文件编制的理论计划进行比较，比较后根据偏差的大小、是不是关键路线上的工作做出决策。

(1)施工管理计划。包括管理策略、合同(施工和采购)策略、人事策略等，并明确工程项目建设目的和范围。其中管理策略是要决定业主的介入程度和参与方式，明确业主做什么、不做什么。项目经理必须吃透工程施工管理计划，切忌为局部小问题，陷入不准备介入的小事件，而忽略了全局，就是“将军赶路，不追小兔”，以项目实施目标为主。

(2)工程进度计划。工程项目主进度计划应当排除非技术的干扰，根据子项目之间的关系来制订。为了庆祝某个重要的时间和节日，我国曾经发生过“后墙不倒”的进度计划编制方式。这是把竣工日期人为地定下来，然后倒推进度计划，根本顾不上各子项目的实际完成时间，甚至不满足混凝土的标准凝固时间，其结果不是增加成本，就是降低质量。把大型工程完工日期和某些政治节日联系在一起，是没有什么科学管理意义的，反而往往给人以天天在赶工的印象，人积劳成疾，设备破坏性使用，不免付出较大的代价，无节制地多快好省，留下不少工程隐患。

(3)工程概预算编制。工程概预算其实有两项内容，一项是申请工程时的概算，一项是执行时的预算。国际项目分的级别更多，费用估算、概算、预算有5种类型：

①数量级估算。它又称比例估算、猜测估算、毛估算，允许误差大于30%。

②研究性估算。它又称评价估算、设计前估算、粗略估算，允许误差为30%。

③预算性估算。它又称初步估算、拨款估算、意图估算，允许误差为20%。

④确定性概算。它又称项目控制概算、初步设计概算、意图概算，允许误差为10%。

⑤施工详图预算。它又称投标预算、最终预算、施工图预算，允许误差为5%。

从申请工程的估、概、预算到工程批准，对大型工程来说往往有很长一段时间，政治、经济、环境、市场的价格等在变化，施工的方法和总成本核算均会有不少变动。因此，工程概预算编制切实可行的工程预算计划是完全必要的。这一预算必须是切实可行的、有充分根据的、一步步深入的，而且是详细分解的详细预算计划。预算还要和资金到位(资金流)情况吻合，以便计算利息。它和人、财、物的调控水平有关，与社会动员力有关。

由此可以看出，工程项目概预算的编制和进度计划的制订是互相制约的，不但要互相通气，而且要反复推演。同样，工程预算编制和进度计划的制订对施工管理计划也会有影响。往往大型工程中3个文件的制订要耗费几个月甚至一年的时间，需要不断的、反复的修改。请记住，文件的反复修改，无论如何比工程实施中的反复修改要便宜许多，不要抢着开工,否则欲速则不达,造成许多风险隐患,引起各种风险发生。

1-46 企业中的MIS和国际项目中的PMS的区别是什么?

管理信息系统简称为MIS,是英文 Management Information System 的缩写。还有一个名词叫项目管理系统,简称为PMS,是英文 Project Management System 的缩写。两者有什么区别?又有什么关系呢?

MIS是对所有管理信息的一个集成的称呼,现代的信息系统和计算机是分不开的,因此也可以说MIS是所有用计算机处理的信息系统。但人们往往对MIS有一个狭义的用法,把办公自动化OA(Office Automation)称为MIS。今天的OA包括文字处理软件(Microsoft Word,WPS,Word Perfect)、电子表格(Excel,Lotus)、讲座演示(PowerPoint)、内部网(Intranet)和互联网(Internet)。后两者主要是用来使用电子信件和检索公布信息的,是供企业使用的信息系统。

PMS是专供工程项目使用的管理信息系统,是与企业使用的结构截然不同的信息系统。在国内这两个系统不太好区分,因为项目的管理组织结构和企业管理组织结构是大同小异的。换句话说,它们是用管企业的方法管理工程项目,因此是不适用的。

不妨看一看企业和项目的不同之处:

企业中的MIS和国际项目中的PMS的区别为:组织结构、管理内容、运行方式不同。

企业的组织结构是静态的、稳定的,工作是重复性的,基本上是以年度为周期管理的;项目的组织结构是动态的、不断变动的,内容很少重复,是以工程本身建设时段为周期管理的。

企业的管理内容、运行方式是稳定的,通常是要遵循一套固定的规章制度和工作流程来进行工作的,其业绩是按年度核算的;而项目的管理内容、运行方式是变化的,随着进度是不断调整的。其下属部门需要因承担的工作而改组,开拓业务,签订合同,然后组织项目管理队伍,例如,修好桥梁之后,桥梁小组就没必要存在了。开工前,设计组人员多;施工时,施工人员就大大增加了。

每个项目均有其运行的特殊性,可以说从来不重复;成本核算和年度收益没有任何关系,业绩是由每个子工程和工序的生命周期结束或完成来判断的。如果把项目当企业办,至少有两个不妥之处:

一是子项目工序的进度与年度资金平衡管理无关;花费很多精力搞出的年度目标、效益、评价对实际工程实施工作不但没有多少指导意义,反而可能造成困惑。

二是造成人浮于事。例如,在大桥完工之际,再任命两个桥梁部副主任,据说这是副处级职务,如果当时不任命,级别上不去,到了其他部门就不好安置。其实在矩阵管理结构中,项目的各级负责人全是"临时"的,不存在因人设位的难题。

1-47 国际项目中的信息检索和工作流程是什么?

国际项目中的信息检索采用的是PMS,是专为项目管理建立的信息系统,那么PMS和软件又是什么关系呢?对于信息系统而言,它包括了3个部分:

(1)硬件。包括计算机设备、网络设备和辅助的外围设备。

(2)软件。包括计算机操作软件、网络控制软件和应用软件。

(3)流程。包括工作流程、工艺流程、信息传递流程、规章制度流程和专家的经验。

人们往往把 PMS 看成是整个系统中和管理直接有关的应用软件,这是不够的。真正能称为 PMS 的是,通过先进的信息技术,把抽象的管理规则和管理流程提升为可遵循、可输入、可操作和可检索的信息工具。

例如,为了获得工程项目实时的投资总数,需要把已完成的分项工程的合同额及时输入到正在使用的 PMS 之中去,由系统自动生成投资总数。结果发现有的合同无法输入,令人十分无奈,原来在执行这些合同时均没有遵循既定的管理流程和规则。如,有的外币在输入时没有换算成当地货币;有的合同价格是 50 万元,实际支付是 60 万元,经查是有工程变更的,但变更的原因是什么? 申请人是谁? 工程变更价格标准是多少? 全都没有分项账目和日期,经手人也不记得了,系统无法运行,需要人工补充。而真正要投入使用的 PMS 要求按既定的规则和流程一步步操作,如果不符合流程,任何人签字也是无法支付的。这就要求把变更的工作程序事先编入软件,对变更的申请、审查、批准和支付,都必须通过 PMS 来执行。具体操作人员有任何不符合流程和规章的行为,都无法进行下去。该系统告诉操作人员应如何遵循流程,并且按部就班地检查流程的执行状况。这样的系统英文称为 Pro - active system,中文可翻译为主动系统。

单纯的信息收集系统,会面临信息不能及时输入的老大难问题。对用户来说,等于既要对上级领导汇报,又要对计算机汇报,系统非但没能减少管理人员的工作,反而增加了工作,难怪人们不习惯用。于是操作人员或是因为忙,或是不重视,或是想把耽误的工期赶回来再输入,使得信息系统的信息滞后、失真、不准确,不能及时提供依据。

主动的系统是管理的工具,进入系统不仅仅是为了输入信息,更重要的是办公。只有把真实的数据按时、准确、符合标准地输入,才能实现项目数据管理科学化。这样输入的信息,都经过既定程序的自动检验,是便捷、真实、可靠和及时的信息。

1-48 国际项目中如何区别管理和被管理的专业?

在建立项目管理信息系统 PMS 时,常遇见把管理和被管理的专业混淆的问题。“外行领导内行的说法如何看待”,就是如何区别管理和被管理的专业,把管理本身作为一个专业和其他专业区别开。

众所周知,项目管理的 3 个要素是成本、进度和质量。前 2 个要素是可以量化的,用计算机处理得心应手,质量就不完全是量化的要素了。质量归根结底可以用合格、不合格来判定,但是否合格不是一个单纯的数量可以表达的,需要定量和定性综合分析。

一个综合性的大项目可能涉及工程建筑、机械设备、电器操作、自动化控制等领域,可能被检验的产品标准、施工工序和技术规范有成千上万种,即便是量化的检验也互不相同,无法找出共性。例如,对台式微机的检验和大坝水泥浇筑的检验就截然不同,这就引出一个有趣的问题,对项目管理系统的质量子系统应当如何编写? 很多人认为要把判断是否合格的标准输入系统,从而对被检验的产品的每一个参数都有记录,可以知道为什么合格或不合格,但其执行起来的难度可想而知。

质量管理需要知道的是产品是否合格,如果不合格对项目进度和成本有何影响,而不是产品是否合格的技术原因。没有一个大型项目的项目经理可以通晓涉及的全部产品标准和技术规范（大项目可能达到上百万种），项目经理也不应该去过问这些细节。对产品技术检验的细节，是由各类不同专业的技术人员完成的，专业技术和项目全方位管理是不同的专业。所有这些专业人员也只熟悉本行业、本专业、本学科的标准和规范，而不可能跨其他的行业、专业、职业技术。

把所有产品的检验标准放在一个系统里，使得该系统对专业人员来说太笼统，对管理人员来说太烦琐。结果成为一个理想的、想要但不便使用的系统，而不是需要的系统。

将上万种产品的检验参数输入到系统中，是不切实际的。因既无人力去做，又无法保持不断更新，系统变成了不可靠的系统而无法应用。

在开发项目管理系统时，经常遇到一些不明确的要求，造成这种结果的一个重要原因就是，把管理和被管理的专业混为一谈。在项目管理工作中，也经常看到管理人员深入到了不应当深入的领域，跨过了行业、学科、专业领域，可谓抓不住重点，干扰了正常工作。技术人员对管理人员不了解，引起对管理人员的不满。管理和被管理专业人员应该各司其职，“外行领导内行”就理所当然了。

1-49 国际项目中信息系统构建成功的关键是什么？

在信息化时代，工程项目管理建立信息系统，是目前每个工程项目必须进行的工作。但无论国内外，信息系统建立都有失败的案例，投入几十万元、上百万元不见成效的例子都有。有趣的是，因为建立信息系统，添置了一大堆微机、服务器、网络、打印机、扫描仪等高级设备，编制了林林总总许多报告和图表。所以，就算新建的信息系统失败，人们也不会承认新建的信息系统是失败的。

对信息系统是否成功有一个简单明了的判别方法。就是在信息系统投入之后 3 个月，问一个管理人员要数据，如果他说：“请稍候，让我打开系统查查”，这个信息系统就成功了。如果管理人员仍然说：“让我看看我的笔记本”，那么这个信息系统就没成功。换句话说，系统成功与否关键是：是不是真在用。

那么系统成功的关键又在何处呢？

第一是目的明确，建一个需要的而非想要的系统。地理信息系统 GIS 是一个正在建设，还没有全面启用的信息系统。人们往往把其设计为包罗万象的系统，结果因为拿不到庞大的坐标数据而无法全面使用。其实有许多内容可以表明坐标，有许多事物和信息的坐标是不需要的。

第二是不要期望奇迹。如果项目实施或施工企业的工作流程一塌糊涂，不可能建立有效的信息系统，只可能建立一个为了显示现代化而建的、供人参观的、中看不中用的系统。

第三是管理人员必须参与系统的开发。信息系统是为管理人员服务的，是为了取代部分脑力劳动而建立的，管理人员不能置身事外，尤其是高层管理人员。通过系统的开发，管理人员学习了信息技术可以为其做什么，理顺了其工作流程；系统分析人员通过管理人员的参与，判断出需要的和想要的，使系统切合实际项目管理需要。

第四是见好就收。系统开发给人错觉，似乎可以任意改动，人人都可以参与具体设计。于是经常看见用户的参与，就是对表格的形式、字体的大小、屏幕的颜色没完没了地建议和修改。很多用户一坐在微机前就有了丰富的想象力，却从没在系统的功能上下功夫研究一下。更有一些领导的理由很可笑："我不喜欢这个样子的形式、图表、颜色等"，于是领导一换，系统大变，成皇帝的新衣了，把系统搞成了门面装饰，又怎么会成功呢？

开发信息系统和实施工程项目一样，要分析是否需求、是否可行，定出工作范围，进行设计、开发、检测，然后投产。没有人在大楼完工之后说，我现在不想要方形的楼了，请你给我改成圆形。软件开发也同此理，必须把握住既定的工作目标和范围，才能够成功。

1-50　国际项目中是购买系统还是自建系统？

对于项目信息管理系统，在国际项目中是购买系统还是自建系统，应该综合分析管理系统建设和购买的经济效益，考虑使用的幅度、频率、安全性和稳定性。目前，一些单位自主开发系统，每个项目都会开发适合自己的系统。现在分析一下自行开发系统存在的问题：

(1)大型系统开发周期长，在开发阶段无法使用，对于工程项目来说，两年的等待时间实在是太长了。

(2)信息系统工程和其他工程一样，必须进行总体规划、标准制订、结构细则编制等。一般在工程项目开始相当长时间之后才确定应用的标准和实施流程，这就意味着标准的更新和转换无法避免。由于要协调实施流程和标准转换的工作，所以就推迟系统的使用，理顺流程和标准转换会造成新的困难。

(3)管理系统中的开发、设计、运行和临时变更系统不断发生冲突，数据转换的工作量大，使操作使用数据的管理人员陷入准备数据的事务中，影响了信息管理系统的使用效率。

(4)对大多数工程项目来说，信息技术不是项目实施管理人员的专业，操作使用能力差，他们为开发信息系统所付出的时间、成本和代价(大家称之为学费)，对他们本行业和本专业来说只存在使用价值，各个项目的重新开发必须重复付学费，再利用的价值不高。

(5)开发信息系统不是一般工程项目企业的目的，使用信息系统才是他们的目的。例如：建飞机场的施工人员，花大量的精力去搞信息系统好像是不务正业。就像没有几个企业为了使用汽车而去研制汽车，多数公司连汽车的维修和保养都管理不好，需要时租车就是了。不能用传统自然经济自给自足的方法，去应对全球专业化很强的市场经济需要的高端技术。

(6)开发信息系统和建设工程项目一样，都是复杂的、专业性很强的工作。信息工程的难点不在软件的开发上，而在于把先进的管理哲学思想和行之有效的工作流程通过信息技术编入软件之中，使管理的规则提升为可以操作、可以遵循和可以检查的机制。要达到这一目标，专业管理人员必须在系统开发中充当主导，引领开发信息系统，而不是由系统人员或软件开发人员主导。软件开发人员的工作是实现管理人员的思想、目的和要求，通过 IT 技术来体现管理。由于多数项目系统是由系统人员一手操办的，所以常常只能实现简单收集、优选、储存数据的功能，严格讲还不是 PMS。

大型信息系统不但需要很长的开发周期，更需要一个相当长的试用周期才能趋向稳定和可靠。这是软件开发的特点，往往为人们忽略。即便是微软的软件也需要一段使用时间，经过用户验证才能成熟。

（7）不要低估软件开发的成本，有的花费不比工程项目低。唯有批量生产才有效益，为某个项目开发一套系统，有时得不偿失。

选购软件仅仅是建立系统的采购部分，系统建立的重点是工作流程或管理方法。好的软件既体现了经过实践检验的应用和管理，又能适应计算机系统软件和硬件的不断扩容和升级。

在国际项目实施中，如果不仅能够以低成本达到设想的目的，而且能提高系统的重复利用率，或者你的系统太特别，涉及核心技术、军事设施保密，没有商品软件供应，就自建系统，否则还是买或租系统（购买使用权，包括对系统的维护、管理服务），进行二次开发是最为实用的。

1-51　国际项目实施中需要几个数据库？

数据库需要几个似乎不是问题，但要真正回答这个问题却又不那么简单。

数据库是把资料或被称为数据的信息通过某种结构组织在一起的存储机制。计算机的物理储存机制是通过磁盘实现的，通常称为物理数据库。与之相对的是逻辑数据库。这是说相互关联的信息通过设计的结构组织在一起，成为一个逻辑数据库，而不管在物理上是存在于一个或几个磁盘上，还是这些磁盘放在一个地点或几个地点，即逻辑数据库不管是由几个物理数据库组成的。对于绝大多数用户来说，物理数据库是不需要他们考虑的，对他们有实际意义的是逻辑数据库。

管理系统如果是多个数据库，比如，合同管理数据库、进度控制数据库、成本会计数据库、质量试验数据库、人事档案数据库、办公文秘数据库等，其结果是数据无法查询共享，无法在部门之间交流、查询、下载，导致部分信息要重复建立，否则无法查询使用并更新。项目实施的信息是动态的，时间长了，同类信息在几个部门没有同步更新，出现新旧信息差别，不知谁的信息和数据可以采用。信息不准确的数据，如何成为决策的依据呢？

实践证明，数据库只建一个，也必须只建一个，就是一个逻辑数据库。这里涉及数据分享和数据增值的根本原则。例如：ATM 银行取款机使用的数据库是储蓄账号数据库，只和一个逻辑数据库打交道。至于物理数据库到底建在哪里，没人知道，也没必要知道。

在国际项目实施中，应该达到的目标是：一个项目总经理在决策前，随时打开电脑能及时、准确地查询他需要的所有正确的信息。

1-52　国际项目实施中如何建立 PMS 的信息中心？

要建立项目管理系统，应该建立一个专门的机构来负责，这个机构通常被称为 PMS 信息中心。信息中心不是计算机中心。

PMS 信息中心和计算机中心存在以下区别：计算机中心是以计算机的硬件和软件为主的，是为其他部门提供与计算机有关服务的；信息中心是以信息的输入、更新为主导的，信息中心的根本任务是维护整个项目（或公司）信息的完整性、清晰性、准确性、实时性，并及时更正缺失、过时、失真的信息。它包括信息的收集、入库的标准制定、储存的空间结构位置确定、安全运行的管理、信息实时的维护、查询检索下载（包括复制和备份）以及和外部信息的交换、共享等工作。信息中心直接对项目（或公司）的信息主管 CIO（Chief Information Officer)负责。项目(或公司)的CIO地位往往仅次于执行主管CEO(Chief Executive Officer)。信息中心尽管离不开计算机技术,但计算机技术仅仅是为信息中心人员服务的辅助管理手段。

要明确信息中心人员的组成和工作目标。信息中心不仅需要计算机硬件、软件和网络人员,而且还需要有对项目(或公司)信息需求深入了解的人员,有负责数据库管理人员和信息安全负责人员等。信息中心必须获得高层的直接领导和支持(虽然他们并非信息中心的成员),要建立一个永久性的PMS信息中心团队,光靠计算机技术人员和计算机专家是完不成信息中心工作的,要有PMS信息使用、管理、更新、维护的工程专家参与规划、设计和实施。

1-53 国际项目实施中如何建立PMS的编码和标准?

项目管理系统的根本目的是为工程技术人员交流信息。信息不但包括项目的成本、进度和质量等数据,而且包括管理规则和工作流程。各个部门对信息的使用方式不同、习惯不同,管理的规则和工作流程也不同,这好比不同国家或地区的人讲不同的语言,遵循不同的法律,使用不同行业、专业的技术标准和相关术语一样。可想而知,道不同不相为谋,不同的信息在交流时就必然产生阻碍。

不同语言之间的交流需要翻译,不同信息的交换在信息技术上被称为系统交互。尽管有无数软件号称系统是开放的,有无数软件提供各种转换的手段,但既然要转换,信息就不可能是“无缝”交互共享,信息流通就不能完全畅通。作为国际会谈,使用优秀的翻译是受人欢迎的,作为内部会议也要使用翻译,而且词不达意就是无法令人接受的。在信息系统内部,必须有统一的语言,这就是建立PMS信息统一的编码。

随着计算机应用技术的快速发展,参与任何项目的任何部门和个人均在使用和编制一些编码。例如,项目合同编码、工程图纸文件编码、建筑部位编码、施工设备编码、设备零部件编码、人员分类编码、进度费用编码、质量检验编码、来往信函编码等。因为这些编码是按部门或个人的业务需要编制的,既没有全局统筹考虑,也没有权威性,更不符合信息的专业性,所以这些编码具有顽固性,一旦使用,就不愿被改变。在建立PMS时,统一编码是一个劳心、劳力、耗时又得罪人的事,却是重要的基础工作。

信息中心的人员必须先进行调查,调查是确定编码的主体事物或物资配件的特性以及管理和使用目的,以决定编码的体系和结构(例如编码层次、代号和长度)。确定编码结构后,由编码的使用者完成码的具体内容。编码结构和管理规则、工作流程密切相关,定得好,管理就方便,定得不好,管理就麻烦,千万不可掉以轻心。

编码的特点如下:

(1)编码是一项技术性很强的工作,不应该企图调和各部门的分歧,搞出一个不伦不类的编码来。对正在使用的、带有复杂信息,好像密码一样的编码,信息中心必须摈弃。

(2)编码必须有权威性。在确定编码结构和系统时,由使用部门分头完成行业初级编码之后,汇总到信息中心,全面地、系统地研究编码的科学性、合理性、应用性,将合格的编码系统交由CIO审查批准,成为公司或项目标准,强令在公司或项目管理中执行。

(3)编码的基础是信息来源的标准。包括信息名称、度量单位、报表格式、信息授权程序、安全规则、软件安装规则、升级规则、密码规则、备份规则、硬件更新规则、维修规则等，都要由信息中心提出方案、形成文件，由公司或项目负责人通令全体人员必须执行。

各类项目信息的编码要符合传统编码的基本标准，具体要求和标准如下：

(1)项目信息编码要满足收集、发布、存储、传输、使用的目标，使用户能快捷、准确地从信息终端找到需要的信息。

(2)项目信息编码的唯一性、永久性、固定性是编码规划的主体思想。即在任何时间、任何地点一个编码只代表一个事物，或一个事物像人的姓名一样永远拥有这个编码。

(3)项目信息编码在动态变化的项目实施中，具有稳定性、独立性、定位性等，互不干扰和互不串码是基本要求。

(4)根据项目信息编码的快速输入、查寻、检索要求，编码应该多使用字母、代号和数字，少用汉字。

(5)根据项目信息编码的属性，分析各种可能出现的特殊情况，要注意编码的层次、容量，可以进行无限的变更扩容和后续事物新的序码添加。即：编码不能用完了。

(6)项目信息编码结构要简捷易懂，具有大众意识，有利于快速检索查询需要的数据、重要的事件、设施所在的部位和性质。

(7)要考虑信息编码和使用软件、硬件的兼容性和现实的需求。

(8)建议制订详细的信息编码规划，为后续项目信息实施编码工作导航提供依据。

1-54 国际项目实施中建立 PMS 的观念是什么？

观念(Concept)是对一个事物最根本的认识基础。观念不通，纵然讲了长篇大论、细致入微，收效依然不佳；观念通了，一通百通，往往有举一反三的效果。项目管理的改善归根结底在于管理观念的改变。国际项目实施管理既没有特别尖端的高科技，也没有特殊的商业运行秘密诀窍，但是涉及的行业、专业、知识面很宽，重要的是观念一致的问题。建立项目管理系统(PMS)的过程，应当是对所有管理人员进行管理观念更新的过程，否则，新的 PMS 是无法发挥效益的，甚至落得束之高阁的命运。PMS 的观念必须有全局观念、专业观念、实用观念、经济观念、快捷观念、方便观念等。

例如，如果没有信息全局共享的观念，各部门的各类人员之间就会把资料作为自己拥有权力的手段，不愿共享、不愿上传，数据库就没有多少可用的、可信赖的、准确的资料，设计再好的 PMS 又有什么用呢？

再如，各部门都设计自己的成本财会编码，强调其成本财会编码与众不同，拒绝统一的成本管理流程，拒绝换算成统一的货币值，如何实时汇集成总的项目投资呢？

为了减少推行 PMS 的阻力，信息中心应当从工作的开始就开展培训。要从统一思想和观念的培训着手，从高级管理人员开始，层层培训统一标准的观念。在此基础上，管理系统的用户才会和管理系统的开发者有共同语言，管理用户才能在下一步的需求调研中提出切实的要求，才有能力区分有用的和无用的信息，才愿意和开发人员一道制定标准，才肯静下心来认真学习使用 PMS。如果管理和使用人员的观念没有统一，他们会找出许多理由封杀或拒绝使用一个优秀的 PMS。

1-55　项目实施中建立 PMS 的关键是什么?

建立 PMS 的关键是第一把手的参与。管理系统是企图取代员工收集、传送、存取、查询的部分管理工作,当然要满足管理和使用者的需要,而第一把手就是 PMS 的最重要的终端用户。

通常把 PMS 的用户分成战略需求和战术需求两类。人们常常对战术需求给予重视,却忽略了战略需求。战术需求是指对管理流程和对项目保持进展的数据要求,战略需求是指项目管理高层为了控制整个项目对信息内容的过去、现在、未来进展情况,以及战略需求的分析,以便布置任务、调整运行偏差,完成项目目标。如果从信息控制授权上看,对战术需求包括对数据更新、修改和删除的授权,但没有权利检索所有的数据;而对战略需求,基本上是可以检索任何数据的,却不能变更任何数据。因为第一把手虽不具体操作,却必须能随时了解任何和项目有关的资料。不要以为高级主管就一定是万事通,改变建立 PMS 观念的关键就要从高级主管开始。

建立信息中心,物色合适的人选,确定其工作职责等,都要得到第一把手的认可;制定信息标准,统一编码,涉及多方利益,要第一把手统一领导。在系统交付使用时,会有用户提出各种意见反对使用,特别是正在使用临时系统和部门独立系统的用户,受传统思维、工作习惯影响,会有反对意见。

为了得到第一把手的支持,PMS 的负责人要和其保持密切联系,了解他的工作方法、管理风格,其工作的轻重缓急,使之对 PMS 的进展有清楚的了解。在每个关键阶段(又称为里程碑阶段)应当从开始就邀请包括第一把手在内的高级主管参加决策会议,防止某部门或某位高级主管思想偏离,心血来潮,一句话让你推倒重来。

1-56　如何避免因工程项目的进展而不断修改信息系统?

据说软件容易修改,有不少 PMS 就陷入无休止的修改之中,忽视了项目的重要性,去开发完美的软件。PMS 和任何工程一样,永远不会是十全十美的,更不可能令所有用户称心如意。

因为 PMS 是横跨多个项目功能的,有多个部门同时使用,所以很多设置是权衡多个部门特点之后决定的。如果从一个部门来看,也许该部门某些用户的要求是合理或可行的,但从整个项目来看,可能就行不通,行不通的设计就是不科学的;也有时单个部门的要求恰恰是不对的,只因在一个部门内,大家对过去的工作方法习以为常,并没有觉得不妥。到了集成系统,问题就马上突显出来,其流程必须修改。不要持挑剔的态度,应深入学习一下使用方法,了解为什么这样做。

至于个人的爱好、屏幕颜色、字体格式和大小、内容的罗列方式等不应当成为考虑的主要因素。其实成熟的系统在这些方面也是下了一番功夫的。

那么,当管理的组织结构变化时,目前的系统又怎能不变呢?大型工程项目开始时要建辅助工程,如道路、桥梁和生活设施等,到工程项目中期主要是主体施工、大型设备采购安装。而到了工程项目后期,设计几乎没有了,辅助工程也基本停止了,但需要建立生产和运行的管理部门,以便工程项目交付正常运行使用。显而易见,大型工程的施工组织结构是复杂的、动态的，几乎不停地在变化，就要使 PMS 适应变化的组织结构。

问题的关键就在于要从特殊性中找到共性：组织形式会变，但执行工程项目建设的功能是不会也不应当改变的。例如：如何采购是由既定的采购流程规范的，就是采购的制度，无论谁去采购都必须遵守。至于采购是由一个部门负责还是几个部门分别负责或各部门独立负责，是根据工程进展的各种条件决定的，也可以随时调整。这种调整，是授权的变化，不是采购流程的改变，在 PMS 系统中通过授权的变更就可以达到，完全不需要也不应该改变主体程序。

平时大家常讲管理规范化，规范化的目的就是政出一门，统一标准、风格等，似乎大家都能理解。一旦开始建立信息系统，各部门纷纷强调其部门、专业的特殊性，项目系统建设的阻力增加、时间延长、效率低下。

1-57　如何使项目的管理系统顺利升级和兼容？

管理系统的更新换代或称之为升级，是业务需求和商务需求混在一起，稍不留神就花了钱还误了事。众所周知，信息技术（IT）是日新月异，是人类有史以来发展最快的技术。这对科学技术的进步来说当然是好事，但对你的项目却未必是好事。

不少商业成品软件几乎经常更新，添加新的用处不大的功能。问题是绝大多数用户需要的功能已经基本满足，绝大多数新功能是锦上添花，不值得为了这个使用率低于 5% 的新功能再花费 30% 以上的成本。试比较一下微软的办公软件就可以明白，正在使用的版本完全满足工作需要，没必要耗费近乎添置新软件的费用去更新版本。新买的软件 70% 的功能几乎不用。

实际的情况却很复杂，通常软件商只支持两个版本：推出来的新版本和前一个版本。如果你的文件“过于落伍”，将来你就难以转换数据，你也会发生和他人数据交互的故障。这种潜在的版本冲突，会迫使你在本身不需要新版本时必须升级，升级之后原来的配套设备（如扫描仪、打印机等）不能配套使用，要重新购买，该行为称为商务需求，不是工作业务需求。

在考虑 PMS 升级时，要分析清楚是业务需求还是商务需求。工程项目的周期不会很长，和外界信息交互的要求并不严格，没有必要赶时髦，非要更新换代。要知道系统升级除了直接费用，千万不要忘记了更新的间接费用。这笔费用包括数据转换、用户培训、系统调试、技术修订、更新配套的设备等，往往比直接费用要大得多。项目经理是搞项目的，不要把想要的和需要的混淆了。

好的 PMS 应当是开放的系统，即该系统可以方便地和其他系统交互（称之为兼容性）。这种兼容性可以协助用户在不频繁升级时，仍旧可以和外界方便地交流信息。

1-58　如何选择项目管理系统的硬件？

建立 PMS 要选择恰当的硬件设施，不仅包括计算机、打印机、绘图仪、扫描仪等设施，还应包括网络设备。信息技术的硬件日新月异，几乎每个月都有更强大处理能力的微机推到市场上来。在信息系统的硬件选择上就面临一定的难题。

经常有人问：到底是选 IBM 的、惠普（HP）的，还是联想的计算机呢？其实这些计算机都很好，关键是你需要什么样的计算机，要用计算机干什么。

对于一般人来讲，计算机就是辅助工具，差别只是在速度、内存和硬盘上，似乎性能越多越新越好。其实衡量“好坏”的标准是能否满足你的工作需要，不存在抽象的好坏。即便在一个信息系统里面，不同的用户也有不同的需求。

对于大多数领导来说，计算机主要是承担收发电子信件、处理文件、输入电子表格、查询系统数据等工作，他们不需要高档计算机。如果这些领导经常出差，则配备中低性能、有无线上网功能、质轻超薄的美观便携式笔计本就行。

负责项目进度的人员，如果使用类似 P3 的进度软件，则需要高速的台式计算机，以便进行工程模拟；运行 CAD 三维绘图的设计室，当然需要大屏幕显示器、高速集成线路、大容量内存。至于硬盘则取决于是客户单机运行，还是服务器系统运行，因为后者的信息主要储存在服务器上，而不是客户工作站。

如果是为企业选择设备，不妨考虑有一定的前瞻性，不必使用两三年就大批淘汰更换；如果是为一个为期三四年的工程项目选购，就没必要选最新的，因为工程结束时使用过的计算机即便维护良好，也卖不出什么价钱。虽然市场上软件天天变，作为工程用的软件不会也不应当有大的更改，无须新的硬件去适应。

众所周知，计算机无论硬件还是软件发展都日新月异，价格不断下降。用户的对策应当是以不变应万变。现在需要的现在买，决不现在买未来需要的。为此系统计划必须考虑周详，在逐渐增添硬件的同时，保障系统的集成性。

因为目前多数厂家的产品都不差，所以选择厂家的标准要立足在售后服务上。项目管理的计算机发生故障后，不能停工等几天才维修，要有备用方案。售后服务的态度、水平不一致，有的厂家售后服务非常好，但在你需要的城市或地区没有定点服务，对你来说就不好。

高性能的服务器要求高标准的维护，项目团队技术力量能否满足其要求，也是必须考虑的。比如镜像同步、热备份固然可以保证不丢失信息，但没有好的系统管理人员，这个性能是无法使用的。

施工建造不同的银行取款系统有必要实时备份，那可不是多花几万元的事，要建立云服务备份储存系统。

归纳一下，选购硬件要从需要着手，重点不是品牌而是售后服务。领导和系统人员有求新、求大、求全的倾向，他们提出的理由要经过可行性论证才决定是否接受。

1-59　项目管理信息的数据是否越多越好？

项目管理信息的数据用信息技术的术语讲就是用户需要的信息数据种类，数据不是越多越好。要使有用数据的收集常态化。

对于项目管理来说，要及时掌握项目的成本、进度和质量，把实际发生的成本、进度和质量与初期计划进行比较，找出差异、进行分析、做出调控对策。数据的收集是为了达到经济实用的目的，为便于管理而收集全部数据。不要觉得某种数据可能会有用或无用，而是要复查用了哪些数据，缺了哪些数据。

收集数据是一个费时、费钱、费力的工作，必须考虑由此产生的成本。把大批无用的数据编入数据库，不但增加运行的难度，而且使有限的屏幕变得复杂，难于使用。收集这些数据更是耗费精力,一旦收集不全,往往导致整体数据失去可靠性,管理人员不能把精力集中在分析使用数据上,本末倒置地整天收集数据归档。

数据处理英文叫 Data - Processing,即数据的提炼,是从繁多的数据中把有用的数据及时提炼出来,绝非罗列出来。一个经验丰富的项目负责人曾经说:“我并不缺少数据,你看我案头的报表还少吗?但是我仍然找不到我需要的数据。”这位负责人谈到了问题的本质。今天建立管理系统不是把重点放置在收集更多的信息上,而是要放在如何为不同层次的用户提供他们需要的、有用的信息上。

其实收集数据并非难题,几乎人人都会。只有把信息组织好、分门别类、层次分明地提供出来,才真正体现了项目管理系统的构建质量和管理运行水平。

处理数据还要区别管理岗位和具体业务岗位的不同。例如:财务管理必须把每一笔账都记录下来,即便是小项目,一年下来也会有成千上万的数据。项目经理不需要如此详细的数据记录过程,他需要的是投资总数,以便和项目概算比较,找出运行偏差,以便有效纠偏。把每天的会计明细账、物资调配明细账、文档往返记录等全部打印给项目经理是没有必要的,只提供他需要的数据即可。

1-60 国际项目的业主、监理、承包商三者关系是什么?

业主与承包商之间是合同关系,业主与监理之间也是合同关系,监理与承包商之间是监督与被监督的关系,如图 1-26 所示。国内外不同时期、不同国家、不同建设阶段有不同的名称,如表 1-5 所示。

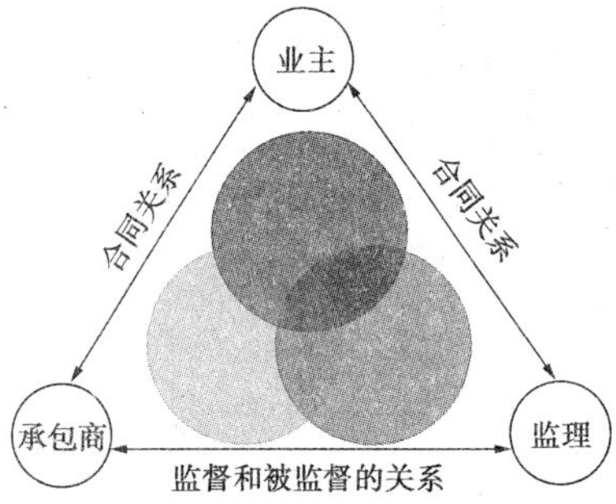

图 1-26 业主、监理、承包商的关系

表 1-5 国际项目的业主、监理、承包商三者名称对应关系

序号	事件时段	建设者	承建者	监督者	备注
1	原版 FIDIC	业主	承包商	工程师	1999 年以前
2	新版 FIDIC	雇主	承包商	工程师	1999 年以后
3	招标前	项目筹备者	某工程施工公司	咨询监理公司	
4	招标期间	业主、招标单位、发包单位	承包商、投标单位、承建单位	咨询公司	
5	项目实施期间	业主、建设单位	承包商、承建单位	监理单位	建筑法规定
6	合同运行期间	业主、甲方、买方、采购方	承包商、乙方、卖方、供应方	监理单位,公证部门	合同法规定
7	工作目标	业主提出要约	承包商兑现承诺	平等公正交易	合同法规定

1-61　国际项目实施中不可抗力事件及其处理方法是什么?

1. 不可抗力定义

新版国际 FIDIC 合同条件(1999 年版)规定:“不可抗力”系指项目实施中某种异常事件或情况发生,有以下几种情况:

(1)一方无法控制的;

(2)该方在签订合同前,不能对之进行合理准备的;

(3)发生后,该方不能合理避免或克服的;

(4)不能主要归因于他方的。

不可抗力需要满足上述(1)至(4)项的条件,包括但不限于下列各种异常事件或情况:

(1)战争、敌对行动(不论宣战与否),入侵、外敌行为;

(2)叛乱、恐怖主义、革命、暴动、军事政变或篡夺政权,或内战;

(3)人员骚动、喧闹、混乱、罢工或停工,但由于承包商人员和承包商及其分包商的其他雇员引起的除外;

(4)战争军火、爆炸物资、电离辐射或放射性污染,但由于承包商为实施工程使用此类军火、炸药、辐射或放射性物资引起的除外;

(5)自然灾害,如地震、飓风、台风或火山活动。

2. 不可抗力的通知

如果一方因不可抗力使其履行合同规定的任何义务已经或将会受到阻碍,应向他方发出关于构成不可抗力的事件或情况的通知,并应明确说明履行合同已经或将会受到阻碍的各项义务。此项通知应在该方察觉(或应已察觉)到构成不可抗力的有关事件或情况后 14 天内发出。

发出通知后,该方应在该不可抗力阻碍其履行义务期间,免于履行该义务。

3. 将延误减至最小的义务

各方都应始终尽所有合理的努力,使不可抗力对履行合同造成的任何延误减至最小。

当一方不再受不可抗力的影响时,应向另一方发出通知。

4. 不可抗力的后果

如果承包商因已根据 FIDIC 合同条件发出不可抗力的通知,妨碍其履行合同规定的任何义务,使其遭受延误和(或)招致增加费用,承包商有权提出索赔要求:

(1)根据竣工时间延长的规定,如果竣工已经或将会受到延误,对任何此类延误给予延长期;

(2)如果不可抗力的定义中第(1)至(5)条目所述的事件或情况,并且当(2)至(4)条目所述事件或情况发生在工程所在国时,对任何此类费用给予支付。

工程师收到此通知后,应按照 FIDIC 合同条件的规定,对这些事项进行商定或确定。

1-62 国际项目实施中雇主(业主)的风险事件及其处理方法是什么?

1. 雇主的风险定义

新版国际 FIDIC 合同条件(1999 年版)规定,雇主的风险是指:

(1)战争、敌对行动(不论宣战与否)、入侵、外敌行动;

(2)工程所在国内的叛乱、恐怖主义、革命、暴动、军事政变或篡夺政权,或内战;

(3)承包商人员及承包商和分包商的其他雇员以外的人员在工程所在国内的暴乱、骚动或混乱;

(4)工程所在国内的战争军火、爆炸物资、电离辐射或放射性引起的污染,但可能由承包商使用此类军火、炸药、辐射或放射性物资引起的除外;

(5)由音速或超音速飞行的飞机或飞行装置所产生的压力波;

(6)除合同规定外雇主使用或占有的永久工程的任何部分;

(7)由雇主人员或雇主对其负责的其他人员所做的工程任何部分的设计;

(8)不可预见的或不能合理预期一个有经验的承包商已采取适宜预防措施的任何自然力的作用。

2. 雇主风险的后果

如果上述雇主的任何风险达到对工程、货物或承包商文件造成损失或损害的程度,承包商应立即通知工程师,并应按照工程师的要求,修正此类损失或损害。如果因修正此类损失或损害使承包商遭受工期延误和招致费用增加,承包商应进一步通知工程师,并根据 FIDIC 合同条件提出索赔要求:

(1)根据竣工时间延长的规定,如果竣工时间已经或将受到延误,对任何此类延误给予延长期;

(2)任何此类费用应计入合同价格,给予支付。如有"1. 雇主的风险定义"中的(6)和(7)条表述的情况,还应包括费用的合理利润。

工程师收到此类进一步通知后,应按照 FIDIC 合同条件的规定,对这些事项进行协商或确定。

第二章　招标准备及招标实施方略

2-1　什么叫招标承包？

招标承包是招标发包和投标承包的统称。一般投资单位或建设单位作为拟建工程的发包者，通过公告或邀请等方式，招引众多的承建者前来投标，并从中择优选定工期短、质量好、造价低、机械化程度和施工水平高、社会信誉好的施工单位、施工企业作为该工程的承建者，用投标方式承揽工程的施工任务。工程建设的招标投标是甲、乙双方法人之间的经济活动，受到法律的保护和监督，因此双方都必须已取得法人资格，在法律规定的范围内进行活动。

2-2　招标的方式有哪些？

(1)按招标的范围分为：

①公开招标；

②邀请招标；

③谈判招标。

(2)按决标的方式分为：

①死标(固定式)；

②半活标(评标式)；

③活标(议标式)。

(3)按工程项目内容和时间序列分为：

①全过程招标(或一次性招标)；

②分阶段招标(多次招标)，包含：①分时段招标；②两次报价招标；③分项目招标。

(4)按招标的广度分为：

①国内招标；

②国际招标；

③地区性招标。

(5)按发标的内容分为：

①全部包工包料；

②部分包工包料；

③包工不包料；

④总承包招标(从可行性研究、勘察、设计、施工，直到竣工试运行验收)；

⑤BOT 模式招标。

2-3　工程招标应具备哪些条件？

(1)工程建设项目已经列入某国家或某地区的基本建设计划；

(2)具有工程所在国主管部门批准的设计文件和施工图纸(这是计算标价的根据)；

(3)建设资金已经落实；

(4)如施工准备、征地、拆迁、进场交通等，前期工作已经完成(这些工作有时也包含在招标报价中)，也可进行前期准备工作招标。

(5)招标机构或资源交易中心的招标工作班子已经组建，标底及招标文件已经编制结束。

2-4　招标的基本程序是什么？

招标的基本程序通常可划分为3个阶段，即准备阶段、招标阶段和成交阶段。

(1)准备阶段。招标准备应进行下列工作：

①申报招标。要审查招标单位是否具有法人资格；投资项目是否进行了可行性论证；是否具备编制招标文件和标底的能力，是否具有进行招标单位资格审查的能力，以及组织评标、决标、开标的能力。

②编制招标文件。务必字字准确，不得遗漏，不得有含混不清和自相矛盾的条款。

③确定标底是编制招标文件中最重要的内容，标底是评标决标的依据。标底是根据施工详图、现实物价、定额标准、市场现状，以及工程所在国或地区法令、税收等有关因素编制的。

(2)招标阶段。该阶段应进行下列工作：

①通过广播、电视、广告、网络、杂志等宣传工具或有针对性地寄发招标邀请。

②对参加投标的单位进行资格预审，要对其法人资格、施工经验、技术力量、企业信誉、财务状况等进行综合评审。

③对通过资格预审合格的单位发售招标文件；文件一旦发出，不得擅自更改，如需要补充和修改，则应在招标截止日期最少15天以前，以正式文件通知到各投标单位(以到达邮戳日期为准)，否则，投标截止日期应该后延。

④发售招标文件后，招标单位还要至少组织一次标前会议，进行质疑与勘察，招标单位对标书的补充和修订，投标单位对自然环境、施工条件、市场情况进行现场调查，对招标文件有什么疑问等，都在上述招标标前会议上解决，会后将研究解决的问题进行汇总归类后，作为招标补充文件通知所有投标者，补充文件与招标文件具有同等法律效力。在投标截止日期前15日内，不得再解答问题和发布招标补充文件。

⑤招标者在完成上述工作后开始接受投标文件。投标文件可按规定邮寄或直接投入密封箱内，不合规定的概不受理。在投标截止日期前，允许用正式密封函件调整报价、修改文件或附加说明，以最后一次报价为准，这些函件与投标文件具有同等效力。与此同时，要出具保函和交纳投标保证金(对未中标者应及时退回该保证金)。

⑥到达预定的开标日期，首先查验投标箱和标函的密封情况，清点标函件数，分别登记编号，然后宣布标函。正常情况下不得随意变动开标日期，不得更改任何投标文件。审

查保函和投标保证金，清除废标，宣布对投标情况的处理办法，原则上报价最低的得标；但还应根据实际情况按报价、工期、质量、安全、信誉、施工方案、技术措施、企业素质、优惠条件等，综合定量记分，择优选取中标单位。

(3)成交阶段。要公布中标单位，确定中标单位的过程叫决标，不能当场决标的，须事先在招标文件中说明。决标后要对所有参加投标者发出通知。对中标者要签订合同，交纳履约保证金和履约保函；同时，对未中标者应及时退回投标保证金。公证单位或监理对整个投标过程要进行咨询监督，对投标中的不法行为要进行法律惩处和经济制裁。

2-5 什么叫标底？

招标必须有标底。标底是一个实质性的数据，是招标工程项目的预期价格，是在招标前，按设计图纸、工程难度、工程总量、当地定额、概预算资料、取费标准、市场物价、经济发展情况，以及利、税等计算出来的发包基价。通常也是招标单位所能接受的最高报价。

2-6 编制标底有哪些作用？

编制标底的作用主要有3点：

(1)使业主(工程发标者)对将要建的工程标价做到心中有数。

(2)是评标和决标的根据，据此来评定投标单位报价的合理性、可行性，施工技术和管理的先进性，施工设备和技术水平的现代化程度。

(3)可以为咨询监理提供有效的监督依据，标底的准确与否，直接关系着建设项目的投资管理和招标工作的成功与失败。

2-7 编制标底的依据是什么？

标底也可以认为是建筑商品的价格，标底价格的形成应该是以所消耗的活劳动和物化劳动为根据，以当时的政治、经济环境为条件，编制标底的依据可以分为3部分：

(1)已消耗的生产资料的价值，表现为原材料、燃料和设备的折旧费等。

(2)劳动者为自己所创造的价值，表现为工资支付、劳保、福利、奖金等。

(3)劳动者为社会所创造的价值，表现为社会效益、经济效益、上缴的利税等。

因此，在编制标底时应主要依据下述资料：

(1)招标工程项目的施工图纸、工艺流程、设备明细表和说明文件，

(2)当地建筑工程综合预算实额或单价估算表。

(3)当时计划购买的器材价格，即所在国的设备、材料、工具等的预算价格及市场价格。

(4)当地所规定的人员、材料以及各种取费标准，含间接费、直接费、利润、税金等。

(5)其他有关的经济信息，如贷款利息、物价调整的估计、有关国家的物价指数、各种保险基金等。

总之，标底应与材料价格、资本利息、技术含量、设备投入、人工价格、信息资源、社会环境、物价指数、工程保险等多种因素有关。

2-8 标底编制的原则是什么?

标底编制的原则要坚持以下几点:

(1)标底分项工程项目的划分应与招标项目一致,标底编制的价格因素与方法要与招标通告公布的报价组成保持一致。

(2)以工程所在国和有关国家的政策、法令、技术标准、劳动定额、材料价格,以及其他合理收费标准为根据,进行价格论证和分析单价基数。

(3)在单价和总价中,除支付各项实际成本和劳务费外,还应适当考虑施工企业的利润,充分体现建筑产品的合理价格。

(4)把直接费用、间接费用以及其他费用汇总,编制综合性单价或总价。

(5)防止项目的重复和遗漏,防止单价的合计与总价不一致。

(6)大型国际工程,应注明特别规定:价格指数(是哪些国家的)、什么外币及外币需求量、货币兑换率(是什么时间的,是评标兑换率还是结算兑换率)、日工、设备租金及计算方法,价格调整的因素、比例及根据。

(7)一个招标项目最终只能有一个标底。国际 FIDIC 条件规定,工程所在国承包商投标可以优惠 7.5%。如果此次招标有特殊的优惠,应注明优惠的条件和规定的比例。招标书起草,一般在施工详图设计结束后开始,最早也只能在初步设计的基础上进行编标。

2-9 标底编制中的综合单价如何理解?

综合单价应由工程概预算单价和摊入的待摊费用所组成。有些费用在概预算单价中是没有包括的,而在投标报价中实际又一定会发生的,如营业税、所得税、机械折旧费、履约保证金利息等。综合单价还应摊入部分临时工程的费用和其他辅助工程的费用。所摊入的部分临时工程费用,是根据它的服务对象来考虑的。例如:混凝土的水泥和砂石骨料系统、拌和系统、运输和浇捣系统、模板安装及钢筋加工系统、工程排水等,都应分摊在混凝土综合单价中。工程临时交通、水电通信、临时房屋及其他临建工程的费用,以及临时营地建设等,则应分摊到所有构成建筑安装工作费用中。

由综合单价乘以各项工程的工程量,汇总后得总费用,再分析招标当时的影响因素,适当调整一个幅度后就构成了标底。

2-10 编制招标文件的步骤是什么?

招标文件一般由业主(建筑单位)编写,也可委托给设计单位或专业招标咨询公司,或者由业主和设计单位共同编制。应该有下列人员参加:设计人员,概预算编制人员,合同专业人员,以及具有一定施工经验的主要技术人员,组成技术方案组,经济比较组,合同条款组……或分项目编制组,最后由总编汇总。分以下几步进行:

(1)组建班子,根据专业分组,调配人员。

(2)编写大纲。大纲应包含下列主要内容:招标的方式,分几个标段,招标的范围,内容深度,承包方式,工程量报价表的划分,物价指数和价格标准的选用,工程进度安排,施工条件选择，征用占地赔偿，合同一般条款和特殊条款等。

(3)分工编写。明确将任务分到各组，各组分解到人，提出具体要求和原则，研究、论证和编写具体内容。

(4)分卷、分册组织讨论、修改，写出初稿。

(5)主编组织会审，统一内容和编写格式，由各编写组修改文字、核实相关数据。

(6)由主编进行终审，校对、修改、脱稿、印刷。

2-11　招标通告由哪些内容组成？

招标通告由以下 6 项组成：

(1)招标申请书；

(2)招标启事、通知、公告等(要注明提供资格预审的资料)；

(3)资格审查表；

(4)投标邀请书；

(5)招标书和招标答疑；

(6)中标通知书格式。

2-12　招标书一般应包含哪些内容？

招标书是招标文件的主体部分。它将详细地介绍招标的宗旨，发包的目的和意义，招标的程序、措施和要求，一般变“行文”为“填文”，招标的要约通过投标单位填写承诺，基本上构成了投标单位的投标书，分下列内容：

(1)总说明。总说明中应介绍：①工程概况；②工程规模；③工程所在地的自然条件和环境；④工程项目发包方式；⑤工程质量要求；⑥工期；⑦材料供应方式；⑧竣工验收运行方式。

(2)投标须知。投标须知主要向投标者介绍项目、招标说明、招标解释、程序规则，以及注意事项，主要包含下列内容；①对投标者的要求；②投标程序；③对招标文件的解释；④标书报送的要求；⑤有关附件的说明。

(3)合同条款。合同条款是保证工期、质量、造价、安全等，以及协议条件，追究违约责任的明文规定。是保证招标工程顺利实施的重要手段，关系到双方的责、权、利。

(4)设计图纸和文件。设计图纸和文件是编制标底和报价的依据。最好在施工详图设计结束和标底编制结束或预算完成后进行招标。

(5)技术标准和验收规范。承包者在执行合同时，所有材料、设备、施工工艺技术标准，验收规范，都应列出颁布的国家、部门、编号、时间、名称及实验代号。任何一个国际工程项目可根据需要采用多国、多种规范，规范应与工程项目设施质量标准有关。

(6)工程报价表和报价须知。报价是招标中双方经济核算的依据，要从报价中基本可以看出投标单位目前的施工定额水平、各类取费标准，从而可推断出承包者的技术水平和经营管理水平。

(7)中标通知书。中标通知书格式应在招标书中公示，是格式通知，评标后应正式发文通知中标单位，约定好时间签订工程承包合同，对未中标者退回投标保证金，此时招标工作结束。

2-13 工程报价表由哪些组成?

(1)总报价表;

(2)建筑工程报价表;

(3)安装工程报价表;

(4)单价表(或综合单价表);

(5)劳动力单价表;

(6)材料单价表;

(7)各种货币用款计划表;

(8)材料预算价格表;

(9)施工机械台班费(或租金表);

(10)税种及其税额一览表。

上述各种表格,根据发包的性质不同,工程规范不同,可自行选择,用不上的可不列入。所有单价、金额、合计、总价均由投标单位填写。

2-14 报价时应注意哪些问题?

(1)单价中应包括直接费、间接费、计划利润(一般为12.5%)和税金。

(2)材料价格的处理。包括发包单位供应材料,加工配制的成品或半成品,进口材料等的计价以及材料价格表的采用,在实施中实际价格与报价价格出现的差价如何处理等。一般用物价指数来控制。

(3)单项工程报价中涉及的报价范围。如脚手架、安全网的搭拆,平台的制作、搭拆、加固、临时支撑、现场清理、二次(含二次)以上的倒运等。

(4)不包括在报价中的工程和费用,如不好计量的、费用变幅很大的、无法包死的工程项目和环节,或应该由其他单位承担的费用,具体例如不良地基和大断层的处理、防洪抢险、联合试运转、非标准设备的加工等费用。

(5)易含混的事项。需要说明该项目的专业工作范围,包括哪些工作、不包括哪些工作。

(6)工程项目中所包含的内容也要加以说明。如基础开挖中的土石方量是松方还是实方,是结构底板尺寸向上垂直的体积还是包括放坡、放坡比例,施工导轨铺设是包括在土建工程中还是包括在安装工程中,观测仪器的埋设如何计算工程量,电气设备安装中,如果设备受潮,其干燥费用是否包括在安装费用之中、施工区道路的维修费用包括在哪里,基坑排水费用应包括在哪些项目中,工程临时导流费用如何计算,等等。

总之,投标报价与项目实施工作的内容都必须明确,以免因施工费用支付条件不清,工作内容含混而引起各种矛盾。

2-15 国际项目招标、投标工作程序及流程关系是什么?

国际项目招标、投标工作是一个项目事件的两个方面,互为对象。招标、投标工作程序及流程关系有一些是在同一时间、同一地点完成的,程序及流程关系如图 2-1 所示。通常可以划分为 3 个阶段,即准备阶段(或称标前阶段)、招投标阶段(或称标中阶段)和成交阶段(或称标后阶段)。

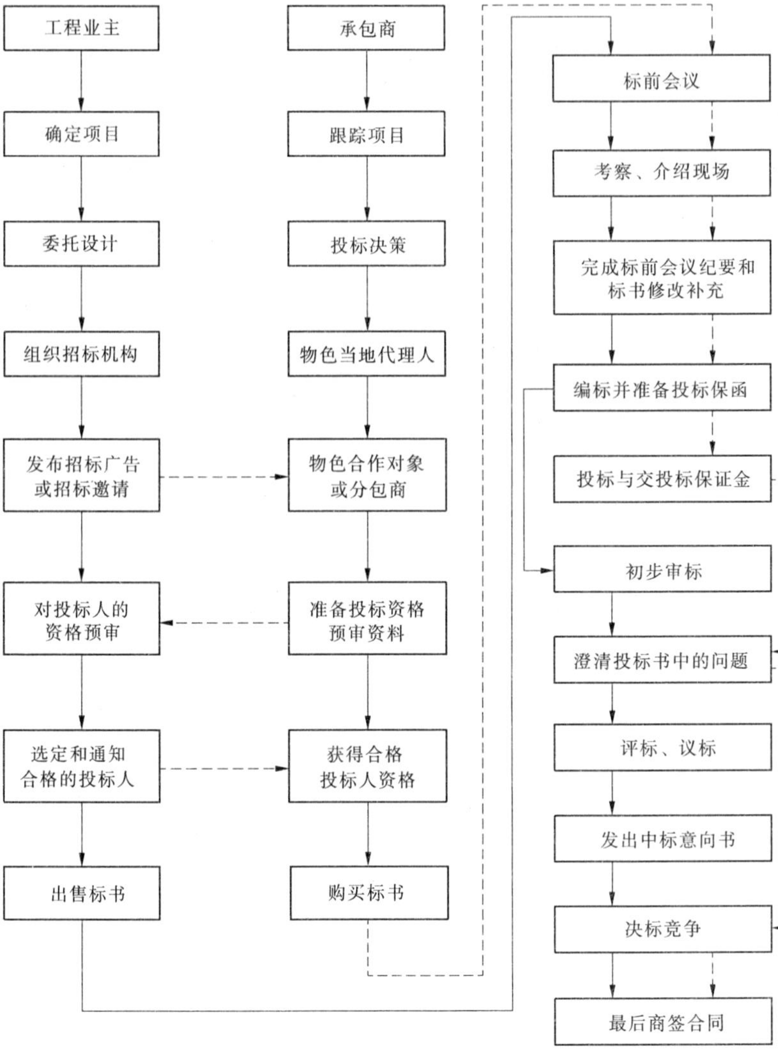

图 2-1 国际项目招标、投标工作程序及流程关系图

国际项目招标、投标工作在准备阶段、招投标阶段、成交阶段中的主要工作,如表 2-1 所示。

表 2-1　国际项目招投标各方的主要工作内容

序号	招标、投标阶段	招标单位工作内容	投标单位工作内容
1	准备阶段	业主（雇主）确定项目；委托设计图纸；组织招标文件；自办或委托项目招标	承包商跟踪项目；寻求合作伙伴；物色代理人；投标调查；决策是否投标
2	招投标阶段	业主（雇主）或招标单位发布通告；审查投标人资格；通知公示投标合格人；向合格投标人出售标书；组织投标前会议；介绍工程项目现场；形成会议纪要；修改补充标书；接收投标书和投标保证金	承包商查看招标通告；准备投标资格预审资料；获得合格投标人资格；向招标单位购买标书；参加投标前会议；考察工程项目现场；提出疑问并澄清招标文件；准备投标文件和保函；调整报价、修改文件或附加说明；递交投标书和投标保证金
3	成交阶段	组织开标会议；初审投标书清除废标；评标专家评审标书，公正处现场公正；公布决标结果并发出中标通知书；邀请签订合同	参加开标会议；回答澄清投标文件中的问题；投标单位项目经理进行投标答辩和等待；收到中标通知书；签订履约合同和交纳履约保证金

投标是一个获得承包权的过程，有许多工作方法、措施和细节，实施策略的详细资料见第三章。首先对中标者要求签订合同，并交纳履约保证金和履约保函，然后对未中标者应及时退回投标保证金。咨询或公正单位对整个投标成交过程要进行公正监督，并出具公证书，对不法行为要进行法律惩处和经济制裁。

2-16　国际项目采购招标文件结构由哪些内容组成？

国际项目招标文件随项目不同略有变化，主要组成如下：

第 1 章　第 1 节　招标邀请书
第 2 节　投标者须知
第 3 节　招标资料表
第 4 节　第一部分：通用合同条件
第 5 节　第二部分：专用合同条件
第 2 章　第 6 节　技术规范、实施标准、验收条件等
第 3 章　第 7 节　投标书格式、投标书附录与投标保证格式
第 8 节　工程量清单
第 9 节　合同协议书格式、履约保证格式、与动员预付款银行保函格式
第 4 章　第 10 节　工程图纸

2-17 国际 FIDIC 通用合同条件新旧版本书目有哪些?

1. 新版 FIDIC 条件：1999 年 10 月，正式出版了 4 种新的 FIDIC 标准合同条件。具体书目如下：

(1)《施工合同条件》(Conditions of Contract for Construction)(新红皮书)。

(2)《生产设备和设计—施工合同条件》(Conditions of Contract for Plant and Design - Build)(新黄皮书)。

(3)《设计采购施工(EPC)/交钥匙项目合同条件》(Conditions of Contract for EPC Turnkey Projects)(银皮书)。

(4)《简明合同格式》(Short Form of Contract)(绿皮书)。

2. 旧版 FIDIC 条件书目如下：

(1)《土木工程施工合同条件》(红皮书)。

(2)《电气与机械工程合同条件》(黄皮书)。

(3)《业主/咨询工程师标准服务协议》(白皮书)。

研究结果表明：国际 FIDIC 条件具有科学性、权威性、独立性、公平性、公开性、广泛性、交易自由性、非官方性等 8 大特点。

2-18 国际 FIDIC 通用合同条件新旧版本有哪些变化?

(1)新版 FIDIC 条件在编排格式上统一化(新版都统一编辑为 20 条)。FIDIC 早期版本来源于英国的 ICE 合同条件，第 4 版前，其许多条款顺序、标题、内容甚至编号都与 ICE 合同条款雷同。旧版 FIDIC《土木工程施工合同条件》共有 72 条 194 款。新版 FIDIC 的 4 个条件跳出了这个框框，都统一编为 20 条。新版 FIDIC《施工合同条件》共有 20 条 163 款。

(2)新版 FIDIC 条件适用的项目种类更加广泛，涵盖各种类型的项目管理。新版 FIDIC 条件使用范围大大拓宽。例如《施工合同条件》不只是适用于土木工程施工，还可用于机械、电气等多种工程的施工；《生产设备和设计—施工合同条件》《设计采购施工(EPC)/交钥匙项目合同条件》可用于“设计 - 建造”或“EPC(设计 - 采购 - 建造)交钥匙”等总承包类型的项目。而“简明合同格式”则可用于各类中小型工程项目的实施。

(3)新版 FIDIC 条件的内容作了较大的改进和补充。《施工合同条件》与《土木工程施工合同条件》比较，完全采用《土木工程施工合同条件》内容的只有 33 款，对条款的内容做了补充或较大改动的有 68 款，而新编写的 FIDIC 条件则有 62 款。

(4)新版 FIDIC 条件对合同术语和关键词的定义进行了修订。在《土木工程施工合同条件》中只有 32 个术语和关键词，在《施工合同条件》中修订、合并、新增加到 58 个术语和关键词，其中有 30 个术语和关键词是《土木工程施工合同条件》没有定义的。

(5)新版 FIDIC 条件在编写理念思想上有较大变化。旧版《土木工程施工合同条件》，将并非每个用户都要用到的内容编入了专用合同条件，而新版本则尽可能地在通用条件中做出比较全面而细致的规定，如关于预付款、调价公式、相关劳务的某些具体规定均被写入了通用条件。新版 FIDIC 条件的编写者认为，如果这些规定不适用，用户可以将其从通用条件中删除，这样做要比当用户需要时，再在专用合同条件中自行编写更为标准、方便和用词准确。

(6)新版 FIDIC 条件对各方的合同约束力更强。新版本对雇主(业主)、承包商双方的职责、义务、权利,以及工程师的职权都做了更为严格而明确的规定,提出了更高的要求。

(7)新版 FIDIC 条件更简洁、清晰、易懂。新版 FIDIC 条件在语言上比以前的老版本简明,其英文版中很少出现以前那些陈旧拗口的古英语合同用词,句子的结构也相对简单清楚,因此更易读、易懂、易用。

2-19 国际 FIDIC 合同条件的特性有哪些?

从表面上看,FIDIC 机构是“非官方的”,作用软弱无力;FIDIC 合同条件是“非强制性”的自由交易行为,可以接受,也可以不接受,其实,这是一种误解。在选择这种工程项目管理模式前是自由的,一旦进入国际惯例、国际贸易规则、国际法律等,该合同涉及的那些国家的法律(法规、条例、规范)将对工程项目合同各方形成强大的约束力。为了深入了解 FIDIC 合同条件,有必要对其特性进行研究 。

(1)科学性。自 1957 年第 1 版 FIDIC 合同条件出版以来,经过了许多国家科技界的知名人士、社会团体和国际组织审查、完善、使用,进行过 5 次大修订,条件逐步系统化、科学化、标准化、规范化。

(2)权威性。FIDIC 合同条件集建筑管理之精华、聚全球英才之灵气、阅历建筑业发展沧桑,其科学性、准确性、规范性举世无双。不仅最具权威性,而且遵守各国法律、社会制度和宗教信仰,受到世界各国的普遍赞扬。

(3)独立性。FIDIC 组织(成立于 1913 年)由小到大,参加的组织和成员遍及世界各国,在工程项目管理方面具有独特的条例、文件、程序和方法,具有工程项目管理的独立性。

(4)公平性。FIDIC 合同条件公开律定了各方权利、责任、义务,工程项目管理权和施工权都通过公开招标、公平竞争获得。不分国家大小,不分制度、种族、风俗习惯是否相同,FIDIC 合同条件不准有非公正、非公平行为和歧视态度,在合同条件约束下一律平等。

(5)公开性。FIDIC 合同条件规范了项目管理各方交易的行为,交易的条件、方式、程序公开,提倡交易公正、公平、公开、合理进行。

(6)广泛性。新版 FIDIC 合同条件适用于土木、机械、电气、构筑物等施工管理,体现适用范围的广泛性;FIDIC 编制了各类合同条件、协议标准范本、工作指南、惯例建议、资格预审标准格式等工程项目管理文件,体现了管理业务内容的广泛性;FIDIC 合同条件被许多国际组织、各国政府部门、相关组织和公司广泛采用或借鉴,体现拥戴者的广泛性。

(7)交易自由性。FIDIC 合同条件使建筑产品交易通过公开招投标的市场行为完成,消除贸易壁垒,使生产要素自由流动、优化组合,鼓励建筑企业在竞争中求得发展,提高建筑企业科技和经营管理水平,给业主、承包人、监理更多自由选择的机会,使消费者在自由交易中得到物美价廉的商品和服务。

(8)非官方性。自 1913 年欧洲 3 个国家的咨询工程师协会组建 FIDIC 以来,现在已有近百个国家的成员协会参加,得到了联合国、国际组织、各国政府的承认、响应和支持,是某一国政府无法单独完成的。FIDIC 这个非官方性的组织推动了国际建筑业的改革和建筑经济全球化的发展。

第三章 投标准备及投标实施方略

3-1 投标邀请应包含哪些内容？

投标邀请是在已经完成了该项工程设计，相应落实了工程所需资金的来源，并且准备用招标的形式来完成该项工程的建筑施工时，才对社会发出承建投标邀请。投标邀请必须包含下列内容：

(1)日期。投标工作开始受理的时间。距开标日期应保证有足够的编标时间，能使投标人做出良好的反映，一般不少于4个月。

(2)投标号。对邀请到的承包人进行编号。

(3)招标的范围和投标的内容。招标的范围通常分为3类：

①用国际竞争性投标程序招标承建。

②用本国内部竞争性投标程序招标承建。

③用区域性竞争投标方法招标承建。对将要投标的工程位置、工程形式和工程规模要编辑项目概况简介。

(4)说明工程所需资金来源，付款的方式，货币的种类。

(5)对投标人资格预审的要求，要通过哪些单位预审并认可其投标资格，没有通过资格预审的投标将不受理。

(6)招标的预备会议将在什么时间、什么地点举行，会上要解决什么问题。招标预备会议一般放在开标日期前1个月左右。

(7)在招标期间，对那些通过资格预审的投标人，如何了解更详细的工程情况，怎样得到或查阅工程图纸。

(8)通过资格预审的投标人，在什么地点，以什么方式购买投标文件和附件，付款的地点和形式，价格多少(国际竞争性投标一般一套为100美元)。

(9)投标人怎样向受益人(业主)呈交投标保证书和投标保证金，支付何种货币，如果用外币，兑换率如何确定，投标保证金的汇款地址、账号以及必须到达的时间。汇款到达截止时间定为开标时间的前两个小时，过时不再受理。投标保证金的数额一般可定为标价的5%，或者按照补偿业主为招标而损失的所有费用计算。

(10)预定的开标日期、开标地点，同时要求所有的投标人或他的代表届时参加。

3-2 通过资格预审的投标人需要知道什么？

通过资格预审的投标人，应知道和掌握下列内容：①工程概况；②资金来源；③资格和条件要求；④投标费用；⑤现场调查；⑥投标文件的内容；⑦投标文件的说明；⑧投标文件如何修改；⑨标书及函件语言；⑩构成标书的文件；⑪投标的价格；⑫报价与货币支付；⑬投标有效期；⑭投标担保；⑮投标条件不可更改部分；⑯投标预备会及要解决的问题；

⑰标书的格式及签署；⑱标书的密封和标记；⑲标书递交的截止日期；⑳投标不予受理的情况；㉑投标的修改和撤回方法；㉒开标的情况；㉓投标工作的保密性；㉔投标解释；㉕判断书是否符合要求；㉖错误如何修正；㉗货币的兑换方法；㉘标书的评价与比较；㉙可优惠的投标人；㉚裁决原则；㉛业主的权利；㉜裁决通知；㉝协议的签署；㉞履约保证金。

3-3 投标人应提供的资格证明有哪些？

为了取得签订合同的资格，通过预审资格的投标人应该提供令人满意的资格证明和有效执行合同能力的证明，因此在提交的标书中应包括下列资料：

(1)投标单位章程，法人地位的原文副件，注册地点，业务经营的主要地区。如果是联合体，应注明参加联合体中各单位的上述情况。

(2)有关投标人(或联合经营体内各单位)在过去5年内的经济效益情况，如利润、损失、收支平稳表等。开预测会后2年内的经济效益，上述情况应由投标人的银行出具资料，作为凭证。

(3)有关投标人目前所开展业务的资料。

(4)有关投标人(或联合经营体内各单位)在过去5年内承包类似工程的经历和执行合同的详细情况(按标书格式列表)。

(5)在执行合同过程中，计划使用的主要机械设备(按标书格式列表)。

(6)在工程管理和实施过程中，计划雇用的主要工作人员的资历。

(7)超越合同价10%的规定分包情况。

3-4 投标人应编制哪些履行合同的设想和计划？

投标人应编制现场施工设施计划，并详细说明所采用的施工方法和工艺流程，制订详细的施工计划，是为了保障施工井然有序，如期交付使用。

在现场施工设施计划中，应绘制出工地设施布置图，同时投标人需要递交一份报告，说明他计划建造的与工程有关的工地设施。包括职工营地、办公室、实验室、修配车间、预制混凝土构件场、堆料厂、仓库、加油站、金工车间等的设备清单。

施工方法施工技术及工艺流程的详细报告中，要详细论述如何实施工程的各个部分，其中也应包括临时工程的实施办法，并附上必要的插图和表格。

投标人应报上一份详细的施工计划，其中应包括施工设备的准备和职工的动员。施工计划中要说明投标人所计划的在规定合同期内的工作进程。另外还要附上一份施工临时交通图。

施工计划应以进度表的形式准备，应明确指出各分项工程所计划的开工时间和完工时间。同时注明合同条件所要求的开工时间和完工时间。

3-5 联合经营体投标所递交的标书应符合什么要求？

(1)标书应对联合经营体中的各单位具有共同的法律约束。

(2)联合经营体中的责任公司应为通过资格预审的投标人，并授权责任公司全面负责，其余成员可以不通过资格预审。授权手续应通过法律形式由联合体中各成员签署认可。

(3)责任公司有权代表联合体中所有成员或某一成员受理各种事宜,而关于合同的执行情况(包括付款)也将只与该责任公司交涉。

(4)在执行合同的过程中,联合体中各成员应密切合作、相互配合,从而要求各成员严格遵守已达成的各有关协议。

(5)递交标书时应附带一份联合体中各成员所达成的协议书。

3-6　投标人的优惠与报价方法是什么?

如果要对工程所在地区、所在国的投标人进行优惠,一般在招标文件中注明了优惠的百分率(例如7.5%),有时也允许对当地和外国的承包联合体优惠,例如:鲁布革对中方及联营体投标优惠7.5%,在尼泊尔进行投资的水利工程项目对该国承包者优惠7.5%。除此之外,与其他任何投标人一样,同等条件竞争。

所有投标人一般应对发标单位招标的整个工程报价,部分报价不予受理。

3-7　投标期间费用由谁来支付?

投标人在投标准备或递交标书的过程中所需用的费用,包括编制招标文件,以及交通、材料、人工、参观、考察、事故、风险等一切费用均由投标人自理,无论招标的结果如何,业主都将概不负责。

3-8　投标人场地调查应注意什么?

为了准备标书和签订合同,允许投标人到工程现场参观、考察,以获取必要的第一手资料,其调查费用自理,并对调查结果负责。

业主允许投标人或其代理人到现场调查,但条件是:无论什么原因,现场调查不能让业主蒙受任何损失,同时,在现场调查的投标人和他的代理人所遭受的任何物质损失和人身伤害,业主都将概不负责。

无论是本国投标人,还是国外投标人,都应当遵守在当地开展业务时,均应遵守的条例和有关法规。

3-9　投标文件一般包含哪些内容?

为方便投标而颁发的投标文件主要包括3部分内容:

第一部分:①投标邀请;②通过资格预审的投标人须知;③标书格式和投标担保;④标书附件;⑤合同协议书;⑥履约保证书;⑦合同一般条件;⑧合同特殊条件;⑨技术条款。

第二部分:①建筑工程数量表;②单价分析表。

第三部分:所有标书内的附录图纸。

除此之外,投标文件中如果存在违反招标意图或不适用的内容,根据情况由业主更改,或在投标预备会上由招标单位更改,届时颁布更改的内容,列入投标文件。如果不按投标文件中的要求行事,则造成的损失由投标人自己负责,不符合文件要求的投标书,将不予受理。

3-10 如何得到投标文件说明?

如果投标人需要关于投标文件的任何说明,可通知业主工程师。如果工程师在标书递交截止期限的3周以前收到来信或来电,他将通知的书信或电传给予及时回答。届时,工程师还会将所有的问题解答汇编成册,寄给那些曾经购买过招标文件的投标人。

3-11 投标文件如何修改?

标书递交截止期限前的任何时间,业主都有可能根据某种原因而修改投标文件,届时业主向投标人将会颁发有关修改的内容。

修改的内容及时通过书信或电传形式通知那些曾经购买过招标文件的投标人,当投标人收到修改通知后,应当迅速用传真、电子邮件等形式回执业主或招标机构。

为了使投标人在准备标书时,能有充分的时间来考虑文件修改的内容,业主会自行决定延长标书递交的截止期限。

3-12 构成标书的文件有哪些?

投标人准备的标书应包括下列内容:标书形式,附件,清单,附表,投标担保(保证金),资历情况,建筑工程数量表,日工表,单价分析表,替代报价(当总工程量不明确时,估计一个基数用于招投标报价,结算时按实地测量的工程量计算并支付)以及通过预审资格的投标人须知中所要求的有关其他材料。在任何情况下,投标文件所应提供的标书形式、附件、清单、附表以及建筑工程清单都不得省略,省略后就成了废标。

3-13 投标价格如何确定?

除非在投标文件中有明确的规定,否则,合同应按投标人所呈报的单价来实施标书条款所规定的全部内容。

不管工程数量是否列出,投标人都应按建筑工程数量表中所列的所有项目填写价格。如果其中某些项目的价格没有填写,业主将认为这些项目已包含在其他项目清单中。在履行合同时,业主将拒绝对这部分项目支付任何费用。

在投标总报价中,投标人应考虑到标书,或其他因素需要交纳的各种税金,而业主在对标书进行估价和比较时也将考虑这些因素。

3-14 投标价格如何调整?

投标人的报价,应根据合同一般条件中规定的价格调整条款进行调整(例如物价上涨时、设备租金上涨时、人员工资上涨时需要调整合同价格),也应考虑在执行合同过程中,价格调整的影响因素,并按合同附件规定的格式、调价公式等预测不可避免的价格调整因素。

3-15 如何报价?怎样支付货币?

投标人在投标时应全部用统一的货币表示投标价格(一般为工程所在国货币)。如果需要外币，在投标时应提出外币需要量占总报价的百分率。外币用美元或根据投标人的意愿使用其他某种货币。

货币兑换率应采用标书递交截止日期前30天，某指定银行（某国某地区公认的地位、信誉都比较高的银行）所颁布的兑换率。如果这一日被宣布为公共假日，则根据此后的第一个工作日确定。为了避免争端，在履行合同期间，全部采用此兑换率来确定投标人的外币支付。

投标人应在外币需求量估计中列出需用的外币量，并在外币用途细则中给出详细说明，包括下列内容（但不限制于此）：

（1）本工程费用与所雇用的非当地人员费用；

（2）与工程相关的工作人员社会保险、医疗、国外旅行等费用；

（3）工程所需进口的并符合海关条例的临时和永久材料费用；

（4）工程所需要的进口设备费用（包含零部件的消耗与折旧）；

（5）进口材料、进口设备（包括零部件）的国外保险费用和运输费用；

（6）承包商与工程有关的国外管理费、服务费及其他费用。

业主可以要求投标人澄清他们的外币需求量。如果投标人提出的外币需求量确实合理，并令业主满意，他们的投标将予以受理；否则，将不予受理。

3-16　投标有效期如何确定?

投标有效期在开标日期后的90天（也可自行确定）内保持有效，其开标日期在招标文件中已经确定。

在特殊情况下，业主会要求投标人将投标有效期延长一定时间，业主的请求与投标人的答复将通过书信或电传进行。投标人有权拒绝这种要求，这时投标人退出投标，其保证金如数退还。如果投标人同意延长投标有效期，则其保证金的有效期也将相应延长，同时，投标人不得更改标书，在投标有效延长期内，关于保证金的归还和没收等规定仍然生效。

3-17　投标担保如何进行?

作为投标必不可少的一项，投标人必须向业主交纳规定数额的保证金，如果交与之等值的外币，必须保证这种货币可以自由兑换。

投标担保的支付形式为现金、支票、银行汇票、信用卡、不可撤销的信用卡等。由当地银行或经业主认可的外国银行出具担保书，再由当地某家保险公司或经业主同意的外国保险公司出具保证书。担保书和保证书的形式应符合投标文件中的有关规定，并在投标有效截止期后28天内保持有效。

没有附保证金和担保书的投标，业主将不予受理。

对投标人未中标的投标保证金应在业主规定的投标有效截止期后28天或另有规定日期内退还。

对中标人的投标保证金，将在投标人签署合同，并交纳履约保证金和履约保函后归还。多种情况是在投标保证金基础上补足履约保证金数额。这些工作同样在上述28天内完成。

业主或招标单位没收投标保证金的情况如下：

（1）在投标有效期内撤回投标书的投标人。

（2）中标后不按时提交保函和交纳履约保证金者，或中标后不在规定日期28天内签署合同者。

3-18 投标人能否更改投标条件？

投标人所递交的标书，必须完全符合招标文件的要求，包括图纸、规范和所要求的规划设计、施工工期和技术设计等条件，与招标文件不符、擅自更改招标条件的投标书，业主将不予受理，该投标书将作为废标处理。

3-19 投标预备会及应解决哪些问题？

在投标预备会召开期内，请所有的投标人或者投标人的全权代表届时参加。

招标机构组织会议的目的，是解释投标文件和投标条件中的疑问，当场回答投标人提出的各种问题，并陪同大家参观工地现场。

投标人如果有什么问题，应该通过书信或电传形式，在预备会召开的7天前提交给业主工程师。

会议的备忘录（包括问题解答纪要）将当场分发给所有参加会议的人，并随即转交给那些曾经购买过招标文件的人。如果投标的文件内容有任何更改，业主将按规定另行单独颁布有关修改的内容，不能通过会议的备忘录颁布。会议备忘录将视为合同的组成部分。

3-20 标书的格式及签署应注意什么？

投标人应按“构成标书的文件内容”准备标书，所准备的标书应一式两份（一份为正本，一份为副本），在标书的封面应清楚写上“ORIGINAL”（正本）字样或“COPY”（副本）字样。两份内容有矛盾时，以正本为准。

标书的正本和副本都应用永久墨水书写或打印，并由受委托的负责人签字。标书的所有各页和所有添加与更改之处都应由该负责人草签。标书中应附上符合法律手续的委托证明。

如果投标人为了修改错误，或按业主的指示在标书中所做的更改、添加等。上述负责人应在该处草签，除此之外，标书中不得有其他任何的更改、添加、擦痕等。

每个投标人只许递交一种标书，任何投标人不得以任何借口参与其他人的投标，禁止串标行为发生。

3-21 标书怎样密封和封面如何书写？

投标人应将标书（包括投标文件）的正本和副本均用内、外两个信封密封，封皮上应注明正本（或副本）。

内外层信封上均应写上收件人的姓名、地址，并明确标注下列内容：

(1)项目:__________;

(2)标号:__________;

(3)时间:______年______月______日______时以前不得启封。

内层信封上应写投标人收件的地址、姓名等,付上邮资,以便于标书递交过期或其他原因不予受理时原封退回。

外层信封上写的是招标单位的地址,注明上述 3 项内容。若外层信封不按上述要求密封和书写而引起的误投或提前启封,业主将概不负责。如果标书因此而提前启封,业主将拒绝受理,并原件退回投标书。

3-22　标书的截止期限确定及超期投标如何处理?

标书必须在______年______月______日______时以前,呈交给工程项目的招标机构收件人。

业主或招标机构可能由于颁布有关投标文件的修改内容,而自行决定延长标书的递交截止期限,在此情况下,业主的权利、投标人的责任和义务在延长期内保持不变。如果标书递交超过规定的截止期限,业主将拒绝受理,并原封退回投标书。

3-23　怎样修改和撤回投标?

标书递交以后,如果工程师(业主委派的项目经理)在标书递交截止期限前收到投标人的修改或书面声明,投标人可修改或撤回标书。

投标人的修改或撤回声明都应按标书的密封和书写规定方法,用内外两个信封密封、书写和投寄。除此之外,内层信封上还要注明:

"MODIFICATION"(修改)或"WITHDRAWAL"(撤回)字样。

在标书递交日期截止后不得再修改标书。

投标人若在标书递交截止日期后的投标有效期内撤回投标,将没收其投标保证金。

3-24　开标时应注意些什么?

在招标文件中注明了开标时间,一般定于标书递交截止日期后的某一时间,要求各位投标人或其代表届时参加,与会者必须在签到簿上签名,确认到会。

已经受理撤回声明的标书将不予开标。对开标的标书,届时业主或招标机构将审查标书是否完备,投标担保是否齐全,文件签名是否得体,以及投标是否符合程序等。

开标时,业主将宣布投标人的姓名、标价,修改或撤回投标的书面通知,投标保证金是否到账等,以及其他业主认为有必要公布的事项。

业主将以备忘录的形式整理并公布会议记录。内容包含各投标人的姓名、标价、投标保证金、修改或撤回投标的书面通知等。

3-25　开标后哪些工作应该保密?

开标后,关于标书的审查、澄清、评价、比较等资料,以及有关投标文件和合同的仲裁建议,均不得透露给投标人,同时也不得透露给那些与该招标工作没有任何正式关系的第三人。

业主在对标书的审查、澄清、估价、比较的过程中，以及在有关合同仲裁的决定中，任何投标人都不得对雇主施加任何影响，否则，其投标将不予受理。

3-26　投标解释如何进行？

投标人为了协助业主对标书进行审查、估价、比较等工作，业主如果对标书存在疑问，可以要求投标人对其投标做出解释，包括实施计划、施工工艺、技术标准、合同单价部分等。在这种情况下，业主和投标人的联系将通过书信或电传的形式进行，在此过程中，除非计算有误，否则，标价及标书的内容均不得变更。

3-27　怎样判断标书是否符合要求？

在对投标做出详细的估价之前，业主将检查每个标书是否确实按投标文件中的各项要求准备。

符合要求的投标书内容，应与招标文件的要求、规定、条件、规范、工艺、质量等完全吻合，与招标文件不能有任何偏差和相抵触的内容。偏差和抵触，是指其内容将影响到工程的施工质量和数量，将限制按合同要求业主应享有的权利，将减少投标人的责任和义务，或将造成其他投标人的不利条件等。

如果标书不符合投标文件的各项要求，业主将拒绝受理。这时投标人也不能对其修改。

3-28　标书错误如何修正？

如果投标书符合要求，业主将检查其是否有计算错误，并按下列原则修正：

(1)如果大写数字与小写数字有出入，将以大写数字为准。

(2)如果单价和总数有出入(该总数是由单价和总量相乘而得的)，将以单价为准。如果业主认为单价中的小数点的位置存在明显错误，他将对单价进行修改，并以所得出的总数为准。

业主按上述原则修正错误，一旦经投标人同意，则不得再次修改，如果投标人不接受上述意见，其标书则不予受理，投标保证金也将予以没收。

3-29　投标货币如何统一？

如果投标人提出的总报价是各种外币所占百分比的总和。为了方便对投标报价的统一计算方法和与标底的比较，业主将按开标前28天当地银行所颁布的兑换率，首先，将各种外币值换算成当地货币值，然后，计算出各个投标人的报价，最后进行报价比较。

3-30　怎样评价和比较标书？

如果业主经过核查后，认为标书已符合投标文件的各项要求，业主将对其进行横向评价和比较，对不符合要求的标书将不予受理。

业主对每个标书进行评价时，将按下列内容逐项评估，首先调整所投标价，然后计算各个投标人的报价，用以下 3 种方法调整报价。

(1) 根据错误的修正原则，更改标书中的计算错误。

(2) 根据相同材料的不同产地、不同质量、不同价格进行合理调整。

(3) 根据招标要求再作其他的合理调整。

业主将保留接受或拒绝其他任何更改的权利。如果由于更改、偏差和其他因素等影响，超出投标文件的要求或导致业主的投资增加，在标书的估价调整中将不予考虑。

在标书的估价调整中，也不考虑履行合同中的市场价格波动调整因素。

如果中标人的估价与主管工程师对工程实际造价的估算出入太大，业主将要求增加中标人的履约保证金，以免中标人违约时给业主造成的经济损失。例如鲁布革工程的履约保证金提高到合同价的 30%。

3-31　标书裁决的原则与业主的权利是什么?

如果某个投标人的标书经过评价和比较，其估价最低，并且有能力，可以有效地履行合同，业主和评标专家将裁决该投标人中标。

业主在合同裁决之前的任何时间，有权接受或拒绝任何一种标价，甚至拒绝所有标价，也有权中途取消整个或部分工程项目招标，招标机构和业主并没有义务通知那些受其影响的投标人，或承担任何责任。

3-32　怎样发出裁决通知?

在业主规定的投标有效期截止以前，咨询工程师将通过电传和书信两种形式将裁决结果通知中标人。在通知中咨询工程师将告诉中标人，在工程的承建过程中，业主将根据合同规定支付给中标人（以后称承包人）的总费用。

合同一般条件中，上述通知称为投标报价认可书或中标通知书，上述总费用称为合同价。

裁决结果和裁决通知是构成合同必不可少的一部分。

中标人在提供履约担保、交纳履约保证金和签署协议后，业主将尽快通知未中标的其他投标人，并按规定退回投标保证金。

3-33　怎样签署协议和交纳履约保证金?

中标人在收到业主的中标通知书 28 天内，必须到业主办公室或招标地点，在规定的、预先拟定的格式合同协议书上签署协议；在同样的时间内，必须向业主提交履约保证金，用下列两种方式支付（或者采用业主认为更合适的方法支付）：

(1) 以银行担保书的形式提交合同价的 10%；

(2) 按保证书的形式提交合同价的 30%。履约担保的格式一般规定采用投标文件中给出的格式，或者用其他业主能够认可的形式。

如果履约担保以银行担保书的形式支付，担保书应由下列银行出具：

(1) 业主所在国的银行或国外银行在业主所在国的客户银行，要求银行的信誉较高、距离较近、服务良好；

(2)当地条件不具备时,也可直接由业主认可的国外银行出具。

如果履约担保以保险公司或契约履约公司保证书的形式支付,由中标人选择出具保证书的保险公司要经业主认可。

如果中标人不在28天内签署协议和不交纳履约保证金,裁决(或中标)结果将宣告无效,其投标保证金也予以没收。

3-34 国际工程项目报价的组成因素有哪些?

国际工程项目报价的组成因素较多,因为承包项目的范围、性质、地点、环境、社会经济条件等不同,各国承包项目的分类方法不一致,所以没有统一的模式。提取国际工程项目报价的共性因素,得到项目报价的基本构成,如图3-1所示。

图3-1中的分包费和公司总部管理费还可以细分,具体由不同的分包商和相对应的公司总部分类处理。

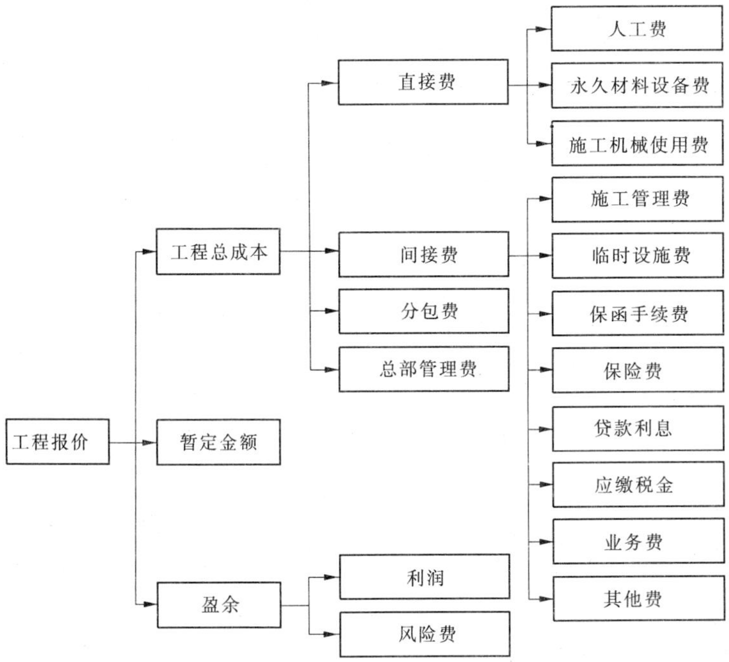

图3-1 国际工程项目报价的组成因素结构图

第四章　项目合同运行实施方略

4-1　合同用词的特殊定义与解释有哪些？

合同运行的基础是合同规定的特殊定义，在FIDIC1999新版合同专用条件和通用条件中，合同词语和措辞应具有以下所述的含义。除上下文另有要求外，人员或当事各方等词语包括公司和其他合法实体。（与FIDIC1999年以前版定义相近）

1. 合同相关内容的定义

（1）“合同”系指合同协议书、中标函、投标函、本条件、规范、图纸、资料表以及合同协议书或中标函中列出的其他文件（如果有）。其他文件指：资格预审通知、通过资格预审的投标人须知、可明显地合并入中标通知书或合同协议书中的其他文件和附件（如投标预备会议上的答疑等）。

（2）“合同协议书”系指双方应在承包商收到中标函后28天内签订的合同协议书。合同协议书应以专用条件所附格式为基础。合同协议是指雇主（或业主）负责费用、要求承包人筹备并签署、按该合同条款及附录进行必要修改的，并完成工程项目的书面协议。

（3）“中标函”系指雇主（或业主）签署的正式接受投标函的信件。包括其所附的含有双方签署协议的格式及任何备忘录。如无此类专门中标函，则“中标函”一词系指合同协议书，发出或收到中标函的日期系指签署合同协议书的日期。

（4）“投标函”系指由承包商填写的、名为投标函的文件。包括其签署的向雇主（或业主）的工程报价。

（5）“规范”系指包含在合同中名为规范的文件，以及按照合同对规范所做的任何补充和修改。或由承包人提出，经工程师批准而做出的修改或补充部分。以此类文件规定为标准，对工程项目实施提出的各个行业、专业详细的验收要求。

（6）“图纸”系指包含在合同中的工程图纸，以及由雇主（或业主的代表）按照合同发出的任何补充和修改的图纸。图纸包括计算书和类似的技术资料，以及由承包人提交并经工程师批准的所有图纸、计算书、试样、样品、模型、操作与维护手册及其他类似的技术资料。

（7）“资料表”系指合同中名为资料表的文件，由承包商填写并随投标函一起提交。此类文件可包括工程量表、各类数据、表册、费率和价格表等。

（8）“投标书”系指投标函和合同中包括的由承包商随投标函一起提交的所有其他文件。

（9）“投标书附录”系指填写的名为投标书附录的文件，附在投标函后作为投标书的一部分。

（10）“工程量表”和“计日工作计划表”系指在资料表中具有这一名称的文件（如果有）。

2. 项目实施各方名称和人员的定义

(1)“当事人(一方)”根据上下文需要,指雇主或承包人。

(2)“雇主(1999 年以前称为业主,两者含义相同)”系指在投标书附录中称为雇主(或业主)的当事人。雇主是指工程项目建成后的所有人、受益人;或他的合法后继人;或通过法律认可的受让人。雇主(或业主)可以是一个国家;可以是一个公司;可以是一个社会团体或个人。

(3)“承包商(或承包人)”系指在雇主接受的投标函中称为承包商的当事人,及其财产所有权的合法继承人。承包人是指其投标标书已为雇主(或业主)所接受,并为实施工程已经签署合同的特定人及其合法后继人。但不是指他的任何受让人(雇主或业主同意的除外)。承包人可以是一个公司或者合资商。

(4)“工程师”系指由雇主(或业主)通过咨询服务、监理招标选拔任命的,并在投标书附录中指明的,为实施合同担任工程师的人员。或有时根据工程师的替换的规定任命的人员,或由雇主(或业主)任命并通知承包人的其他人员。工程师是指雇主(或业主)指派来履行合同中规定的工程监督、管理任务,在合同签署时或项目工程师有变化时,雇主(或业主)要随时用信函通知承包人所指派的工程师的名称、职称和地址,同时说明是整个项目或某一部分的工程师。

工程师必须履行监理合同中规定的职责。

工程师可实施合同中规定的或从合同中必然引申出的权力。但是,如果雇主(或业主)任命工程师的条款中要求工程师在行使这些权力之前,要获得专门的批准,则这些要求的详细情况必须列入合同条款。进一步认为,工程师所施行的任何权力和批准,雇主(或业主)已经给予。

除合同中有明确的专门阐述外,工程师无权解除按合同规定应由承包人尽的各项义务。

工程师可以指派工程师代表,用于分别履行他的部分责任和权力。工程师可随时授予工程师代表任何属于工程师的责任和权力,也可随时撤销这些授权。工程师代表所有这些授权或撤销,工程师必须书面通知承包人和雇主(或业主)以后才生效。通知内要写明工程师代表的姓名、职务、地址以及职责范围。在受权职责范围内工程师代表给承包人的任何文件同工程师给的一样有效。但其前提条件如下:

①工程师代表疏忽未能指出工程、材料或设备不合格,不妨碍工程师认为这些工程、材料或设备不合格,工程师可以发出对其加以改正的指令的权力。

②如果承包人对工程师代表的通知有疑惑,可向工程师提出,工程师将予以确认、修改或变更其内容。

工程师或工程师代表可以根据工程需要指定若干数量助手或监督员,帮助工程师及其代表履行他的职责。他必须把这些人的姓名、地址、职责和权力范围通知承包人。这些助手无权向承包人发任何指示,除了他履行必要的职责,以及根据合同要获得他们对材料、设备或施工工艺的验收。他们之中任何人为上述目的所给承包人的任何指示,将认为是工程师代表给的。

(5)“承包商代表”系指由承包商在合同中指名的人员,或有时根据 FIDIC 承包商代表条款的规定，由承包商任命为其代表的人员。

（6）“雇主人员”系指：①工程师或由工程师托付的规定中提到的助手或监督员；②工程师和雇主（或业主）的所有职员、工人和其他雇员；③由雇主或工程师通知承包商作为雇主（或业主）临时人员的任何其他职员。

（7）“承包商人员”系指承包商代表和承包商在现场聘用的所有人员。包括承包商和每个分包商的职员、工人和其他雇员，以及所有其他帮助承包商实施工程的人员。

（8）“分包商”系指为完成部分工程，在已经签订的合同中指明为分包商，或其后被任命为分包商的任何人员，以及这些人员各自财产所有权的合法继承人。但不指他们的任何受让人。

（9）“DAB”（是 Dispute Adjudication Board 的缩写，译为争端裁决委员会，DAB 为其简称），系指合同中已经指名的 1 名或 3 名人员，或根据争端裁决委员会的任命，或对争端裁决委员会未能取得一致意见的规定，重新任命的其他人员。

（10）“FIDIC”（译为菲迪克）指国际咨询工程师联合会。“FIDIC”是“国际咨询工程师联合会”法语的简称（FIDIC 是 FEDERATION INTERNATIONALE DES INGENIEURS CONSEILS 的缩写）。

3. 合同日期、试验、期限和竣工等相关的定义

（1）“基准日期”系指递交投标书截止日期前 28 天的日期。以基准日期的货币汇率、价格指数为准，并给投标人调查市场实际物价预留的时间，以便合理确定单价，计算投标书报价。

（2）“开工日期”系指根据 FIDIC 条件的开工的规定，通知工程项目开工的日期。

（3）“竣工时间”系指投标书附录中写明的、自开工日期算起至工程或某分项工程（视情况而定）根据 FIDIC 条件竣工时间规定的要求竣工的全部时间（连同根据竣工时间延长的规定，提出并批准的任何延长期）。

（4）“竣工试验”系指在合同中规定的，或双方商定的，或按指示作为一项变更的，在工程或某分项工程（视情况而定）被雇主（或业主）接收和付款前，根据竣工试验的要求进行的试验。

（5）“接收证书”系指根据 FIDIC 条件雇主（或业主）接收的规定颁发的证书。

（6）“竣工后试验”系指在合同中规定的，在工程或某分项工程（视情况而定）被雇主（或业主）接收后，根据专用条件的规定进行的试验（根据需要确定）。

（7）“缺陷通知期限”系指投标书附录中规定的，自工程或某分项工程（视情况而定）根据合同工程或分项工程接收的规定证明的竣工日期算起，直至根据完成扫尾工作和修补缺陷的规定，通知工程或分项工程（视情况而定）存在缺陷的期限（连同缺陷通知期限延长的规定，提出的任何延长期）。

（8）“履约证书”系指根据 FIDIC 条件履约证书的规定颁发的证书。

（9）“日（天）”系指一个日历日，按英语日历天数，午夜到午夜为 1 天。“周”系指 7 个连续日。“年”系指 365 天。

4. 合同成本（费用）和付款等相关定义

（1）“中标合同金额”系指在中标函中所认可的工程施工、竣工和修补任何缺陷所需的费用。

（2）“合同价格”系指FIDIC条件合同价格规定中确定的价格。包括按照合同所做的价格调整。

（3）“成本（费用）”系指承包商在现场内外发生的（或将发生的）所有合理开支。包括管理费、土地征用费及其他合理分摊费用，但不包括利润。

（4）“最终付款证书”系指工程全部竣工后，最后一次根据FIDIC合同条件中最终付款证书的规定，颁发的最后一次的付款证书。

（5）“最终报表”系指根据FIDIC合同条件，最终付款证书申请中规定的所有报表。

（6）“外币”系指可用于支付合同价格中部分（或全部）款项的、工程项目所在国当地货币以外的各种货币。

（7）“期中付款证书”系指根据FIDIC条件中合同价格和付款的规定，颁发的中期付款证书，也是最终付款证书以外的所有付款证书。一般大型工程项目规定，每月付款一次，期中付款证书又称月付款证书，有的规定每月20日为结算日。

（8）“当地货币”系指工程项目所在国的货币。

（9）“付款证书”系指根据合同价格和付款的规定颁发的付款证书。

（10）“暂列金额”系指合同中规定，作为暂列金额的一笔款项（如果有的话），根据合同暂列金额的规定，用于工程某一部分的实施，或用于提供生产设备、材料或服务费用。

（11）“保留金”系指雇主（或业主）根据合同中期付款证书申请的规定，扣留在雇主（或业主）名下的累计保留金额。一般在完成合同初期15%的付款后开始扣除，到完成合同85%的付款前扣完，扣除总费用为合同价的10%。根据合同竣工验收和缺陷弥补的规定，以及保留金支付的规定进行支付，一般工程项目竣工并验收合格返还5%，工程项目缺陷弥补责任期满并验收合格再返还剩余的5%。

（12）“报表”系指承包商根据合同价格和付款的规定，提交的作为付款证书申请的附件部分的报表。

5. 项目实施的设施、工程和货物等的定义

（1）“承包商设备”系指为实施和完成工程，以及修补缺陷需要的所有仪器、机械、车辆和其他物品等。但承包商设备不包括临时工程、雇主设备（如果有）、拟构成或正构成永久工程一部分的生产设备、材料和其他任何物品。

（2）“货物”系指承包商设备、材料、生产设施和临时工程，或视情况指其中的任何一种物品。

（3）“材料”系指拟构成或正构成永久工程一部分的各类物品（生产设备除外），包括根据合同要求，由承包商供应的或提供的部分材料（如果有）。

（4）“永久工程”系指按照合同规定要由承包商实施的合同中注明的永久性工程。

（5）“生产设备”系指拟构成或正构成永久工程一部分的仪器、机械和车辆等设施。

（6）“分项工程”系指在投标书附录中确定为整体工程项目中的组成部分，称为整体工程的分项工程（根据整体工程情况确定，小型工程设有分项工程）。

（7）“临时工程”系指为实施和完成永久工程及修补任何缺陷，在现场所需的所有各类（承包商设备除外）临时性工程。

(8)“工程”系指永久工程和临时工程,或视情况指二者其中之一。

6. 其他相关的定义

(1)“承包商文件”系指由承包商根据合同提交的所有计算书、计算机程序和其他软件、图纸、手册、模型和其他技术性文件(如果有就列入)等。

(2)“工程所在国”系指实施永久工程的现场(或其大部分)所在的国家。

(3)“雇主(或业主)设备”系指规范中列明由雇主(或业主)提供的,供承包商在实施工程中使用的仪器、机械和车辆等设备(如果有就列入);但不包括雇主(或业主)尚未接收的工程设备。

(4)“不可抗力”系指某种异常事件或情况:

①一方无法控制的;

②该方在签订合同前,不能对之进行合理准备的;

③发生后,该方不能合理避免或克服的;

④不能主要归因于他方的。

只要满足上述①至④项的条件,“不可抗力”可以包括,但不限于下列各种异常事件或情况:

(i)战争、敌对行动(不论宣战与否)、入侵、外敌行为;

(ii)叛乱、恐怖主义、革命、暴动、军事政变等,或篡夺政权,或内战;

(iii)承包商人员和承包商、分包商的其他雇员以外的,出现社会成员的骚动、喧闹、混乱、罢工或停工;

(iv)战争军火、爆炸物资、电离辐射或放射性污染引起的事件。承包商因工程需要使用此类军火、炸药、辐射或放射性引起的事件除外;

(v)自然灾害。如地震、飓风、台风、海啸或火山活动引起的事件。

如果一方因不可抗力使其履行合同规定的任何义务已经或将受到阻碍,应向他方发出关于构成不可抗力的事件或情况的通知,并应明确说明履行合同已经或将受到阻碍的各项义务。此项通知应在该方察觉(或应已察觉)到构成不可抗力的有关事件,并在事件发生后14天内发出(时间越短越好)。

发出通知后,该方应在此不可抗力阻碍其履行义务期间,免予履行该义务。不可抗力引起的损失,除合同规定外,不应该用于任何一方财产损失根据合同向另一方索取支付的义务。

(5)“法律”系指所有国家(或州)的法律、条例、法令和其他法规,以及任何合法建立的公共当局制定的法规、规章和实施细则等。

(6)“履约担保”系指根据合同履约担保规定的担保(或各项担保,如果有)。

(7)“现场”系指将实施永久工程和运送生产设备与材料到达的地点,以及合同中可能指定为现场组成部分的任何其他场所。在指定现场的空中、地面、地下允许承包商活动。

(8)“不可预见”系指一个有经验的承包商在提交投标书日期前不能合理预见的事件。

(9)“变更”系指根据合同变更和调整的规定,经工程师指示或批准作为变更的,对工程所做的任何更改。

(10)“书面指示”,工程师给承包人的指示应该是书面的。“书面”指书写、打印、印刷的通信联系方式,包括电传、电报和传真递送的资料。如果工程由于某种原因认为有必要给予口头指示的情况下,承包人也要遵照办理。工程师对其口头指令的书面确认,无论是在该指示执行之前或之后发出,都应认为是本项含义内所指的一项指示。进一步而言,如果承包人在7天内向工程师用书面确认某个口头指令,而工程师未在2天内提出书面否认,则认为这个指示就是工程师批准的一项指示。

(11)“合资协议”指由工程师正式批准的,关于合伙人之间的责任及财资安排的协议,上述协议不经工程师的允许,不得更改其中任何款项。

4-2 合同中的边注和标题如何对待?

正常情况下合同条款中的标题和边注,不作为合同的一部分,在合同的解释和构成中也不考虑。边注和标题不具备法律效力。

4-3 合同中单数与复数,人或团体应如何解释?

合同条款中表明单数的字、词,也可包括复数的含义,反之亦然。根据合同上下文的含义“他”也代表“她”,反之亦然。

合同中人、者、团体的字、词,应包含商号、公司以及各种有法定权力的组织。

4-4 通知、证明、决定、同意和批准如何进行?

除合同另有规定外,凡合同条款规定需要由某人给出或颁发的通知、证明、决定、同意和批准应为书面形式的,且必须相应使用“通知”、“证明”、“决定”、“同意”、“批准”等词,所有这些证明、决定、同意、批准等,任何人不得无理扣压或拖延。给一方发证书时,发证人应将一份复印件发送给另一方。同样,当另一方或工程师给一方发通知时,亦应根据情况把复印件发送给工程师或另一方。

“同意(或商定)”、“达成(或取得)一致”或“协议”等,这些词的各项内容规定都要求必须用书面记载,“书面”或“用书面”系指手写、打字、印刷或用电子制作,当事人签名,并形成永久性记录备案。

通信交流要求采用书面形式,由人面对面送交,要取得对方收据或回执,通过邮寄或信差传送,或用投标书附录中提出的、任何商定的电子传输方式发送。交付、传送或传输至投标书附录中指定的接收人的地址。用qq或微信快速传递相对不太重要的信息,要采用不可随便编辑更改的文件。例如PDF文件等格式。

4-5 工程师如何公正地行事?

凡是遇到合同要求工程师用下列方式行使处理权时:

(1)发表他的决定、意见或建议;

(2)表示他的满意或批准;

(3)决定价格;

(4)所采取的措施可能影响业主或承包人的权利和义务。这时,他应在合同条件范围内顾及所有各种情况,而公正地行使处理权。

综上所述,这些决定、意见、同意表达满意或批准,决定价格或行动,均可按标书争端解决的办法,予以公开、公正地进行审核或修改,并明确最终的处理意见或决定。

4-6 承包转让与分包应注意什么?

合同一般不允许转让。若没有业主的事先同意(这种同意是业主单方自由决定的权力),承包人不得将合同或合同的任何一部分的利益或权益转让。下列情况除外:

(1)用承包人资金运行的银行,对按照合同应付或要付的款项所收的手续费。

(2)将承包人从其他有责任各方取得减轻损失的补偿金,及其权利转让给承包人的承保人或担保人(在承保人已经免除了承包人的亏损或义务的场合下进行)。

承包人不得将整个工程分包出去。除合同另有规定外,没有工程师的事先书面同意,承包人不得将工程的任何部分分包出去。任何同意分包的工程,不仅不解除承包人根据合同所应承担的义务或责任,而且承包人对他的分包人及其代理人、雇员、工人负责,包括对其行为、事故和疏忽等造成的损失要负全责,要全部当作承包人及其代理、雇员或工人的行为、事故和疏忽一样看待。

对下列各项不要求承包人取得工程师的同意:

(1)承包人劳动力的供应。

(2)承包人用于符合合同所列标准的材料采购。

(3)将工程的任何部分分包给合同上已指名的分包人,如果分包人向承包人承诺了对其承担的工程施工,或所提供的物资、材料、设备和各种服务项目,直到合同规定的缺陷责任期开始之后一段时间内仍继续承担义务。则在缺陷责任期期满后的任何时候,承包人在业主提出要求并且付款的情况下,应将该项尚未满期的义务和权益转让给业主。

4-7 合同语言与法律怎样确定?

在合同条款特殊应用部分必须写明:

(1)合同文件用哪一种文字或哪几种文字编写。如果合同文件是用一种以上文字编写的,则应在合同条款特殊应用部分中对用以分析和解释该合同的那种语言予以规定,并指定为"规定语言",翻译、来往公文、图纸均使用规定语言。当本合同任何部分的文本采用一种以上语言编写时,合同没有注明"规定语言",应以投标书附录指定的主导语言文本为准,所有通信交流应使用投标书附录中指定的语言。如果未指定,应使用合同(或其大部分)编写时用的语言。

(2)项目合同应使用哪个国家、邦或区的法律,应根据哪些法律、法规、法令、条例以及规定来解释合同。合同应受投标书附录中所述国家(或其他司法管辖区)的法律管辖。如果由于承包人的原因,他或他的雇员侵犯上述的法律、法令、法规和条例,他应该赔偿因此而引起的一切损失和债务。

4-8　合同文件的优先顺序如何排列？

组成合同文本的几个文件是相互解释的，但当发生含糊或差异时，工程师要向承包人发出指示，加以说明和调整。在这种情况下，除非合同另有规定，1999 年新版 FIDIC 合同文件要按下列的优先顺序排列，当序号小的与序号大的内容相抵触、不协调，以及有矛盾时，以序号小的文件规定为准。合同优先顺序如下：

(1)合同协议书(如果有，已签订合同的话排第一位，词语比较准确)；

(2)中标函；

(3)投标函；

(4)专用条件；

(5)通用条件；

(6)规范；

(7)图纸；

(8)资料表和构成合同组成的其他文件。

如果文件中发现有歧义或不一致的表述，则工程师应按照优先顺序规定发出必要的澄清或指示，理顺歧义和合同文件之间的关系。

4-9　图纸与文件如何提供和保管？

图纸应由工程师单独保管，但免费提供两套图纸副本给承包人。承包人想多要的图纸要自费取得。除非确实因合同目的所必需，没有工程师的同意，承包人不得将业主或工程师提供的图纸、规范及其他文件应用于第三者或传播给第三者。当项目竣工、缺陷责任期满，并且竣工证书发出后，承包人要将该合同的全部图纸、规范和其他文件归还给工程师。

为了正确而合理的施工和完成工程与弥补工程缺陷的需要，在工程师的指示下由承包人编写、设计提交，并经工程师批准的全部图纸、规范和其他文件，则承包人应向工程师提供 4 份。同时对用复印机复制不清楚，达不到使用标准的资料，要提供一份可复制的版本。此外，工程师可以根据业主使用的需要，书面要求承包人供应更多的这类图纸、规范和其他文件，则由业主支付所需费用。

提供给承包人的，或由承包人设计提交的图纸，承包人都要保留一份在现场，并且在所有合理的工作时间里，随时都可以拿出来，供工程师或由工程师书面授权的其他人员核查和使用(国内应为监理使用)。

4-10　工程进度因图纸未及时提供而遭到损失如何处理？

假如工程师未在合理的工作时间内发出第一批图纸或指令，使工程的计划执行将要拖延或失败时，承包人应将事件通知工程师，并抄送给业主一份。通知中需包括所要求的图纸或指令的细节，以及需要这些图纸或指令的原因和必要的时间，还要写明因迟发可能引起的工程项目拖期或失败。

如果承包人按上述方法将事件通知了工程师，如果工程师在各种情况都属合理的时间里仍未能，或无力发出图纸或指令，使承包人遭受到工期延误的损失和因此引起的各种费用增加，则工程师在同业主和承包人商议后，要做出如下决定：

（1）承包人根据合同延长工期的规定延长工期。

（2）合同价内应增加工期延误而引起损失费用的金额。

工程师要相应地将决定通知承包人和抄送业主。

如果工程师未发或无力发出图纸或指令，完全地或部分地是由于承包人的原因，未按合同要求的时间提交图纸、规范或其他各种文件的基础数据，则工程师在做出上述决定时，要将承包人未配合工作的过失考虑进去。

4-11　承包人设计的永久工程怎样审批？

当合同中明确规定部分永久工程要由承包人设计时，当工程师向承包人发出补充图纸的指令时，则承包人应当把下列文件提交给工程师审批。

（1）为了使工程师对设计的适当性和充分性感到满意，则承包商应及时提交所必需的那些图纸、规范、设计计算书和其他资料。

（2）操作和维修手册，以及永久工程的完工图纸，要足够详细，以便业主能管理、操作、维护、拆卸、组装和调控与该设计有关联的永久工程。只有当这些操作和维护手册与完工图纸一起提交并经工程师批准，才能认为该工程已完工，可以按接受证书条款的要求进行接收。

承包人的永久设计，尽管经过工程师的批准，并不解除承包人按合同所应负的设计责任，永久工程的设计与施工技术事故责任仍属承包人（约束承包人从工程本身利益出发解决设计与施工问题），承包人应尽其所能完成工程项目设计和施工。

4-12　承包人的一般责任是什么？

承包人要以应有的细心和勤奋，根据合同各项规定进行设计（按合同规定的范围）、施工和完成工程，并修复其任何缺陷。承包人要提供项目实施一切监督、劳务、材料、工程永久设备、施工设备和其他所有的物品，无论是临时性的或永久性的，以及为执行上述设计、施工、完工和弥补缺陷等工作，以及按合同规定或根据合同合理推断需要供应的物资。

除非合同中有明确规定，承包人除不对非承包人进行的永久性工程的设计和技术要求，或工程师制定的临时工程的设计和技术要求负责任外，承包人应对所有的施工工艺和施工方法的充分性与可靠性以及安全性负完全责任。

凡合同中明确规定由承包人提供设计的那一部分永久工程，尽管有了工程师的批准，但他仍应对该部分负全部责任。

4-13　怎样进行履约担保？

如果合同要求承包人对圆满地履行合同提供担保，则承包人要在收到中标通知书后规定时间（一般为 28 天）内取得并提交给业主，其金额按投标书附件中所定的数额确定。承包人向业主提交担保时，要通知工程师。担保的形式可由业主和承包人商定。履行担保机构须经业主批准。除非合同另有规定，为执行合同条款要求所需的费用由承包人负担。

履约担保的有效期，要到承包人按合同要求施工和完成工程，并弥补了缺陷之后为止。根据解除缺陷责任条款要求解除缺陷责任证书颁发之后，不得向此项担保提出索赔事项，发出解除缺陷责任证书后的规定时间（一般为 14 天）内，要将担保证书和担保金余额退给承包人。

在所有情况下，当业主提出履约担保方面的索赔时，必须事先通知承包人，说明索赔所依据的违约事实、内容和性质。

4-14 现场查勘将如何进行?

业主要在承包人递交投标书前，发给承包人水文和地表面以下的情况及各项数据。这些数据是业主或业主的代表勘察了有关要发包的工程而获得的，但是承包人要对他关于这些数据的解释自行负责。

承包人被认定为在递交投标书前，已对现场和周围以及与之有关的、可取得的资料进行了自己认为满意的考察和核实。被认为承包人已达到可以如实考虑工程费用和工期时间的程度，其范围应包含如下：

（1）工程的类型和自然状态，包括地表面以下的情况。

（2）水文和气候条件。

（3）工程的范围和性质，以及为施工和完成工程与弥补缺陷所必需的材料。

（4）进出现场的措施和承包人可能需要的生活设施。

总之，无论承包人对上述内容考察、核实与否，都认定承包人对上述各方面工作承受风险、意外发生的费用，和其他可能对投标书有影响或起作用的所有的情况等，都已经获得了必要的信息。认定承包人的投标书是按业主准备的资料，经过他自己如上文综合的考虑和对事件核实后编制的。

4-15 投标书的完备性责任如何确定?

除在合同中另有规定外，业主认定承包人对自己的投标书和工程量表中所列的各项价格与单价的完备性与正确性是满意的。它将包含他全部的合同义务（包括提供物资、材料、设备仪器或各种服务，以及意外事件的备用金）和为妥善地施工和完成工程及弥补缺陷所必需的全部事项。

4-16 如何处理不利的自然条件或障碍所造成的损失?

如果在工程施工期间，承包人在现场遇到了他认为一个有经验的承包人也不可能预见到的，除气候条件外的自然障碍或自然条件，则承包人要立即通知工程师，同时抄送给业主一份。收到通知后，如果工程师也认为这些障碍和条件不是一个有经验的承包人所能预见到的，则他应在与业主和承包人商议后做出如下决定：

（1）按延长工期的条款规定，给承包人延长工期；

（2）由于遇到这些障碍或条件，将要使承包人发生的费用金额加到合同价上。

这些事件要通知承包人，并抄送给业主一份。这些决定要考虑工程师为此可能发给承包人的指示，以及承包人在未取得工程师的专门指示的情况下，可能已经采取的、被工程师所接受的、正确、合理的措施。

4-17　项目实施工作怎样按照合同进行？

除法律或客观上不可能实现的外，承包人要严格按照合同执行和完成工程任务与弥补缺陷，使工程师满意。合同未尽事宜，不管这些情况在合同上写明与否，承包人要严格执行与遵照工程师对有关工程的，或涉及工程的任何情况的指示。承包人应只从工程师处取得指示，或者按合同条款的规定从工程师代表处取得指示。

4-18　如何提交和修改施工进度计划？

承包人接到中标通知书后，要在合同规定的时间内（一般为开工之前14天内），按工程师指定的形式和详细程度，提交给工程师一份施工进度计划，以便工程师审定同意。承包人还应随时按工程师的要求，以书面形式提供他为完成工程任务而打算采用的方法、计划安排和总体说明，供工程师了解情况之用。

如果在某一时刻，工程师认为工程的实际进度与原提交的并且批准同意的进度不相吻合，则在工程师提出要求时，承包人要编制经过修改的计划，并列出为确保工程在规定的期限内完成工程而采取的必要修改。上述进度和计划提交给工程师并得到同意，并不解除承包人根据合同应尽的义务或责任。

4-19　如何提交现金流通估计？

中标单位接到中标通知书后，在合同条款规定的时间内，承包人要向工程师提交详细的现金流通估算表，以便工程师了解情况、加强管理，要按季度列出依据合同应付给承包人的全部金额（分散的小工程按每月结算的除外）。其后，如果工程师要求这样做，承包人要继续提交出修正后的季度现金流通估算表。尽管这些现金流通估算表得到工程师的批准，但并不解除承包人的合同义务和责任。

4-20　承包人的监督如何进行？

在工程施工期间以及其后，工程师根据工程进展情况考虑，为了承包人妥善履行合同义务，而有必要增加在某一段时间里对承包人的工程施工实行全部必需的监督。由承包人推荐的、经过工程师批准（这种批准可随时撤销）的一名有能力且被授权的代表，要将他的全部时间用于工程监督。这个被授权的代表，将代表承包人接受工程师或合同规定的工程师代表的监督指示。

如果工程师撤销对代表的批准，承包人必须在接到关于撤销的通知后，考虑到更换后续人员的需要，尽快将原代表调离工程，不再雇用他在本工程上承担任何职务，新派出由工程师批准的另一个代表来接替他的工作。

4-21　承包人如何雇用人员？

承包人应雇用并在现场派驻与施工、完成工程及消除缺陷所需的下列人员：

(1)对项目实施需要的熟练的和经验丰富的技术能手,有能力对工程进行出色监督的工长和领班人。

(2)为能很好地使承包人完成合同,为工程实施并按期完工所需要的熟练工、半熟练工和壮劳动力工。

工程师有权拒绝并要求承包人从工程上撤换承包人雇用的任何工作人员,这些人员被工程师认为行为错误、不能胜任工作、玩忽职守,或被工程师认为是在现场不受欢迎的人。这些人未经工程师的同意,不允许再留在工程上或被重新雇用。对上述被指定撤离施工现场的人,要尽快派人替换。

4-22 施工放线如何进行?职责如何区分?

承包人在施工放线时要负责完成以下工作:

(1)根据工程师书面提供的原始基准点、基准线和参照标高对工程各部位进行精确放线。

(2)根据图纸对工程所有各部分的位置、标高、尺寸和轴线的正确性核实并科学施工。

(3)提供与前述责任有关的所有必要的仪器、设备和人力。

如果在工程施工期间,工程任何位置的标高、尺寸或轴线出现差错,承包人要根据工程师的要求自费纠正这些差错,直到使工程师满意。如果这种差错是由工程师书面提供的错误资料引起的,此时工程师要按合同条款规定,增加费用、延长工期,并将该决定通知承包人和抄送业主。

工程师对任何放线或基准线或标高的检查验收工作,丝毫不解除承包人对建筑物各部分尺寸施工精度应负的责任。承包人要精心保护和保存好所有的水准点、龙门桩、测桩和工程放线所用的其他物件。

4-23 施工中的安全保卫与周围环境保护如何进行?

在工程项目进行施工并完成工程和消除缺陷的整个过程中,承包人应做到:

(1)全力关注所有在现场人员的安全,并保持现场(指在他控制下的范围里)与工程(指尚未完工的或业主尚未占用的)的现状对这些人员是没有危险的、秩序井然的状态。

(2)为了满足保护工程与公众的安全和方便等所需的一切要求,在适当的地方和时间,或依据工程师或某合法当局对安全、环保的要求,承包人要自费提供并维护照明设施、防护物、围栏、道路、导向牌、警戒信号并进行看守。

(3)采取一切适当的措施保护现场内外环境,以避免由承包人的各种施工操作所引起的粉尘、噪光、噪声污染,或其他各种原因造成的对人员的伤害,或公共财产等的损坏。

如果业主按合同条款在现场用自己的工人施工,上述责任应由业主承担。如果业主在现场雇用其他承包人,他应同样要求其注意安全和环境保护。

4-24 对工程保护的责任范围如何确定?

从开工日期起,一直到整个工程的接收证书颁发日期止,承包人要对工程、材料和配套设备的保护承担全部责任。工程接收后，这种保护工程的责任将转给业主。此外，还有：

(1)如果工程师对永久工程的分部工程或单项工程发出接收证书，则从该工程这部分的接收证书发出日期开始，该部分的保护责任将转移给业主，承包人停止该部分的工程保护义务。

(2)承包人对他应在缺陷责任期内完成的扫尾性的工程和材料及配套设备，承担保护的全部责任，只到这些扫尾性工作在规定的缺陷责任期满为止。

在承包人负责保护的时期内，如果工程或其一部分的材料或配套设备发生丢失或损坏的现象，不论由于什么原因，除业主的几种风险外，承包人要自费补救上述丢失或损坏的设施，以便永久工程在竣工时各方面都符合合同的规定，使工程师满意。承包人也要对为了履行缺陷责任，及其在调查操作过程中造成的丢失或损坏负责。

4-25　业主的风险有哪些？如何处理？

国际工程实施中业主的风险有：

(1)战争、敌对状态(无论宣战与否)、外敌入侵、外敌行径。

(2)工程所在国反叛、革命、暴动、军事的或篡权的政变、内战。

(3)电离性辐射，或由于核燃料的辐射作用，或核燃料燃烧产生的核废料，或有辐射作用的有毒爆炸，或爆炸性的核装置及其核元件的其他有害作用而产生的污染。

(4)由以音速和超音速飞行的飞机或其他航行装置产生的压力波。

(5)骚动、骚扰、混乱，但只限于承包人或其分包人的雇员在工程上发生的行为之外(工程所在国国家动乱由业主负责，工程项目实施人员内部动乱由承包人负责)。

(6)由于业主使用或占有永久工程的单项工程，或分部工程所造成的丢失和损坏，属业主风险。合同中如果另有特殊规定的除外。

(7)由于业主或业主雇用人员的工程设计引起的丢失或损坏。那么由承包人提供的设计部分或承包人要对其负责的设计部分除外。

(8)一个有经验的承包人也不能采取有效预防措施加以抵御自然力的作用。

上述任何一种风险或与其他风险相结合的情况，引起任何的丢失和损坏，则承包人要在工程师提出要求的范围内进行补救，工程师则应根据工程变更的规定，做出在合同价上增加支付款和延长工期的决定，要相应地通知承包人，并抄送给业主。由几种风险结合所造成的丢失和损坏，在做出这种决定时要考虑承包人和业主各方责任的比例关系。

4-26　工程和承包人设备的保险有哪些？

在不限于承包人或业主各自对工程保护的风险、损坏、丢失的义务和责任的条件下，承包人应进行下列保险：

(1)整个工程，连同与其有关的材料和配套设备的全部替换价格保险。

(2)各种由于弥补丢失或损坏而带来的附加费用和临时费用，包括各项专门费用，拆除与运走工程的某些部分费用，清除废弃物的费用。按规定承包人应支付附加费和临时费的保险。

(3)由承包人带到现场的、承包人的设施和其他物品的价格,其保险金额要足以在现场加以替换。

对未投保的,或不能以保险方式取得赔偿的金额,要按合同标书规定的各方责任,由承包人或业主来承担。

4-27 一般保险不包括哪些项目?

在工程和承包人设备的保险中,对下列内容不承担责任:

(1)战争、敌对状态(无论是否宣战)、外敌入侵、外敌行动。

(2)反叛、革命、起义、暴动或军事的政变、篡权政变、内战。

(3)由电离性辐射,或由于核燃料的辐射作用,或核燃料燃烧产生的核废料,或有辐射作用的有毒爆炸,或爆炸性的核装置及其元件的其他有害作用而产生的污染。

(4)由以音速和超音速飞行的飞机,或其他航行装置产出的压力波,对工程设施的破坏等。

4-28 人员和财产的损失由谁承担?

除非合同另有规定外,正常情况下,承包人要保障业主免受由于下列方面而引起的一切损失和索赔:

(1)任何人员的死亡或受伤。

(2)由于施工和完成工程及弥补缺陷,或其工作后果而引起财产的丢失、损坏、损失,免除因之而发生的或与之有关的一切索赔、起诉、损失赔偿费,诉讼费及其他费用。

4-29 业主应提供哪些保障?

业主应保障承包人免予承担因下列原因所引起的一切索赔、起诉、损失赔偿费、诉讼费和其他有关的额外开支。

(1)工程或工程的一部分对土地的永久性使用或占有。

(2)承包人在土地上面、上空、地下、土地之内或通过土地而对工程进行施工的权利。

(3)按合同要求,为进行施工和完成工程或弥补缺陷,而对财产造成的无法避免的损坏(如高层建筑施工引起的沉降,造成周边建筑物的破坏)。

(4)由于业主及他的代理人、雇员,或非本承包人雇用的其他承包人的行为或疏忽而造成的人身伤亡,或财产丢失,或损坏及因之引起或与其有关的索赔、起诉、损失赔偿费、诉讼费和其他费用及开支。如果当承包人及其代理人或雇员对伤害或损失有一定责任时,则在考虑了属于业主及其雇员、代理人或其他承包人对该伤害或损失的责任范围后,可以承担认为是公正和公平的那一部分责任。

4-30 工人事故责任及人身保险如何进行?

除由于业主及他的代理人或雇员的行为或疏忽所造成的人员伤亡外,业主没有责任支付承包人或任何分包人所雇用的任何工人及其他人员的损害赔偿金或补偿金。承包人要保障业主免予由于这类赔偿金和补偿金,以及由之产生的一切索赔、起诉、损失赔偿费、诉讼费和其他有关开支。但是属于业主的责任除外。

承包人对他雇用到工程上的任何人员，在整个雇用期间都应进行工人人身事故责任保险。对于分包人雇用的任何人员，要求分包人为这些人员的事故进行保险，保险单上应保障业主免受任何损失，承包人应要求分包人在业主提出要求时，向业主出示保险单和交付保险金的收据。

4-31 如何办理工程保险？

工程在施工现场开工前，承包人要向业主提供按合同所要求的工程保险已经生效的证明，并在开工后约定的天数内向业主提交工程保险单。承包人在向业主提交这些证明和保险单时要通知工程师。这些保险单应与发出中标通知书之前约定的一般条件相符。承包人要从承保人（担保人）处取得由他负责的所有保险，而保险的事由和条件则要由业主批准。

承包人要对在工程施工过程中发生的有关性质、范围或进度的改变通知承保人，并保证在整个项目实施时间内，保险符合合同条件的充分性、必要性要求。承包人要在业主提出要求时，向业主提供有效的保险单和当时支付保险金的收据。

如果承包人未按合同要求进行保险并使之有效，或未在规定的期限内向业主提供保险单，无论是哪种情况，业主可以进行这种保险并保持有效。为此工程而必须支付的保险费，业主可随时从应付给承包人或将付给承包人的款中扣除；或作为承包人的欠款而及时收回。

如果承包人或业主未能遵循合同中使保险单生效的条件时，则该方要保障对方免予由此引起的所有损失和索赔（当不投工程保险时，则属于风险自留）。

4-32 承包人与当地法令和法规的关系是什么？

承包人应在各个方面，包括发出的各种通知和支付所有费用，都要遵照下列各项要求：

（1）与施工和完成工程及弥补其缺陷有关的国家、邦或区实施的法令、条例或其他法律，以及地方或其他合法当局所颁发的法规和细则。

（2）对于工程会影响或可能会以某种方式影响其产权或权利的一切公共团体和公司的规定和章程。

承包人要保障业主免予因违反上述规定而被罚款和承担责任。但是业主必须负责获得工程施工建设所需的规划、分区等其他类似的许可证，以及按合同规定为承包人提供工程项目实施的条件，并保障承包人免予因此而受到损失。

4-33 在施工现场发现了文物、古迹、化石等如何处理？

承包人在施工现场发现的所有化石、硬币、有价值的物品、文物、古迹和建筑物以及具有地质或考古学价值的遗物，就业主与承包人之间而言，应看作是属于业主的财产（由业主按工程所在国有关规定和法律程序妥善处理）。承包人应采取合理的防护措施，防止其工人或其他人员搬动或损坏这些物件，同时一旦发现这些物品，在移动之前应立即通知工程师，并贯彻工程师关于处置方法的指示。如果因执行工程师的指示而使承包人误了工期或引起费用，则工程师应和业主及承包人协商后做出下列决定：

（1）按特殊合同条款延长承包人的合同工期。

（2）在合同价上增加该部分的费用数额。

同时将该决定通知承包人和抄送给业主。

4-34　承包人侵犯专利权及支付开采权应承担哪些费用？

承包人要保障业主免受下列损失开支：由于承包人用于工程或与工程有关，或与工程相配套的材料与设备发生侵犯专利权，或设计商标，或名称，或其他受保护的关键技术和无形资产的权利，因承包人侵权而引起的各种起诉和索赔，以及由之而直接或间接引起的一切赔偿费用，起诉费、法庭手续费及其他各种开支。如果这种侵犯是由于遵循工程师所提供的设计和规范而造成的，则由工程师承担损失费用。

除另有说明外，承包人应支付工程所需的石料、砂、碎石、黏土或其他各种材料的所有物资费用及开采权费用，以及可能发生的租金及其他各种开支或补偿费。

4-35　承包人对交通和邻近财产的干扰如何处理？

施工和完成工程及弥补其缺陷所需的所有各种操作，在尽力遵循合同要求的许可范围内进行，不应对以下方面造成不必要或不恰当的干扰：

（1）公众的方便；

（2）通往业主和其他私人财产的公用或私用的道路、水路、线路等。

承包人应保障业主免予承担由于承包人负责的这类事情所引起的，或有关的一切索赔、起诉、损失赔偿费、法庭手续费，及其他一切费用。

4-36　承包人运输材料、设备、机械时应注意哪些问题？

承包人要采取一切合理的措施，防止承包人或他的分包人的物资运输弄坏、损坏直接或间接通往现场的道路或桥梁。尤其应选定运输路线、选择和使用运输工具，以及限制和分散运载负荷，从而使机械设备和各种材料以及承包人的设备或工程构件进出现场时不可避免地要出现的特殊情况受到尽可能的限制，以免对这些道路和桥梁造成不必要的损坏和损伤，损坏后承包人要自费弥补损失或赔偿。

除非合同另有明确规定，为了便于运输承包人的设备或临时工程构件，承包人要对加固桥梁或更换、改进，直接或间接通往现场的道路负责并支付所需的费用。承包人要保证业主免受因这些运输而引起的桥梁或道路损坏的索赔。承包人应进行谈判并独自支付完全由于这类损坏引起的一切索赔。

尽管采取了防止损坏的合理措施，如果直接或间接通往现场的道路或桥梁，因运输材料和永久设备发生损坏，承包人在了解到这种损坏或收到有权提出索赔的当局发出的索赔通知后，要通知工程师并抄送业主；如果根据法律、法规的要求这些材料或永久性设备的承运人应保障道路管理当局不受损失，则业主对因此而直接或间接产生的费用、手续费或其他开支均不负责。

如遇其他特殊情况，业主要进行谈判予以解决，并支付这些索赔引起的全部金额，并保障承包人免受直接或间接由此引起的索赔、起诉、赔偿费、法庭手续费和其他有关开支。但是，如果按工程师的观点认为，这种索赔或其中一部分是由于承包人不遵循和不履行为避免损坏应采取的合理措施，而应由承包人负的责任，则工程师可在与业主和承包人协商后决定承包人未尽到责任而应承担的金额，而且这项损失应由业主向承包人收回的金额，可由业主从应付给或将付给承包人的任何款项内扣除。

工程师要相应地通知承包人并抄给业主。还应规定，如果业主正在商谈一项解决方案，而其中一部分金额要由承包人负担时，业主要通知承包人并在达成解决方案之前同承包人协商，征得承包人同意。

如果采用水运，条款中的“道路”应解释为包括船闸、码头、海堤或其他与水路有关的结构。而“车辆”应相应地解释为包括船舶以及起相应作用的设施。

4-37 其他承包商有哪些机会？承包人应该为其他承包人提供哪些方便？

其他承包商可以根据工程师的要求参与工程，承包人应将执行合理机会提供给下列人员：

(1)由业主雇用的其他承包商和他们的工人。

(2)业主的工人。

(3)由有权当局雇用在现场或附近进行合同以外工作的工人，以及由业主签订的与工程有关或附属于工程的合同所雇用的工人。

为其他承包商提供承包机会的同时，承包人应工程师的书面要求，应做到以下几点：

(1)将承包人负责维修的道路或人行道，提供给其他承包人或业主或有关当局使用；

(2)允许他们之中的任何人使用承包人的临时工程或现场的设备；

(3)向他们之中的任何人提供各种性质的其他服务，工程师应按变更工程估价的规定，确定要加到合同价上的追加金额，要通知承包人，并抄送给业主。

4-38 承包人施工期间和完工后的现场如何整理？

承包人进入施工现场，在工程施工期间，承包人要使现场不存在任何不必要的障碍，承包人的设备和剩余材料要妥善地堆放或处置，要将残渣、垃圾或不再需用的临时工程清理干净并运离现场。

完工后，工程的业主在颁发每个接收证书时，承包人要把自己的设备、剩余材料、垃圾和各种临时工程清理掉，并运离与其相关的那部分现场，使那部分现场和工程清洁宜人，达到使工程师满意的程度。但是，承包人认为履行缺陷责任期的义务所需要的材料、承包人的设备和临时工程，承包人有权保留在现场上，直到缺陷责任期满。

4-39 如何雇用劳务人员？怎样提供人员、设备的定期报告？

承包人职员与工人的雇用，除非合同另有规定外，承包人应自行安排他所雇用的所有当地或外地工人和职员的生活设施，为他们支付生活、住房、膳食和交通等费用。

劳务人员和承包人设备的定期报告，如果工程师有要求，承包人应按他提出的格式和间隔时间，递交定期报告，来反映职员及由承包人随时雇用到现场的各种技术工种和等级的工人的数量。按工程师的要求，还应递交关于承包人现场设备、配件的种类、型号、数量、使用率等设施报告。

4-40 承包人的材料、设备和工艺的质量控制与检测如何进行？

在施工过程中，承包人提供的所有的材料、设备和工艺必须是：

(1)属于合同中所说的那类，并且和工程师的指示相符；

(2)随时要在制造厂、加工地、工地或者在合同规定的其他地方进行工程师所要求的试验，可能要在所有这些地方做试验，也可能在其中任何一处做试验。

在对这些材料或永久性设备进行检验、测定和试验时，承包人要提供通常所需的以下协助：劳力、电源、燃料、存放地、仪器及工具，并且对将要用在工程上的材料，在使用之前，要按照工程师的要求，对可能选择做的试验提供材料试样、试验设施、场地服务等工作。

4-41 承包人应承担的试样和试验的费用有哪些？

在材料、设备、工艺试验中，如果合同明确规定了应提供试样的要求和意图，则承包人应自费提供所有的试样。

经过核实，如果属于下列情况的试验，承包人应承担试验费用：

(1)合同有规定或有明确意图的试验；

(2)合同中详加叙述的试验(只指荷载试验，或为查证已完成的或部分完成的工程项目，是否能达到原来设想的、要它满足要求的任何所做的试验)。其详细程度足以使承包人算出试验价格，或在投标书中做出报价。

4-42 合同中未规定的试验费用，以及工程师如何处理？

在合同中未规定的试验费用，属于在工程项目实施中，工程师临时要求进行下列情况的试验：

(1)未规定或未预期安排的；

(2)未详细列出试验内容的(指合同中未规定和没有明确意图的试验)；

(3)工程师要求在现场之外或在被试验材料和设备的制造厂、加工厂、制备地之外的地方进行的试验(虽然是预期安排的或规定的试验)。

如果以上试验表明这些材料、设备或工艺不能符合合同规定，并达到使工程师满意的程度，则试验的费用应由承包人承担。但遇其他任何情况，则应执行涉及未规定的工程师决定的试验。

涉及未规定的试验时，工程师经过审查，确属于上述情况，工程师在与业主和承包人就此商定后应做出决定：

(1)按延长工期的规定，承包人可以得到延长工期的时间等工作。

(2)可以增加到合同价上的这类费用的金额，并相应通知承包人抄送给业主。

4-43　怎样进行检查和试验？如何确定检查和试验日期？

工程项目实施的始终，工程师及由他授权的人，可在所有合理的时间进入现场和正在为工程制造、加工、准备材料或设备的车间及场地，承包人要为进入这些场所的权利提供各种方便和协助。

施工过程中，对于根据合同应提供的各种材料和设备，工程师在承包人制造、加工或准备期间，有权进行检查和试验。如果材料和设备正在不属于承包人的车间或场所里制造、加工或准备，则承包人要为工程师获得在这些车间或场所检查与试验的许可。这种检查和试验并不解除承包人按合同规定的任何责任和义务。

对于按合同规定应对各类材料或设备进行的检查或试验，承包人要同意工程师提出的时间和地点。工程师至少要在 24 小时前通知承包人有关他要进行检查或出席试验工作的意图。

如果工程师或他的授权代表未按商定时间出席，除非工程师另有指示，承包人可以按照要求的时间、地点进行试验，并作为工程师出席情况下所做的试验。承包人应立即将试验数据的正式核定的复印件送交工程师。如果工程师未参加试验，则他应承认这些数据是真实的、正确的。

工程师可以将检验和试验材料或设备的权力委托给一个独立的第三方检验。这种委托应按助手任命的规定办理，其中的检验员应作为工程师的一位助手。这种任命通知书由工程师至少于 14 天前发给承包人。

4-44　拒绝验收的情况有哪些？

如果在工程师的要求下，在规定的时间和地点，材料或设备没有准备好进行检验或试验，没有按合同的要求得到检验、试验的结果，工程师可以断定其材料或设备有缺陷，与合同要求不符，他可以拒收，并立即通知承包人。通知中工程师要陈述反对的理由，而承包人应立即将缺陷消除，或确保使这些被拒收的材料或设备符合合同要求。

如果工程师提出对被拒收的材料或设备要在相同项目和相同条件下重新做试验。因重做试验而使业主发生的一切费用，应由工程师与业主和承包人商议后确定其数额，由业主向承包人收回。业主可从应付的或将付给承包人的任何款项内扣回，工程师应相应地通知承包人并抄给业主。

4-45　覆盖前后如何对工程进行检验？

覆盖前对工程的检验是必要的，如果没有工程师的批准，任何工程部分不得覆盖或置于无法查看的状态。承包人应为工程师对即将覆盖或置于无法查看状态的任何工程部分，以及工程实施之前的基础部分进行验收和量测，提供必要且充分的机会。

凡是工程的这些部分或基础已经或即将准备好进行检验，承包人就要通知工程师，而工程师应及时出席并对这些工程部分或这些基础进行验收与量测，不得无故拖延。除非他认为工程项目合格，没必要出席，且相应地通知了承包人。

工程师可随时指示承包人在工程的任何部位上剥露、凿洞或做穿孔试验，承包人应照做并负责复原、补修好。如果这部分工程的覆盖已置于无法查看状态，是符合覆盖前对工程的检验要求的，并且是按合同规定施工的，工程师和业主及承包人商议后，应确定承包人用于再次剥露、凿洞或穿孔及其复原、补修好的开支金额，并将其加到合同价上，并相应通知承包人，抄送给业主。任何其他情况的检验，均应由承包人负担一切费用。

4-46　如何拆除不合格的工程、材料和设备？

拆除不合格的工程、材料或设备时，工程师有权随时就下列事宜发出指标：

(1)将工程师认为不符合合同要求的任何材料或设备，在其指示所规定的时间内运离现场。

(2)代替以合格和适用的材料或设备。

(3)将工程师认为在下列方面不符合合同要求的工程拆除并正确地重新做好。尽管以前对该工程做过某种试验或进行过中间付款：

①材料、设备或操作工艺；

②由承包人设计的部分工程项目或其设计应由承包人负责的部分。

工程师下达指标后，如果承包人未在规定的时间内履行上述指示或者在合理的时间内不行动。业主有权出钱雇用别人来执行这种指示，其发生的所有费用或杂费，将由承包人付给业主，其金额由工程师和业主及承包人商议后决定。该款由业主从应付给或将付给承包人的任何款项内扣除，工程师要相应通知承包人和抄送给业主。

4-47　工程暂时停工有哪些原因？工程师应该做出哪些决定？

工程暂时停工，在工程师做出停工指示后，承包人应按工程师认为必要的时间和方式停止对工程或工程任何部分的施工。在停工期间，承包人要按工程师的要求妥善地对该工程或该部位作必要的维护与保卫。除非停工属于下列情况：

(1)合同上另有规定；

(2)由于承包人违约或破坏合同而停工，或停工的责任在于承包人；

(3)因现场政治、经济、地质、环境、气候条件而不得不停；

(4)为合理进行工程，或为了工程实施，或其任何部位的安全，而有必要停工时(停工的必要性来自工程师、业主的行为违约，业主的风险条款所述的停工除外)，则适用于下述条件的决定。

中止施工是属于上述第(4)种情况，工程师应和业主及承包人商议后作出下列决定：

(1)按延长工期的规定，承包人可延长工期至多长时间。

(2)承包人因这些停工而发生的费用，应增加到合同价上的金额数量，并相应通知承包人和抄送给业主。

4-48　持续 84 天以上的停工事件如何处理？

因种种原因，如果工程师书面指示，将工程或其一部分停工，而在停工之日起的 84 天内工程师未给予复工许可，除非这些停工是属于工程暂停条款中的(1)、(2)、(3)或(4)项范围之内的，承包人可以向工程师发出通知，要求工程师在收到通知后 28 天内准许对所停的工程或一部分进行施工。

如果在所述的时间内仍未发给复工许可，则承包人可以做出，但并不是必须做出以下选择：即当停工只影响工程的一部分时，可将该部分视为工程变更中规定作为被减的一项，并向工程师发出相应通知；当停工影响整个工程时，可将停工视作业主违约事件，按业主违约条款的规定，终止他按照合同的雇用关系，随之执行承包人设备运出施工现场的规定和合同终止时的付款的规定。

4-49　工程的开工有哪些要求？

工程发包后，当承包人收到工程师的开工通知时，应在合理可能的条件下尽快开工。在发出中标通知书之后多长时间内发出开工通知，在投标书的附录中应阐明。接到开工通知后，承包人以应有的速度和预先编制的施工计划进行工程施工，不得拖延。

4-50　施工现场及其进出道路的占用有哪些规定？

除合同中已经明确规定外，还要指明现场和道路占用时间方法：

(1)按合同规定随着施工时间承包人可占用不同范围的现场；

(2)按照合同要求的施工顺序，将这些施工场地交给承包人，根据工程师的开工通知的要求，业主让承包人占用施工现场和使用进出道路；

(3)合同划定相应大小的现场范围和道路；

(4)按合同规定由业主提供进出道路，以便承包人能开工和按已经提交的进度计划(如有)进行施工，如果没有此种进度计划时，则按承包人给工程师并抄送给业主的通知中建议的合理的进度进行施工。业主应随着工程的进展随时允许承包人扩展占用部分现场，以便承包人按进度计划或承包人的建议进度迅速施工。

如果业主未按上面所列条款将现场交付占用，使承包人受到拖期并超支了费用，工程师应在和业主与承包人商议后，作出如下决定：

(1)按延长工期的规定，承包人可以延长工期的时间；

(2)可以增加到合同价上的补偿金额。

并相应地通知承包人和抄送给业主。

对于道路和设施，承包人要负担他所需要的进出现场专用或临时的道路通行权的所有费用和税款。承包人还要自费解决施工所需要的现场外部的任何附加设施。合同中另有规定的除外。

4-51　完工期如何确定？

完工期是整个工程完工的期限，或在投标书附件中按分部工程来规定完工的期限，则应按接收证书规定，在投标书规定的整个工程或该分部工程的完工期限内完成。此期限应从开工之日算起，并考虑加上按合同延长工期的规定所允许延长的时间的总和。

4-52　什么情况下可以延长工期？

在施工过程中，当有下列情况时可以延长工期：

(1)合同之外额外或附加的工作量或性质变更;

(2)在合同条款中所述引起拖延事项的任何原因;

(3)特殊、反常的社会、经济、自然、地质、气候条件;

(4)业主妨碍或阻挠造成的延误;

(5)可能出现的其他特殊情况,但不含由于承包人对合同的违约或妨碍而引起的或应由承包人负责的情况。

当以上情况使承包人有理由延长整个工程或其分部工程或局部工程的完工期时,则工程师应和业主与承包人磋商后,确定应予延长的天数,并相应通知承包人和抄送给业主。

4-53 如何提出延期报告和作出临时决定?

承包人为延期可提出报告或发出通知,当承包人已经发出以下文件时,工程师可不必做出决定。

(1)在事件初始发生后28天内报告过工程师,并抄送给业主;

(2)在通知工程师后28天内,或工程师同意的合理时间内,承包人要向工程师提交自己认为有理由要求延长工期的细节报告,以便有可能及时调查核实。

延期的临时决定是:当事件继续发展,使承包人不可能按上述两种情况的规定在28天交出细节报告时,如果承包人在28天内给工程师一份阶段性的细节报告,并在事件引起的后果结束后的28天内交出最终细节报告,则承包人仍可获得工期的延长。

当工程师收到阶段性细节报告时,要及时做出临时延期的决定,而收到最终细节报告时,工程师应审查所有的情况,并确定一个该事件造成的工期延长的总天数。上述两种情况,工程师都要通知承包人并抄送给业主。最终的审查不得将工程师确定过的延长天数减少。

4-54 一般承包工程对工作时间有哪些限制?

工程实施工作时间的限制,如果在合同中无相反规定时,没有工程师的同意不得在夜间或当地公认的休息日进行工程施工,除非是为了拯救生命、财产或为工程安全所不可避免或绝对必要的工作,此时承包人要立即通知工程师。本条款规定不适用于习惯性地采用多班制工作的工程,例如大坝连续浇筑混凝土施工,防渗墙连续浇筑,桩基连续施工等。如果需要在休息时间工作,必须在合同中注明。

4-55 施工速度的改变有哪些要求?

施工的速度,如果由于某一原因,承包人不能得到延长工期的权利。按工程师的意见,由于工程或其分部工程在任何时刻的速度过慢,不能保证完成工期时,则工程师为此通知承包人,承包人应立即采取经工程师同意的必要措施,加快进度,以便与完工日期相符合,承包人无权为此提出增加费用。

如果改变施工速度是为工程师通知的需要,承包人认为有必要在夜间或当地休息日工作时,他有权请求工程师同意。但是,承包人为满足他的速度,所规定的义务,所采取的措施，要使业主增加监理费用，则工程师应和业主与承包人商议后确定其金额，并由承包人补偿给业主。业主可在应付给承包人的或将付给他的任何款项内扣除。对此工程师要通知承包人和抄送给业主。

4-56　如何支付拖延工期损失赔偿费？损失赔偿费如何折减？

拖延工期损失赔偿费，如果是承包人未能按接收证书所规定的整个工程的完工期竣工，或未在完工期所规定的时间内完成合同约定的分部工程的话，则承包人要按投标书附件所述的每天或不足 1 天的赔偿金额向业主支付违约损失赔偿费，而不是作为一种罚款（由承包人支付此项违约金），其金额按已签订的合同规定，完工期与整个工程或有关的分部工程的接收证书所述实际日期之间的差别，该天数乘以每天的赔偿费为总赔偿费，但不超过投标书附件所述的最多天数（赔偿有上限值）。

业主可从应付给承包人的或将付给他的任何款项中扣除这些损失赔偿费，也可以用其他方法收取。损失赔偿费的付款或扣款，并不解除承包人为完成工程的责任和按合同应尽的义务。

损失赔偿费的折减计算，是在整个工程的合同完工期，或已被业主使用的分部工程的合同完工期之前，业主已经对其部分工程或分部工程颁发了接收证书，则只支付工程或该分部工程的剩余部分的拖延工期损失赔偿费，即上述接收证书颁发日期之后，所拖延的那部分时间的赔偿费。当合同中没有其他规定时，应按已发证书部分的工程金额除以整个工程或分部工程的总金额所得的比率来折减。但是损失赔偿折减的规定，只适用于损失赔偿费的每天费率，不影响其赔偿限额。

4-57　怎样获得完工接收证书？

完工接收证书的获得，是当整个工程基本完成，并满意地通过了合同指定的各项完工试验，承包人可以将此情况连同保证在缺陷责任期中以应有的速度完成扫尾性工作的书面保证函一并通知工程师，并抄送给业主。

接收通知与保证文件应认为是承包人向工程师提出发放工程接收证书的一种请求。在上述通知发出后的 21 天内，工程师或是给承包人颁发接收证书，证书上说明工程师认为工程按合同要求预计完成的日期，并抄送给业主；或是书面向承包人详细说明工程师的建设、要求、指示等，即：在颁发证书之前，承包人还要做的建设工作和遵守的验收标准。

工程师还应通知承包人，关于在上述指示之后和完工前可能出现的、影响竣工的工程缺陷。承包人在完成了通知中所规定的工程和弥补了其中所说的各种缺陷，并使工程师满意后 21 天内，即能收到完工接收证书。

4-58　单项或分部工程完工接收及表面复原如何进行？

当业主进行单项或分部工程完工接收时，承包人可以按完工接收条件所列的标准提出申请，工程师可以颁发下列接收证书：

（1）在投标书附件中单独规定的有完工时间的任何分部工程；

（2）永久工程的、任何不可分割的部分，已经完成到工程师满意的程度，而按合同规

定已由业主占有或使用者;

(3)由业主在完工前选定要占有,或使用的永久工程的某个单位工程(这种提前占有或使用不是合同中作出规定的或未经承包人同意,仅作为一种临时措施的)。

在施工过程中,如果永久工程的某个部分已基本竣工,并满意地通过了合同所指明的各种完工试验,工程师可以在整个工程完工之前发给这部分永久工程的接收证书,并认为在发给这个证书后,承包人将会保证在缺陷责任期间内,以应有速度完成这部分永久工程的扫尾性工作。

依据工程师指示,在整个工程完工之前,所发的永久工程的任何分部工程或部分工程的接收证书,除非在接收证书上有明确说明,否则不能被认为已确认工程项目任何地面或地下工程要求复原的工作已完成。

4-59 如何计算缺陷责任期?弥补缺陷工作怎样进行?

承包工程一般都设置缺陷责任期,是指投标书附件中所述的缺陷责任期的内容,计算起始日期从以下两方面算起。

(1)根据接收证书由工程师证明的工程基本竣工的日期算起。

(2)当工程师按单项分部验收颁发的证书不止一个时,分别从各个证书中所指定的日期算起。而与缺陷责任期相关的“工程”一词的含义,亦要作相应的理解。

在扫尾性工作和弥补缺陷工作中,为了预计在缺陷责任期满后尽快地将工程,除合理的磨损和损耗外,按合同要求和技术标准交付给业主,要达到工程师满意的程度,承包人应做到:

(1)如果在接收证书注明的日期,还有扫尾性工作,在该日期后要尽快加以完成;

(2)在缺陷责任期内或期满后 14 天内,工程师或工程师代表根据验收检查的结果,提出需要进行的修整、重做、弥补缺陷、矫正收缩及其他故障等工作,承包人均应积极做好。

4-60 弥补工程缺陷的费用如何支付?

弥补工程缺陷的费用,在缺陷责任期内或期满后 14 天内所涉及的工作,如果工程师认为是由于下列原因引起的,则承包人应自费执行工作。

(1)使用的材料、设备或施工工艺不符合合同要求;

(2)由承包人负责设计的,该部分永久工程的设计错误;

(3)承包人疏忽或没有遵守合同明显规定的或意旨的承包人义务。

如果工程师认为进行这些工作的必要性是由其他原因造成的,则他应根据变更工程估价的规定,决定应增加到合同价上的金额,并相应地通知承包人,抄送给业主。

4-61 承包人未执行缺陷责任指示如何处理?

承包人未执行缺陷责任指示,如果是承包人一方违约的,即:不在适当的时间内弥补缺陷。业主有权雇用并支付给其他人来完成这些任务。

如果工程师认为:这些任务根据合同属于应由承包人自费履行的义务,则所有直接和间接费用由工程师同业主和承包人协商后确定其金额，由业主向承包人收回，业主可从应付给承包人的或将付给承包人的任何款项中扣除。工程师要相应地通知承包人并抄送给业主。

4-62　承包人对工程缺陷和故障如何调查？调查费用如何支付？

承包人对工程缺陷和故障的调查，应该在缺陷责任期结束之前的任何时间内进行，如果工程上出现了任何缺陷、收缩和其他故障，工程师可以指示承包人在他的指导下，调查缺陷产生的原因和过程，并抄送给业主。

除去这些缺陷、收缩或其他毛病的调查工作，按合同规定属于承包人的责任者外，工程师应和业主与承包人商议后，确定应加进合同价上的金额，是承包人为了调查缺陷所花的费用总和，并通知承包人和抄送给业主。如果这些缺陷、收缩或其他毛病是承包人的责任，则承包人要承担上述调查所需的费用，并按缺陷责任规定，承包人应自费修复这些缺陷、收缩和其他毛病。

4-63　正常的工程变更有哪些？如何执行变更的指令？

在施工中，工程师可以对工程或其中任何部分的形式、质量或数量等内容进行他认为有必要的改变，他有权为此目的或他认为恰当的其他理由，去指示承包人按他的要求办，而承包人则要按其指示执行下列工作：

（1）增加或减少合同中所包括的任何工程的工作量；

（2）取消任何这类变更的工程（但如果该项工作系由业主或其他承包人去实施，则不得取消）；

（3）改变任何这类工程的性质、质量或种类；

（4）改变工程任何部分的标高、轴线、位置和尺寸；

（5）实施某种为使工程完备所必需的附加工程；

（6）改变工程任何部分既定的施工顺序或施工时间的安排。

业主和工程师的这些变更并不以任何方式，使合同无力或无效，然而这些变更如有影响，则应按合同变更工程的规定进行估价。但是由承包人负责的某种工作违约或毁约而必须发出的工程变更命令，则违约所增加的费用，应由承包人承担。

所有工程，没有工程师的指令，承包人不得作任何变更。但如果增加或减少不是由于工程师按变更规定发出指令的缘故，而是因为工程量超出或少于工程量表内列出的数量，则不要求对增减工程量另发指令。

4-64　对变更的工程如何估价？

变更工程的估价，包含所有属于变更工程所述的变更和要求按变更估价的要求来确定其合同价的增加值（运用本条规定时称之为“工程变更”）。有 3 种情况：①如果工程师认为适用的话，可用合同所列的单价和价格来进行估算；②如果合同内未包含适用于工程变更项目的单价或价格，则在合理的范围内以合同中的单价和价格作为评价基础；③如果没有参考基价，工程师应和业主与承包人共同商议，确定合适的单价或价格。

当达不成协议时，工程师可按自己认为恰当的金额确定单价或价格，并相应地通知承包人，并抄送给业主。在单价或价格商定或决定之前，工程师可以确定临时单价或临时价格，以便能将相关的账单包括在中期付款条款颁发的付款证明中。

4-65 工程师如何决定工程变更部分的单价？

工程师在决定变更工程单价时，如果工程师认为变更工程的性质和数量关系到整个工程或其某个部分的性质和数量，由于这些变更工程的缘故，使得合同上列出的所有工程项目的单价或价格都不适用或不可行，则应由工程师和业主及承包人商议后，定出一个工程师和承包人都同意的合理的单价或价格来。

如果意见不一致，工程师必须确定一个他认为合理的单价或价格，并相应地通知承包人及抄送给业主。在单价或价格同意或确定前，工程师要确定临时单价或价格，以便能将批准后的账单的付款事宜，包括在付款条款所颁发的证明中。

此外，工程师按变更条款而指令进行的变更工程，如要按变更分项条款或变更单价条款的规定计价时，必须是在发出这种指令之日起 14 天内和变更工程开工之前发出如下通知：

(1)由承包人通知工程师表明他要求额外付款或要求变更单价和价格的意图。

(2)由工程师发给承包人表明他想变更单价或价格的意图。

4-66 工程变更超过有效合同价的 15% 时如何处理？

变更费用超过有效合同价的 15%，工程师如果在发出整个工程的接收证书时，发现由于下列原因：

(1)按变更工程估价条款和工程师决定单价条款规定计算的全部变更工程费用；

(2)对工程量表中所列的估计工程量而加以量测所得出的全部调整费用额，但不包括备用金、按日计工的费用和按费用增减规定进行的价格调整数。

而不是因为任何别的原因，使合同价增加或减少量合在一起的数额超过了有效合同价的 15%(这里的有效合同价，指不包括已有的备用金和按日计工费用)，在发生了这种情况时(虽然已按本条款任何其他分项条款采取了措施)，工程师应和业主及承包人协商确定应在合同价上增加或减少的金额。

当协商达不成一致意见时，工程师应在考虑承包人执行合同中的现场和综合管理费后加以确定。工程师要将按这种方法做出的决定通知承包人，并抄送给业主。这个金额仅指增加或减少有效合同价 15% 的那部分。

4-67 承包工程中，工程变更部分的日工如何支付？

按日计工是：如果工程师认为必要或愿意，他可以发出将变更工程按日工计价的指令。此时，承包人将按合同中日工方案中规定的条件和他附在投标书上的单价和价格得到对变更工程款的支付。

承包人要向工程师提交可以证明他已付出多少金额的收据或其他凭证，在备料订货前应交出对材料的报价单，提供给工程师批准。

按日计工为基础的这些工程，承包人在工程施工期间、每日应交给工程师一式两份雇用的全体工人的姓名、工种和工作时间的确切清单，还要提交一式两份报告，写明在工程上所用的承包人的设备和所有材料的规格与数量。但不包括按日计工表中已列有按百分比加价的承包人的设备。每份清单和报告，如果无误或得到同意，则工程师要签字并退回一份给承包人。

承包人应在每个月的月底向工程师提交一份标了价格的关于所用的劳力、材料和设备的报告(不包括前述例外情况)。如果这些清单和报告不完全和不准确时，承包人无权得到付款。同时，始终要有这种规定：如果工程师认为由承包人按前述规定送来的清单和报告是不可行的，工程师仍然有权决定这些工程的付款金额，可按已经满足于工程上的时间、劳力、材料以及承包人的设备的数量按日计工制支付，也可按工程师认为公平和合理的金额支付。

4-68 索赔的程序如何进行?

索赔程序一般分5步进行：①承包人将索赔意图通知工程师；②提供索赔事件当时的全部记录；③提供索赔金额细目账单进行证实；④对索赔金额进行仲裁，取消不符合要求的部分；⑤索赔支付，详细情况如下：

(1)索赔通知。尽管合同中还有某些其他规定，如果承包人想提出额外付款的索赔要求，无论是否依据本合同条款的某一条款，他都应在事情初发时起的28天内，将其意图通知工程师并抄送给业主。

(2)当时的记录。在发生了索赔通知所述的事件时，承包人应做好能合理地支持他希望随后提出索赔所必需的当时的记录。工程师在收到索赔意图的通知后，在未必承认业主负有责任的前提下，要检查这些记录，并可指示承包人保持进一步适当的或与通知中所说索赔有重大作用的现场记录。承包人要允许工程师检查当事情发生时要求保持的所有记录，且当工程师提出要复印件时，应予提供。

(3)索赔的证实。在发出索赔意图通知后的28天内或者经工程师同意的合理时间内，承包人要给工程师一份细目索赔金额账单和索赔所根据的理由。当引起索赔的事件具有继续存在的作用，则该账单应认为是中间账单，承包人要按工程师提出的合理的时间间隔，提交有累积索赔金额的进一步的中间账单和依据。如果中间性的账单是送交工程师的，承包人要在事件的影响结束之后的28天内，提交一份最终账单。如果工程师有要求，承包人要把与本分项条款有关的已送给工程师的所有账单抄送给业主。

(4)索赔未能符合要求。如果承包人关于他想要进行的索赔未能符合索赔中的规定，他只有资格获得不超过按工程师或按国际商会仲裁指定对索赔进行估价的仲裁人、或仲裁人认为根据当时记录可以核实的索赔金额(不管这些记录是否已按索赔记录和索赔证实条件的要求提交给工程师考虑)。

(5)索赔的支付。如果承包人提供了事发时足够充分的细节，使工程师能确定应支付的金额时，承包人将有权把它列入中期账单，由工程师遵循证明和付款规定，与业主和承包人商议后可决定应付给他的索赔款。如果这些详细情况不足以作为整个索赔的依据，则承包人有权得到工程师认定能作为依据的那部分索赔的支付。同时工程师要按本分项条款所作出的任何决定通知承包人，并抄送给业主。

4-69 承包人的设备、临时工程和材料在工程中的使用和责权是什么？

承包人的设备、临时工程和材料，只许用在本工程上，所有由承包人提供的设备，临时工程和材料，在运至现场后，即被认为只打算在本工程施工使用。除在现场内由一处移动至另一处外，未经工程师同意，承包人不得将它们或其一部分搬移出现场。但是，为运输职员、工人、承包人的设备、临时工程和设备或材料而出入现场的车辆，不必取得同意。

除工程保护义务和特殊风险所提及的外，业主对上述承包人的任何设备、临时工程或材料的丢失或损坏，在任何时候都不负责任。

分包人运至现场的设备、临时工程或材料按承包人的条款规定办理。

4-70 承包人的设备、临时工程和材料，进出口时有哪些规定？

按合同规定，当有必要时，业主须尽最大的努力协助承包人将他的设备、材料和工程所需的其他物品，办理通过海关的清关手续。该免税部分办理免税的有关手续。

承包人设备的再出口，是为了工程所需而进口的承包人的任何设备，如按合同条款可以撤出使用，当有要求时，业主须尽最大努力协助承包人取得某些必要的政府部门同意，以便由承包人将这些设备再出口。

除合同中有明确规定外，承包人进口的设备、材料等，工程结束后如果在当地销售，需要先补交进口税后进行。

4-71 租用承包人的设备有哪些条件？

租用承包人设备的条件，是在一方违约构成或所述终止合同的情况下，为了取得工程施工所需要的、由承包人租用的设备的继续可用性，则要有租用的协议，承包人才能将他所租的某个设备运到现场（此协议不包括分期付款的订购协议），在终止合同生效日起7天内，如果业主提出书面要求并保证承担从那天起的全部租金，则这些设备的主人应将这些设备，以各方面与原来租给承包人相同的条件租给业主。除非按补救条款所规定的情况，业主有权让他所雇用的其他承包人来使用这些设备去完成工程及弥补其任何缺陷。

执行补救条款的费用是，当发生业主按租用设备条款租用承包人设备而签订协议时，则业主根据这种协议规定所支付的所有款项（包括印花税），均列入协议中并被认为是执行补救条款时，进行施工和完成工程，以及修补其中缺陷的费用的一部分。

4-72 承包工程的工程量如何计算？

承包工程标书工程量表中所列的数量，是对工程的估算值，不能作为承包人为满足合同规定的职责。工程项目施工实际工程量和准确的数量，已经完成工程的计量方法，除另有规定外，工程师要用量测方法查明和确定符合合同规定的工程费用，并按照付款的规定将该费用支付给承包人。当工程师要求对工程的某个部分进行量测时，他应通知承包人的授权代理人，其代理人应进行下列工作：

（1）立即参加与指派合格代表，协助工程师进行这种量测工作；

（2）提供工程师要求的全部详细资料。

如果承包人未参加，或误派、未派代表参加，则工程师量测的或批准的量测值，应作为这部分工程的正确的量测数据。对于要根据记录和图纸测定工程量的永久工程，工程师要随工程的进展备好记录和图纸，而承包人当接到书面通知要求进行这项工作时，应在14天内出席，配合工程师一起检查和核准这些记录和图纸，如果同意这些记录和图纸的话，就在上面签字。

如果承包人不参加检查、核对工作，则记录和图纸就被认为是正确的。如果承包人在检查和核对了这些记录与图纸之后，不同意或不予签字，则应在检查核对之日起的14天内，向工程师发出相应的通知，申诉他认为有错误的记录和图纸，否则就仍要将这些记录和图纸看作是正确的。收到这些通知后，工程师要重新审阅记录和图纸，并加以确认，或进行修改。

量测方法，除在合同中另有规定外，无论有什么一般习惯或当地习惯，工程要按净尺寸丈量。

一次性计价项目的分项价格付款，为了根据月结算单规定提交报告，承包人要在收到中标通知书后28天内，应向工程师提交一份对包含在投标书中的每一项一次性计价项目的分项价格资料。这些分项价格应由工程师批准。

4-73　承包工程中备用金的定义是什么？

备用金的定义，在承包工程中是指包括在合同内且在工程量表中指明的，将用于工程任何一部分的施工或提供物资、材料、设备或技术服务，或供意外用途的金额，要按工程师的指令，可以完全不用，也可以全部或部分地使用。

承包人仅当工程师根据本条款而确定的、同备用金有关的那一部分施工工作、供应或意外用途的金额才有权取得。工程师要通知承包人根据本分项条款所作出的决定，并抄送给业主。

4-74　备用金如何使用？应出具什么凭证？

对每一笔备用金的支付，工程师均有权发出指示，要求下列成员进行工程施工或提供物资、材料、设备和技术服务：

（1）如由承包人提供，则承包人有权获得按工程变更规定所确定的金额。

（2）如由按合同中定义的指定分包人提供，则支付给承包人的金额，将根据对指定分包人付款法来确定和支付。

使用备用金时，除在投标书中标有单价或价格的工程项目外，承包人要向工程师出具有关备用金开支方面的全部报价单、发票、凭据、账单或收据。

4-75　“指定分包人”的含义是什么？

“指定分包人”的含义，属于业主或工程师已经或正在指定、选择和批准的，为合同中备用金项目的施工或提供物资、材料、设备和技术服务的一切专业人员、商人、零售商和其他人员，以及一切依合同规定承包人要分包给其他人员施工任务的人。在完成上述各项任务时,都应被认为是承包人的分包人,并在本合同中称为“指定分包人”。

4-76 对“指定分包人”的雇用与反对雇用有哪些情况?

在雇用“指定分包人”的时候,业主或工程师不能要求承包人雇用或认为承包人有责任雇用他,但有理由反对雇用的某个指定的分包人,业主或工程师可以拒绝与承包人签订含有如下条文的分包合同的指定分包人:

(1)指定分包人对于分包合同中所包含的工程施工,或物资设备供应,或技术服务等多方面的项目应对承包人承担以下责任和义务,即要能使承包人卸掉按合同条件向业主所负的责任和义务,并要解除承包人受损和保障承包人的利益,使他免受由于未尽到责任或未履行义务而被索赔、起诉、赔偿损失费、法庭手续费等所有费用和由此产生的一切有关的开支;

(2)指定的分包人要使承包人不受损失和解除承包人对业主由于指定分包人和他的代理人、工人和雇员的疏忽所造成的损失,以及为履行合同而不恰当地使用承包人提供的临时工程所造成的损失和由此产生的一切索赔。

4-77 对分包人的设计有哪些要求?

在签订分包合同时,如果同备用金有关的服务,包括永久工程某个部分或某个配套设备的设计或技术说明方面的内容,则这种要求应在合同中有明确叙述,并要包括在指定的分包合同内。

指定的分包合同中要规定:提供这种服务的指定分包人要使承包人不受损失,并要解除承包人由于这些服务而引起的,或由于未履行这些责任或义务而引起的所有的索赔、起诉、赔偿损失费、法庭手续费及其引起的一切有关开支。

4-78 对指定分包人的付款应如何进行?

在分包工程中,对由某指定分包人所施工的所有工程或提供的物资、材料、设备和服务,分包人有权得到:

(1)根据分包合同和工程师的指示,按实际工作量支付结算款。

(2)如有由分包人提供的劳务人员,其支付金额按列入工程量表中的资金数额,或者由工程师根据备用金使用的规定,所做的指令按变更工程估价确定其金额。

(3)关于其他一切费用和利润,其金额是按已付的或实际价格的百分数计算出来的;在工程量表中,对有关备用金项目的百分率已经有规定,则按承包人填写的该项目的百分率计算;如果没有特殊规定,则按承包人在投标书附件中所注明的百分率计算;而如果某个专项在工程量表中对此已经作过规定,则可重复使用之。

4-79 给指定分包人付款要向工程师提供哪些证明?

向指定分包人付款,要按证明和付款合同的规定,发放任何包括指定分包人完成的工程,或提供物资、材料、设备,或技术服务等项目的支付证明之前,工程师有权要求承包人提交应有的证据,证明所有指定分包人施工或提供物资、材料、设备及技术服务而应支付

的款项,扣掉保留金,证明承包人对分包人已经支付或已经清账。如果承包人不能提供这种证明,则承包人必须:

(1)以书面材料使工程师同意他扣压或拒绝支付这些款项是有正当理由的;

(2)向工程师提出合理证据,证明他已经将这些情况以书面方式通知了指定分包人,据此业主凭借工程师的证明,可直接向指定分包人支付在分包合同中规定应付给他的而承包人未付的全部款项,要扣除保留金,并从业主应付给或将付给承包人的款项内扣回,以抵消业主已经支付的金额。

此外,不仅工程师已作过证明,而且业主已如上所述进行了直接支付的情况下,工程师在关于向承包人付款的证明中,要从其金额中扣除上述直接支付的金额。但是按合同条款应该发的证明不应扣压或拖延。

4-80 月结算单和月付款程序如何进行?

月结算单就是在每个月的月底,承包人应该提交给工程师 6 份结算单。每份均应由工程师按承包人的监督规定批准的承包人代表签字。结算单格式按工程师随时指明的格式编写,列出承包人自己认为到月底前某日(如每月 20 日)应得的下列各个方面的款额:

(1)所完成施工的永久工程的款额。

(2)工程量表中的任何其他项目,包括承包人的设备、临时工程和按日计工作量等。

(3)按投标书附件中所要求的材料发票总额,以及由承包人供货至现场为永久工程配套的设备,但尚未安装到工程上的设备发票的百分率。

(4)按费用与立法的变更规定的调整值。

(5)按合同规定承包人有权收取的其他费用。

每月付款又称期中付款,是在工程师接到月结算单后,在 28 天之内应向业主证明他认为应该付给承包人的结算款额和可支付的项目,并应按下列程序进行:

(1)应按投标书附件内所规定的扣款百分数,对承包人按月结算单(1)、(2)、(3)项和(5)项规定有权得到的金额计算保留金,直到所扣保留金额已达到按标书附件内规定的保留金限额。

(2)对拖期损失赔偿之外由承包人应付给业主的和可以支付给业主的款项的扣除。

但是,如果每月付款规定的支付,在扣除了所有的保留金与扣款之后,其净值少于投标书附件内所述的中间性证明书的最小金额,则工程师可不对这些付款出据证明。

尽管有月付款或合同其他某些条款的规定,如果合同要求有履约担保,在承包人提交经过业主同意的履约担保之前,工程师将不作出关于付款的证明。根据 FIDIC 施工条件 14 条各项要求进行期中或最终付款,如图 4-1 所示。

4-81 保留金如何支付?

(1)保留金的支付,是在发出整个工程的接收证书时,可支付保留金总数的一半,或者在发出分部工程或永久工程的一部分的接收证书时,按这部分永久工程所占的比例支付保留金,由工程师做出对承包人付款的证明后支付。

(2)在工程的缺陷责任期满时,工程师应做出向承包人支付另外一半保留金的证明,

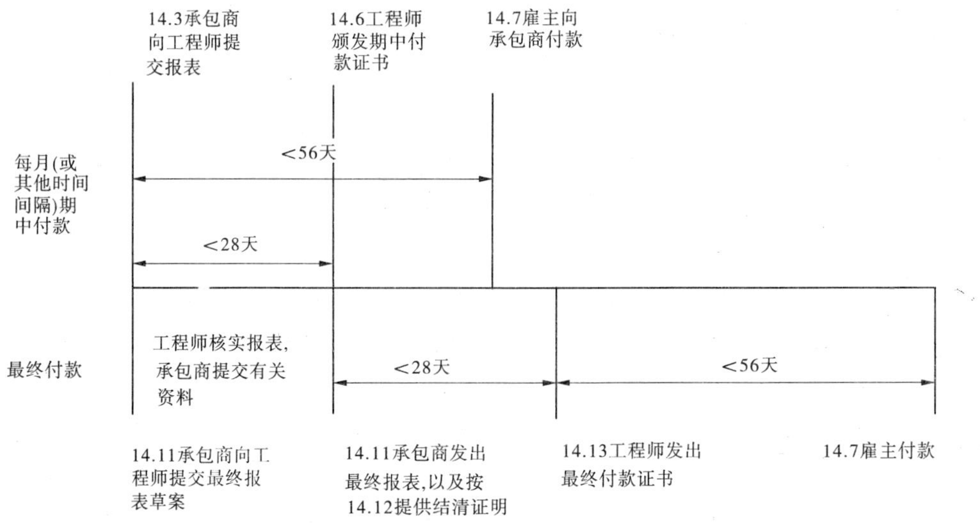

图 4-1　工程项目付款程序图

其先决条件是：如果永久工程的不同部分或不同分部工程按接收证书条款实行不同的缺陷责任期，则在执行本分项条款时，缺陷责任期满期的含义应理解为最后一个责任期的满期。

FIDIC 合同条件还规定：如果在该时刻，承包人还有按缺陷责任和工程调查的要求必须继续完成的某些工作，则工程师有权扣发证明，直到工程师认为保留金的金额能与需要继续进行工作的费用持平。

在颁发付款证明的过程中，工程师可以发出中间性证明，对以前由他发出的证明进行校正或修改，以及如果任何工程干得使他不满意，他有权在中间性证明中取消或减少这项工程的金额。

4-82　完工结算单包括哪些内容？这项工作如何进行？

完工结算单是整个工程的接收证书发出后的 84 天之内，承包人应交给工程师一份按他批准的格式做出的完工结算单，并附有详细支持材料，材料内容应表明：

(1)到接收证书所述的日期止，按照合同完成所有工程的最终金额。

(2)承包人认为应支付给他的其他全部款项。

(3)承包人认为按照合同将成为应支付给他的款项的估算金额。

各种估算金额应分别开列在完工结算单内，工程师要按照每月和最终付款的规定，对支付作出证明。如图 4-1 所示。

4-83　最终结算单包括哪些内容？这项工作如何进行？

最终结算单是在按解除缺陷责任条款发出解除缺陷责任证明书之后的 56 天之内，承包人应交给工程师一份按照他批准的格式并附有支持文件的最终结算单草稿，供工程师考虑，详细列出：

(1)按照合同所做的全部工程金额。

(2)承包人认为按合同规定应再支付给他的款项。

如果工程师不同意或不能证实最终结算单草稿的某些部分,承包人要按工程师的要求提交进一步的资料,并按双方商定的意见,对草稿进行修改。然后,承包人按所商定的内容编写最终结算单,交给工程师(在执行合同条款时,称之为“最终结算单”)。

4-84 在什么情况下解除承包人的义务?

承包人在提交最终结算单时,应交给业主并抄送给工程师一份书面解除义务的文件,确认最终结算单的总数表示了由合同发生的以及与合同有关的应付给承包人的所有金额的全部和最终的结算。

此外,这种解除义务书只有在根据最终验收条款而发出的最终证明中所列应付款已付清之后以及履约担保条款所述的可能有的履约保函,已退还给承包人之后,方能生效。

4-85 在什么情况下颁发最终验收证书?最终验收证书应包含哪些内容?

最终验收证书应该是工程师在接到最终结算单和书面解除义务文件后的28天之内发送给业主,并抄送给承包人一份最终的验收证书,要说明:

(1)工程师认为最终结算单的金额是根据合同最后应支付的金额。

(2)总结业主以前支付过的所有金额和根据合同业主应持有的总债权,除去拖期损失、赔偿费之外,如果有差额的话,则写明业主要付给承包人的金额或承包人应付给业主的金额。

4-86 在什么情况下业主的义务终止?

最终验收证书发出后,除非承包人在他的最终结算单和完工结算条款所说的完工结算单中提出索赔要求,否则,业主对承包人由于合同或工程施工所引起的或与之有关的任何事由和问题,不承担任何义务(整个工程的接收证书发出之后发生的事情或有关问题除外)。

4-87 承包工程的付款时间如何确定?

付款时间的确定是工程师依照本规定或合同其他某个条件的付款规定,在这种中间性证明送交业主之后的28天内,应由业主付款给承包人;或者对最终验收条款所述的最终验收证书而言,在送交业主之后的56天内,要付款给承包人。

如果业主未在所限定时间内付款,则按投标书附件中所说的利率,从应付而未付款之日算起,业主对所有未付款额均应付给承包人,以保障承包人的权益。付款时间的规定,不应损害承包人按业主违约规定所应拥有的权利。

4-88 在什么情况下解除缺陷责任?解除缺陷责任之后还应尽哪些义务?

工程施工结束,直到工程师在一份解除缺陷责任证书上签字送给业主并抄送给承包人时,才可认为合同已经完结。在该证书上要写明承包人应该完成他的义务、实施工程完工并弥补其缺陷,达到使工程师满意程度的日期。

在缺陷期满期后28天之内,或者如果永久工程的不同部分和分部实行不同的缺陷责任期时,则在最后一个责任期满期之后的28天内;或者对按照缺陷责任期和工程调查而指示进行的工作在完工并使工程师满意的时候,工程师应发出解除缺陷责任证书。此外,解除缺陷责任证书的发放,不能作为根据保留金的支付条款给承包人支付保留金的第二部分的一个先决条件。

只有解除缺陷责任证书发出后才认为是工程完工的批准书。

工程师即使发出了解除缺陷责任证书,但承包人和业主对发生在发出解除缺陷责任证书之前且到发出证书时,仍未完结的合同义务均须继续负责。从确定这些义务的性质和范围而言,要认为合同对各方仍是有效的、具有约束力的。

4-89 承包人一般会有哪些违约行为?怎样处理违约事件?

承包工程进行之中,如果按照法律认为承包人无力支付他到期的债务;或者自愿或不自愿地自然进入破产、清偿或解散(为联合或改组而进行的自愿清算除外),或者无力偿还债务;或者与他的债权人做出某种安排或转让一定的利益;或者同意在其债权人的监督委员会的监管下执行合同;或者其资产的实质性部分已被指定了接收人、监管人、受托人或清偿人;或者如果根据有关债务整顿、安置和重新调整的法律或法规,已开始对承包人进行起诉;或者已通过了有关解约或清偿的判决;或者已实施某些步骤将承包人资产的实质性部分置于抵押权利之下;或者关于承包人和他的财产,已发生某个行动或事件而根据任何现行法律,可起到同前述行动或事件有相类似的作用;或者承包人违反《FIDIC施工合同条件》国际通用条款的分项条款的规定;或强制扣押了他的货物;或者工程师向业主出具证明,并抄送给承包人,表示他认为承包人有下列行为:

(1)已经放弃合同。

(2)没有正当理由,不能够:

①根据工程开工条款的规定将工程开工;

②在收到按施工速度条款发出的通知后28天内进行工程或分部工程的施工工作;

③在接到按拒收条款发出的通知,或按拆除不合格的工程,材料或设备条款所发出的指示后,28天内承包人拒不执行者;

④无视工程师以往的书面警告,仍固执地或公然地疏于履行他的合同义务;

⑤违反了分包条款的规定。

当承包人出现上述违约行为时,则业主可在通知承包人后的14天内进驻现场和工程。在既不解除承包人已经履行合同的职责与义务,也不影响业主或工程师按合同所具有的权利和义务的情况下,终止承包人的雇用关系,而自己完成工程或雇用其他承包人来完成工程。业主或他雇用的其他承包人,为完成工程可以使用承包人的设备、临时工程和材料中他或他们认为合适的那一部分。

4-90 终止承包合同时的资产如何清理?

终止承包合同时的资产清理,是在业主进驻并终止合同后,工程师应在尽快可行的时间内，单方面地或知照各方后，或进行过他认为适当的调查和询问之后，做出决定和发出下列两点的证明：

（1）在进驻现场和终止合同的时候，承包人在执行合同方面实际完成的工程量已经合理地取得的或合理地积累的金额（如果有的话）。

（2）被认为未使用或只部分使用过的材料，承包人的设备和临时工程的价值。

4-91 终止合同后的付款有哪些要求？

由于承包人的违约，如果业主根据合同终止与承包人的雇用关系，则在缺陷责任期期满之前，直到将业主所发生的施工与完工费用和缺陷修补费用、完工拖期赔偿费（如有的话）和其他各种费用计算出来，且该数额已经由工程师签署了证明后为止，他没有义务进一步向承包人支付任何合同款项（包括各种赔偿费）。

此时，承包人有权接受的金额只限于经工程师证明的，由他妥善地完成工程，在应付给承包人的金额中扣除所欠的金额之后的付款额（如有的话）。

如果该扣款金额超过了由承包人妥善地完工时可以付给他的款额，则承包人必须在被要求付款时间内，将超出部分的金额付给业主。此款应作为承包人欠业主的一笔债务，理应在合同规定的时间内偿还。

4-92 因承包人违约，协议书受益如何转让？

因承包人违约而合同终止，除非法律禁止，否则如果工程师在承包人违约条款中所说的进驻和终止合同后的 14 天内发出指示，则承包人要将为履行合同而签署的提供任何物资或材料或服务及（或）执行某个工程的协议书受益转让给业主。

4-93 紧急维修工作如何进行？付款有哪些规定？

紧急维修工作，无论是在工程施工期间还是在缺陷责任期间，如果由于工程或其某一部分出现某些事故或过失或其他事件，工程师为了工程的安全起见提出：有必要进行紧急维修、抢护或其他工作。而承包人无能力或不愿立即进行此项工作，工程师考虑有必要时，业主有权雇用与支付费用给其他人员来执行这些工作。

如果由业主进行的这些工作或维护工程设施的项目，工程师认为根据合同是应该由承包人自费完成的，则由此而产生的或间接产生的所有费用，应由工程师与业主和承包人商议后确定其金额，由业主从承包人处收回，该款可以由业主从应付给或将付给承包人的任何金额中扣除。对此工程师要相应地通知承包人并抄送给业主。此外，当任何这种紧急情况发生时，工程师必须以实际可能的、最快的速度通知承包人。

4-94 特殊风险有哪些？对特殊风险不承担责任的有哪些？

工程项目实施中的特殊风险有：

（1）战争、敌对状态（无论宣战与否）、入侵、外敌行为。

（2）电离性辐射，或由于核燃料的辐射作用或核燃料燃烧产生的核心核废料，或有辐射作用的有毒爆炸，或爆炸性的核装置及其核元件的其他有害作用而产生的污染。

（3）由以音速和超音速飞行的飞机或其他航行装置产生的压力波。

（4）骚动、混乱或骚扰。但承包人或其分包人的雇员在工程实施期间发生的行为除外。

（5）工程所在国的反叛、革命、暴动、军事的或篡权的政变、内战。

承包工程在施工过程中，遇到上述所列特殊风险所造成的后果，不论是通过豁免的方法或其他方法，承包人均不对下列情况承担责任：

（1）工程的损伤或毁坏，但是在所述的特殊风险发生之前，按拆除不合格的工程、材料或设备的规定宣告为不合格的工程除外；

（2）业主或者是第三者的财产的损坏或毁灭；

（3）人身伤亡。

4-95 特殊风险对工程造成的损失、恢复以及更换如何进行？

特殊风险对工程造成的损失属于包含工程本身或位于现场或靠近现场，或正在向现场运输的材料或永久性设备，或承包人的设备。因任何上述特殊风险而毁坏或损伤，则需按时施工的永久性工程和毁坏或损伤的永久性设备及材料，在按工程师要求或工程完工需要的范围内，承包人有权根据合同就下列项目得到付款和延期。

（1）对工程所遭受的这些损伤或毁坏进行恢复。

（2）更换或修复这些器材或承包人的设备。

工程师将确定一笔根据工程变更条款应加到合同价上的附加额（在替换承包人设备的情况下，要包含工程师认定的公平的市场价格），并相应地通知承包人，且抄送给业主。

4-96 抛射物、导弹、军火引起的后果如何处理？

在项目实施中，不论何时何地，如果发生由于地雷、炸弹、炮弹、手榴弹或其他抛射物、导弹、军火或战争炸药的爆炸与冲击所产生的损伤、毁坏或人身伤亡都要作为所谓的特殊风险的后果进行处理。

4-97 特殊风险所引起的费用如何增加？

承包人在工程进行当中。除承包人按合同其他规定有权得到的支付外，凡是由于工程特殊风险，包括合同所述的爆发战争的条款所造成的，或与之有关的或伴随而产生的任何工程施工费用，业主均要另外再付给承包人（但在发生任何特殊风险之前，就按拆除不合格的工程、材料或设备规定已经宣告为重建工程的费用除外）。

但承包人一旦发现这类费用产生，必须立即通知工程师。工程师在与业主和承包人商议后，确定承包人与此有关费用的数额增加到合同价上，要相应地通知承包人，并抄送给业主。

4-98 承包工程中爆发战争如何处理？

承包人在合同有效期内，如果在世界任何地区爆发战争，不论宣战与否，对工程施工产生财务上或其他方面的重大影响，在按本条款规定终止合同之前，承包人要继续尽最大努力完成工程施工任务。

此外,战争爆发后的任何时间内,业主有权通知承包人终止合同。一旦发出此种通知,除了本条规定的和履行争端解决条款所需的各方权利外,合同立即终止,但不损害双方关于过去发生的违反合同事件的责任、义务和权利。

如果合同按照爆发战争后进行处理条款的规定而终止,承包人要尽快地将他所有的设备运出现场,并给予分包人以同样的方便,将分包人的设备运出。随之所有人员离开现场。

4-99　由于特殊风险而终止合同后如何付款?

工程项目因特殊风险而承包合同被终止,业主要按合同规定的单价和价值,把合同终止以前已完成的工程付款数额或项目费用支付给承包人,并另加下列费用:

(1)在工程量表内的任何施工准备项目中,对已经完成的工作或者提供服务,而应支付的金额;以及已经部分地进行或提供而应支付适当比例的金额。

(2)为工程需要而定货的各种材料、设备或物资中已经交给承包人,或者承包人有法定义务要接受的那一部分所需的费用。这批材料、设备或物资一经业主付款后,即成为业主的财产。

(3)承包人为完成整个工程而发生的,在合同终止付款条款的各项付款之外的合理开支的总和。

(4)根据特殊风险对工程造成的损失,以及所引起的依据增加费用的规定可支付的附加款项。

(5)考虑了对已经施工完成的工程所应支付的款额,已经或即将支付的情况,对根据合同终止时承包人设备的运出条款要求运出承包人的施工机械,如果承包人要求将其设备运回其公司注册国的设备堆放场或费用更低的其他目的地。这部分费用的增加应该是合理的。

(6)合同终止时,所有承包人雇用的与工程施工有关的职工和工人的合理的遣返费用。另外,按本分项条款的内容,业主所应支付的款额中,对于为购买承包人设备、材料和永久性设备或任何其他费用的预付款,按合同条款规定在合同终止时,业主可从承包人处收回的那部分未收余额,业主有权作为对承包人的债权。根据本分项条款应付的款额,应由工程师与业主和承包人商议后加以确定,并相应通知承包人和抄送给业主。

4-100　发生解除履约关系事件时如何付款?

发生解除履约关系事件的情况是在发出中标通知书之后,如果发生签约双方都无法控制的情况,使得任何一方履行合同义务成为不可能或不合法;或者管辖合同的法律已使双方解除进一步的履约关系时,则业主对承包人进行的工作应支付的款额与按特殊风险合同条款终止合同的情况下应支付的款额相同。

4-101　解决合同争端时工程师如何决定?

在合同实施中,如果业主和承包人之间发生了关于合同或实施工程或因之而引起的任何类别的争端，不论是在合同被放弃或被终止的前后，对于工程师的任何观点、指示、决定、证明书或估价持有任何争端。首先，要将争论内容书面提交给工程师，并抄送给对方，该申诉书中必须说明是按争端条款内容提出的。其次，工程师在接到申诉书之后的 84 天内要将他的决定通知业主和承包人。这个决定中也必须注明它是按本条款而做出的。

除非合同已经放弃或终止，承包人必须在各个方面都继续尽心尽力地进行工程施工，而且承包人和业主都要立即使工程师的每一个决定付诸实施；除非如下文所说经过友好协商或仲裁决定修改了工程师的决定。

如果业主或承包人中任何一方对工程师的任何一个决定不满意，或者工程师在他收到申诉书之后的 84 天之内，包括第 84 天未给出关于他的决定的通知，则无论是业主还是承包人中任何一方，在他收到工程师决定后或上述 84 天满期之后的第 70 天或该天之前，可通知对方，声明他打算按下文所规定的方式，将此争端事宜提交仲裁，并将信件抄送给工程师。该通知书将确立通知人按下文规定把争端提交仲裁的权利，并且按照《FIDIC 施工合同条件》国际通用条款中分项条款的规定，没有这方面的通知书不能对此开始仲裁。如果工程师把对争端事宜的决定给了业主和承包人，而他们任何一方在收到工程师对此事宜的决定之后的第 70 天或该天之前，都没有发出打算对该争端要求开始仲裁的通知，则工程师提出的决定将成为最后的决定，并对业主和承包人都具有约束力。

4-102 争端在什么情况下尽可能友好地解决？在什么情况下提交仲裁？

根据工程师解决合同争端条款发出了打算将争端提请仲裁的通知后，首先各方要努力求得友好解决；如解决不了，再开始付诸仲裁。另外规定：除非双方另有协议，否则，不管是否进行过友好解决的尝试，打算提交仲裁的一方，可在不满意通知发出后的第 56 天或以后开始启动仲裁。新版 FIDIC 条件引入 DAB 解决争端的机制，如图 4-2 所示。

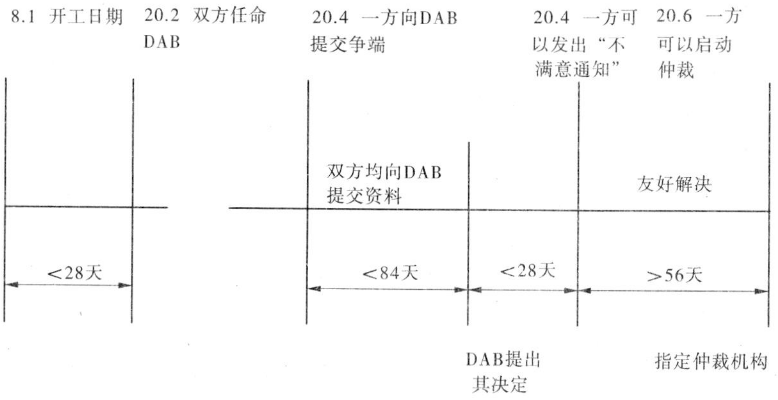

图 4-2 国际 FIDIC 条件中第 20 条解决争端的程序

如图 4-2 所示的争端裁决要点是：国际工程项目在开工的 28 天内任命争端裁决委员会（DAB），项目实施中有一方向 DAB 提交争端事项，在 84 天内 DAB 考察、听证，让双方提交证明资料，DAB 在 28 天内提出他的决定，当其中一方不满意时，发出不满意的通知，在 56 天内还可以友好解决，在解决没有结果时超过 56 天再提交仲裁。

4-103 合同争端有哪些情况？如何仲裁？

属于下列情况的任何争端：

(1)即使有工程师的决定，尚未按工程师决定条款所述成为最后的决定。

(2)未能在友好解决条款所说的期限内达成友好解决。

除非在合同中另有规定，应按照国际商会仲裁和调解法规，由一个或几个根据该法规指定的仲裁人作最后决定。该仲裁人有全权揭开、审查和修改工程师的任何与争端有关的决定、观点、指示、结论、证明或估价。

双方在仲裁人的仲裁程序中，都不受过去工程师决定条款所述的工程师提出的证据或论据的局限，这些决定都不能使工程师丧失他向仲裁人对争端作见证人和给出证据的资格。

仲裁可能在工程完工之前或之后进行，FIDIC 条款规定，在工程施工进展期间，业主、工程师和承包人的义务不应因仲裁事宜而有所改变。

争端解决初在工程师的决定条款所规定的期限内，如果业主和承包人都没有发出打算要求仲裁的通知，因而工程师的有关决定已成为最后的和具有约束作用的决定。其后如果一方不遵守这种决定，则对方可在不损害自己的任何其他权利的情况下，按争端仲裁条款的规定将另一方未履行决定的问题提请仲裁。工程师决定和友好解决条款的规定，对这样的申诉不再适用。

4-104 如何建立通信通知联系？

在承包工程中，业主或工程师根据合同条件给承包人的所有证明、通知或指示，应用邮寄、电报、电传或传真通信发往或留在承包人的主要营业地点或承包人指定用于该目的的其他地址。

根据合同条件，承包人送给业主或工程师的通知，应用邮寄、电报、电传或传真通信发往或留在本合同特殊用途条款中所指定的各自的地址。

业主、工程师、承包人，任何一方都可以将指定通信地址改变为施工工程所在国的另一个地址，但要预先通知对方，抄送给工程师。工程师也可在预先通知双方的前提下改变其通信地址。

4-105 业主违约的情况有哪些？

业主违约是业主在发生下列情况下造成的：

(1)在按月结算单条款规定的付款时间满期之后的 28 天之内，根据工程师的证明，并考虑了业主按合同的法定扣款，对应付给承包人的金额业主仍未支付；

(2)干扰、阻挠或拒绝发出上述证明所需的批准；

(3)破产或作为一个公司而进行的债务清偿，但不含有计划改组或合并为目的的清偿；

(4)业主通知承包人，由于经济混乱引起的没有预见到的原因，他已不能继续履行合同义务。

则承包人有权通知业主终止他按合同的受雇关系，并抄送给工程师。在发出通知后的第14天，这种终止就生效，承包人应在合理时间内将其人员和带到现场的所有设备运出现场。

4-106 业主违约、合同终止时如何付款?

当因业主违约而发生合同终止时，业主对承包人有关付款的义务和按特殊风险条款终止合同时的付款条件一样。但在特殊风险条款所指定的附加付款之外，业主还要付给承包人由于这种合同终止或其后果而给承包人带来的损失或损坏的金额。

4-107 在什么情况下承包人有暂时停工的权利？在什么情况下应该恢复工作?

承包人暂时停工的情况应该是在工程师发出付款证书后，按付款时间条款所规定的付款时间满期后的28天内，业主对已按合同规定进行他应得的扣款之外的应付金额，拒不支付时，承包人可发出停工或放慢进度的28天预先通知，并抄送给工程师。这样做并不影响承包人按付款时间条款应得到利益和按业主违约条款终止合同的权利。

如果承包人按暂时停工条款暂时停工或放慢工程速率，由此而遭受了工程拖期或发生了超额开支时，工程师要与业主和承包人商议后，做出下列决定：

(1)承包人按延长工期条款规定，可以延长工期的时间；

(2)要加进合同价上的这种费用的总额。

并相应地通知承包人和抄送给业主。

恢复施工工作是当承包人根据暂时停工条款发出通知而暂时停工或放慢其施工速度后，业主支付了应付的款项，包括按付款时间条款支付应付的利息。如果届时终止合同的通知还没有发出，则承包人就失去了按业主违约条款所规定的权利，承包人必须尽快地恢复正常工作。

4-108 承包费用变动和工程所在地立法变更后怎么处理?

费用的增加或减少，是由于要在合同价上增加或减去劳务价格和(或)材料价格的上升值或下降值或影响工程施工造价的其他因素，将根据该合同特殊条款部分的规定来决定。

在投标过程中，如果在合同投标书递交截止日期前的28天内，正在进行工作或将要实施的工程所在国的国家颁布或某州颁布的法令、法规、命令或其他法律发生了变更，或任何地方或其他合法机构的规章或细则发生了变更，或者颁发了新的法令、法规、命令、法律、规章或细则等，使承包人履行合同的费用，除物价变动条款所指出的外，有所增加或减少，则工程师要与业主和承包人商议后，决定为此而在合同价中增加或减少的金额，且相应地通知承包人和抄送给业主。

4-109 承包工程的货币和货币兑换率如何确定?

投标时，在工程的投标书递交截止日期以前的28天内，如果正在进行的工作或将要实施的工程的所在国的政府或政府所授权的机构，对货币和货币兑换率进行限制，而此种限制关系到支付合同价款所用的一种或几种货币，则业主要对承包人由此而蒙受的亏损或损失进行补偿,而且这样做不能损害承包人在此种事件中可以行使的其他权利或补救办法。

货币兑换率,按投标截止日期前28天的当天公布的兑换率计算投标价格。若合同规定全部或部分付款是以一种或多种外币向承包人支付,则这种期中和最终支付不受工程所在国货币之间兑换率变化的影响,统一按合同规定的工程所在国中央银行在递交投标书截止日期前的第28天公布的兑换率来确定。

投标时,当业主要求在投标书上以一种货币表示报价,但可以用一种以上的货币来支付,且承包人已明确提出要支付给他的其他一种货币或多种货币的比例或金额时,则在计算这种支付比例或金额时用的兑换率,除在合同特殊条款部分中另有说明者外,均按工程所在国中央银行在递交投标书截止日期前的第28天确定的兑换率计算。该值是在递交投标书前,由业主通知承包人的或投标人在投标书中注明的当天兑换率。

备用金的货币支付,如果当合同规定可以由一种以上货币支付,且当备用金的全部或一部分按备用金和分包人条款规定进行使用时,则该金额中的外币付款的比例或金额要按货币兑换率和货币比例条款所定的原则来确定。

4-110 投标书常见的附件有哪些?

(1)附件A:特别重要规定的项目及内容参考样表,如表4-1所示。

表4-1 合同特别规定项目表

序号	特别规定项目	对应的合同条款	特别规定的内容
1	完工期限		颁布开工后____个月
2	合同语言		____语(英语或其他语言)
3	履约保证金		银行担保:标价10% 保险公司:标价30%
4	中间付款的最低金额		____美元(根据工程项目大小,由双方拟定)
5	业主支付费用的期限		颁发付款证明后28天
6	第三方保险的最低限额		根据工程项目所在国的法律,由双方拟定
7	开工期限		开工通知后14天内
8	违约罚金		标价1/1 000/天(或由双方商定)
9	违约罚金限额		标价10%
10	奖金		标价1/1 000/周(或由双方商定)
11	奖金限额		标价5%
12	保证维修期		12个月(或由双方商定)
13	竣工验收		

(2)附件B:外币需求量估算表(略)。

(3)附件C:货币兑换率(采用合同规定的投标截止日期前28天某银行所颁布的兑换率)。

(4)附件D:日工表。它包括:①设备租金表;②不同工种工人的工资一览表;③工程材料价格一览表。其中设备租金表试样如表 4-2 所示。

表 4-2　设备租金表(含出租设备的规定)

序号	名称及产地	规格及型号	数量	月租金	时租金
1	…				
2					
3					

(5)附件 E:货币价格调整因素参考样表,如表 4-3 所示。

表 4-3　货币价格调整因素表

序号	项目	调整内容	调整比例(%)	物价指数	物价指数依据	备注
1	本国币	1.1 劳工	69	89.5	工程所在国	选取投标截止日期前 28 天工程所在国的物价指数,是计算报价的依据
		1.2 当地材料	31	105.2		
2	外币	2.1 水泥	43	127.2	货源地	
		2.2 钢材	16	114.5		
		2.3 国外材料	41	76.3		
3	…					

4-111　投标书常见的附表有哪些?

(1)该公司近 5 年同类国外工程的履行情况及经历样表,如表 4-4 所示。

表 4-4　过去 5 年同类国外工程履行情况表

序号	工程项目	地点	合同价(百万美元)		合同期		完工日期	主要指标
			原定价	竣工价	原定期	变更期		
1	…							
2								
3								

(2)该公司近 5 年在本地区工程的履行情况及经历样表,参照表 4-4 格式。

表 4-5　目前正在实施的工程项目约定合同

序号	工程项目	地点	现在正实施的工程			其他合同约定	主要工程指标
			合同价	剩余工程价	预定完工期		
1	…						
2							
3							

(3)目前正在实施的工程以及其他合同约定工程项目样表,如表4-5所示。

(4)执行合同中计划使用的机械设备一览表,如表4-6所示。

表4-6 合同计划使用机械设备一览表

序号	设备名称及产地	规格及型号	数量	制造年月	运行时间(小时)	计划到达现场时间	获得方式
1	…						
2							
3							

(5)工程项目管理及实施中所预选人员的资历。

作为附件,投标人必须将与实施工程有关的下列人员的姓名、年龄、国籍、职务、职称、职业资格,以及主要工作经历和业绩,随同投标文件一起递交。

①总部官员;

②工程所在国常设机构官员;

③工程所在国办事处人员;

④工程实施需要的各类专业人员。

(6)工程项目超越合同价10%的所建议的分包商情况一览表,如表4-7所示。

表4-7 合同分包商情况一览表

序号	分包商名称	总经理或负责人	总部地点	拥有资本	雇用人员		工作经历	办事处地点	分包工程项目	分包工程价值
					管理人员	技术人员				
1										
2										
3										

4-112 工程准备、机械设备及材料的预付款如何支付?

(1)工程准备、机械设备及材料的预付款可由承包人申请得到。预付款最多为合同额的10%,如果所购机械设备及材料是全新的,那么预付款可为承包人所支付这些机械设备及材料费用的90%,要求承包人应拿出令人满意的凭证。如果是用过的机械设备,那么预付款按机械设备线性折旧额的75%支付。

这些须由工程师考虑了以下几个方面的因素后决定:①出厂日期;②工作小时;③设备性能条件;④所估计与工业标准相一致的寿命。

另外,预付款的支付要符合以下条件,即这些机械设备是:①工程师认为是工程所必需的;②设备功能管用;③按合同协议格式所确定的方式抵押给业主。

(2)任何一种价值低于400美元(或合同商定)的机械设备没有预付款(或另有规定):在开工通知下达6个月以后,不再保证有预付款发给,如果情况特殊,工程师可以延长预付款的期限。

(3)在开工通知下达3个月内,如果承包人要求,可以得到用于开工准备的预付款,但总额不能超过合同额的5%。在预付款批准前,承包人应按合同协议格式的方式做出银行保函。承包人可以根据退还时间、数额来减少银行保价。

(4)如果工程师认为无理由拒绝,承包人可以书面申请得到用于永久性工程的材料预付款。这里材料必须是永久性存在的物质。与此同时要求承包人出示正式担保,业主可以通过担保得到这些材料的抵押权。对这些材料应严加保管,谨防承包人失误所造成的损坏、丢失、短缺、错用及其他可能的损失,承包人应承担保管材料消耗的所有费用。

4-113 预付款如何回收?

(1)合同条款所规定的预付款将从承包人的账单中以适当的账款百分比来扣除。扣除原则是:在最初结算的15%合同额内不扣留预付款,在结算达到合同额80%时预付款应全部扣完(或另有合同规定)。

(2)从账单中扣除预付款的百分率计算公式如下所示

$$d = [a/(p - p_0)] \times 100\%$$

式中 d——所批准的账款的扣留百分比;

a——先期款项以合同额的百分比表示(预付款总额/合同额);

p——规定扣留合同额的80%或更高的百分比(就是说,当合同额完成80%时预付款将全部收回);

p_0——扣留而规定的合同额的15%或更低的百分比(就是说,当合同额在完成15%前不进行预付款扣留)。

(3)当材料用于工程中时,且发票合理的情况下,开始扣留工地材料的预付款。如果有些机械设备的预付款已经全部支付,但这些机械设备不能工作,且没有设备能对其进行修理时,应将这些机械设备的预付款全部扣除。

预付款回收案例:

某国际工程项目合同额为4 565万元,预付金为348万元,合同条款规定在工程项目最初结算的12%合同额内不扣留预付款,在合同额达到80%时预付款应全部扣完。当该工程第八次期中月结算额为76万元时,应扣多少预付款?

解:(1)计算该工程预付款扣留的百分比

$$d = [a/(p - p_0)] \times 100\%$$
$$= [(348/4\ 565)/(0.8 - 0.12)] \times 100\% = (0.076\ 232/0.68) \times 100\% = 11.210\ 62\%$$

(2)当结算76万元时,应扣除预付款额为

$76 \times 11.210\ 62\% = 8.520\ 069\ 6$(万元)

4-114 价格调整如何进行?

(1)对承包人已建工程的付款数,应根据劳动力及材料市场价格的增减作以调整。

(2)价格调整应分别就付款中当地和外国货币部分分开计算。

(3)费用的增减应按下列公式按季度调整计算:

$$V_i = 0.80\frac{p}{100} \times R_i \frac{I - I_0}{I_0}$$

另加(如有的话)

$$V_f = 0.80\frac{p}{100} \times R_f \frac{F_i - F_0}{F_0}$$

式中　R——已建工程在当季度以当地货币的计价;$R = R_i + R_f$,或者该调整部分的标底报价;

R_i——R 的当地货币的支付比例;

R_f——R 的外汇货币的支付比例;

V_i——某一季度中,由于劳动力价格的变化,以及业主提供的材料费用而引起的工程费用的增减额;

I——全部消费价格指数(Terai)。材料部分以当季度工程所在国,银行发行的经济通报(季刊)上刊登的为准;劳动力部分以本地区或本国的主要政府官员颁布和发布的以下几类人员工资的算术平均值为准,包括是:“工人”“组长”“高级木工”“初级木工”“重型机械设备操作人员”“机械师”“工长”“高级泥瓦工”“初级泥瓦工”等;

I_0——如上所述同样的指数,取投标截止日期前 28 天的,当天所在季度的工资、材料等价格;

F_0——外汇输入指数,以投标截止日期前 28 天的,当天工程所在国发布的数据为准;

F_i——外汇输入相应指数,以当季度工程所在国发布的数据为准(如果当季度指数发布较为频繁时,则采用其平均值);

注:F_0、F_i 中的各个指数可以代表不同项目的量(如劳力、水泥、钢材……),各部分量的百分比应由投标人在标书附件中列出。工程师有权更改不可靠的百分比;

p——除业主提供的材料外,所有其他项目参数的百分比。

(4)承包人应在其投标书附件中提供 F_0 数据。之后,在工程建设期间应向工程师提供每季度的 F_i 数据。这些数据要注明来源,且要由工程师核实。

(5)价格调整条款,也适用于那些并非由于承包人的责任而延长完成时间的工程。除本条款提供的价格调整方法外,其他一切价格调整的任何要求都不予接受。

(6)如果在投标书递交之后,工程所在国的法律、法令、规章、法则或者地方当局和其他正式机构颁发的条例和法令等(包括这些法律、条例等的前言)发生变动,引起承包人施工费用增加或减少(不是指价格调整规定的增加或减少)。则增加额或减少额应由工程师做出证明,并由业主支付或记入业主为贷方的账单,合同价格则作相应的调整。

4-115　如何保守合同机密和专利权?

承包人应对所有与合同有关的文件、信函、技术图纸和资料、决定和指令保守机密,不得泄露其内容或让其他无关的人转摘和传播。

业主项目经理、咨询工程师和承包人，不得以任何名义直接或间接地收受与合同和专利有关的谢金和佣金。包括：为履行合同而采用的专利、受保护的技术、施工工艺、设计资料和管理文件等专有无形资产利益出卖的谢金或佣金。而无形资产所有者同意认可，并形成书面协议的情况除外。

4-116 如何处理工程贿赂和串通事件？

倘若承包人出于报答某人帮助自己获得本合同，或帮助获得业主的其他合同的目的，而给某人（或是业主的职员、雇用人、代理人，或业主方面的任何人员）某种馈赠或许诺；或者承包人的雇员、同事、代理人、佣人，或其他方面的任何人，为他或代表他从事过以上所述的不法行为的，则业主除追究由此而引起的刑事责任外，还有权中止本合同或业主的其他合同。由此产生的任何损失，承包人应该向业主支付赔偿。业主可以从本合同中或他的其他合同中，在应该属于承包人的款额中扣除这些赔偿（该条件在合同中要明确列出）。

4-117 国际项目实施全过程主要事项的时间节点控制顺序是什么？

国际项目实施全过程的主要事项，需要控制好特殊时间节点，按照工作顺序和合同条件要求完成各项任务。如图 4-3 所示。

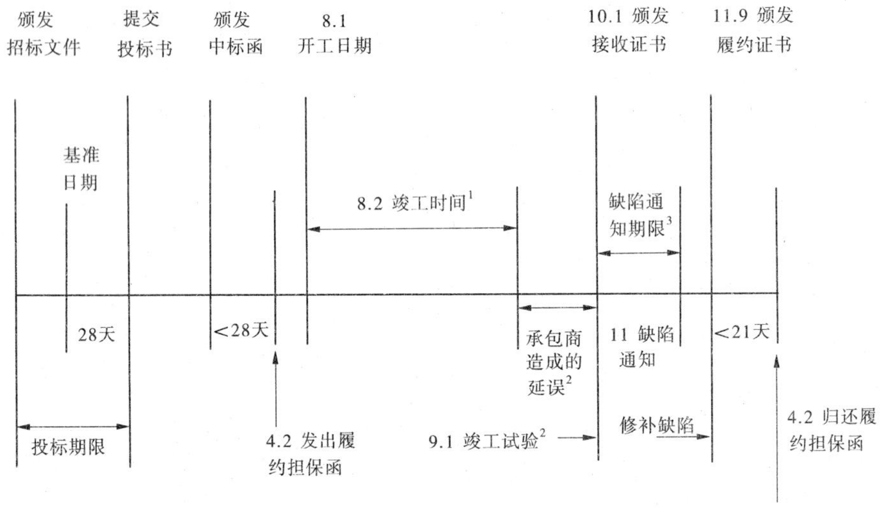

图 4-3 国际项目实施中主要事项典型控制顺序图

4-118 国际项目实施中索赔事件的类型有哪些？

在承包工程中，因一方违约，不履行合同条款，从而影响工程的正常进行，造成损失。受损失的一方可以向违约方提出赔偿损失的要求和指控。在承包工程中，由于承包合同把工程施工的风险主要放在承包商一方，承包商违约，合同中规定了专门的罚款条件；不过，如果业主违约，承包商也有权要求业主赔偿损失。索赔是承包商和业主之间承担风险的合理再分配。

按索赔的目的分因业主方原因延长工期索赔和因业主方原因开支亏损索赔两类。

按索赔的领域分施工索赔和商务索赔两类。施工过程中的索赔称为施工索赔，也叫工程索赔。工程项目的物资和设备采购过程中的索赔称为商务索赔。

1. 施工索赔

(1)施工设计的变更索赔。在施工中，发现原来业主提交的设计和合同中规定的施工方法不适当、与地质条件不符合，需要变更设计，承包商有权提出索赔。

(2)工程量的变化索赔。由于工程设计的原因或者标书、合同中的工程量不准确造成工程量出现差异，或者咨询工程师指令增减，甚至取消某些施工项目等。承包商有权提出索赔。

(3)施工进度延期索赔。施工中，因人力不可抗拒的自然条件、特殊风险、业主的干扰等原因，导致工程施工难度增加和进度延期，加重了承包商的风险和增加了施工费用。承包商有权向业主要求延长工期并索取工程延期而引起的经济损失。

(4)合同单价索赔。业主提出的超越合同中工程量单价表的新项目和新要求，承包商有权提出单价索赔。

(5)物价变化索赔。在施工期间，由于材料、燃料、运输费用和人工费用等的价格上涨，从而引起费用增加，承包商可按规定的价格调整公式计算，向业主提出索赔。

(6)工程保险的索赔。当业主要求承包商向保险公司投工程保险时，施工中发生了保险条款中所述的工程破坏和经济损失，承包人应及时向保险公司进行索赔。

(7)其他索赔。在施工中，业主违反合同，法律和法规的改变，税法和税率的变化，不可抗力风险产生，停电、停水、停气等引起的事件，由承包商向业主或当事人提出索赔。

2. 商务索赔

承包商在工程所需物资的采购中，因供货商、运输商和保险公司等违约提出的索赔。常见的商务索赔有：

(1)货物数量的索赔。短缺、丢失，数量与合同或单据中的数量不符。

(2)货物质量的索赔。低质、劣质货物，质量不符合合同中规定的标准或相关规范，因包装不良而受潮引起的变质等。

(3)货物损坏的索赔。因包装、堆放、翻车、倒箱等原因，造成货物破碎、变形等。

(4)供货违约索赔。不履行合同或不按规定期限交货等。

(5)运输保险索赔。在保险公司投了保，货物运输损失和设备破坏损失可向保险公司索赔。

4-119　国际项目实施中索赔的程序是什么？

索赔程序一般情况分 5 步进行。

(1)提出索赔事件。由于业主或工程师(国内相应为监理工程师)方面原因引起的索赔，承包人必须在合同规定的期限内(通常在事件发生的 28 天内)以书面的形式提出索赔事件。

(2)对索赔事件的证实。提出索赔事件之后，承包人应提供索赔事件所必需的现场记录,允许工程师检查这些记录,并到现场调查、证实索赔事件发生的程度、大小和规模。

(3)编报索赔价目。在现场记录、录像、照片、监控的支持下,承包人应整理出详细的索赔价目账单,提出索赔的原因和理由,论证合理增加的费用和工期,证明索赔金额和延长工期的合理性。

(4)索赔的解决。索赔的解决有4种方式,即和解、调解、仲裁、诉讼。和解是在双方互相信任的基础上友好解决,双方无法和解时由工程师调解,如果合同中订有仲裁条款时可通过仲裁解决。诉讼是通过法律程序解决索赔纠纷的最终方法。

(5)索赔的支付。双方达成索赔协议,确定一个应支付的金额,承包人有权把它列入期中付款账单,由工程师根据付款条款的规定出具付款证明,由业主按规定时间支付索赔款项。

4-120 国际项目实施中DAB裁决争端的内容有哪些?

DAB(争端裁决委员会)的主要工作内容是协助解决可能诉诸仲裁的各项争端。每年DAB最少到现场3次,归纳起来应从事下列具体工作:①审查工程项目施工进度;②调查存在的问题并使DAB最终介入;③根据FIDIC红皮书争端的解决的条款,对已经发生的争端进行听证;④与工程项目各方协商,了解争端的原因与存在问题;⑤确定DAB对争端的处理意见、编写报告,提交报告后可以离开现场。

4-121 国际项目实施中争端裁决的程序是什么?

争端是由双方合同约定的一方受损失后引起的矛盾。解决争端需要一个过程。据不同国际工程管理的资料综合分析,争端解决的程序归纳如下:

(1)当业主和承包商之间在工程实施过程中,因合同或其他原因发生争端时,受损失的一方可根据争端解决的条款,将争端用书面的形式提交给工程师。

(2)当工程师收到有关争端的文件后,应立即进行分析、听证、调研,在42天内将解决争端的决定通知业主和承包人。

(3)如果出现业主或承包人对解决争端的决定不满意,或者工程师在42天内未能做出解决争端的决定,则不满意一方可将自己的意向通知对方(否则工程师的决定具有约束力),并抄送工程师,然后将争端事宜提交DAB。同样情况下,不满意一方也可选择将争端诉诸仲裁。但如果另一方在收到解决争端决定的通知后28天内发出了将争端提交DAB的通知,则争端仍然先提交DAB。

(4)DAB收到通知后,应在下一次访问现场时召开听证会。在会前规定的时间内,要求不满意一方提交正式的诉状,对方提交辩护状,以便阐述各自的立场、观点,说明各自的理由。

(5)听证会之后,DAB先依次进行现场考查、重点调研、分别协调、内部磋商,最后以书面报告形式提出解决争端的建议。一般情况下,在DAB离开现场前提交争端解决报告,遇特殊情况,可与业主、承包人商定在一个更长的时间内交出争端解决报告。

(6)如果业主或承包人在收到DAB争端解决报告后56天内没有对报告提出异议,那么,DAB的建议具有法律约束力;反之,则提交仲裁。

(7)尽管业主或承包人已经发出了仲裁的意向通知,在仲裁之前,双方仍有时间进行友好协商解决争端。

(8)当仲裁意向发出56天之后,如果友好协商没有达成一致意见,争端事项可以按照国际商会仲裁院的规则进行仲裁(也可采用法庭判决)。这是解决争端的最终方法。

4-122　国际争端裁决体制中DAB的特性是什么?

从表面上看,DAB体制是"非强制性"和"非正式性"的。这种现象很容易使人产生一种错觉,似乎DAB机构的作用软弱无力,业主和承包人可以接受,也可以不接受,这其实是一种误解。下面从DAB争端处理建议的权威性、独立性、公正性、弹性约束性、可接受性、思维成熟性、可和谈性、可降风险性等8个方面进行研究。

(1)从DAB人员的组成看,双方各聘请一位成员,再由这两位成员推荐主席,DAB机构中的3位成员最终要征得业主和承包人的共同认可,充分体现了DAB成员组成和争端裁决体制主导思想的公平性和公正性。

(2)不允许DAB成员与业主或承包人的国籍相同,目的是使DAB成员不受政府行政和政治干扰,不受风俗习惯和民族情感的影响,表现了DAB工作环境和争端裁决制度的独立性。

(3)从DAB成员资格条件的量化评分标准、工作约束条件和行为宗旨的权利限制,以及不应有的利益冲突等看,体现了对DAB成员的知识、能力、业务、效率、素质要求都很高,并且还要求有丰富的施工经验,体现了DAB在国际工程施工管理中的权威性。

(4)DAB成员在充分听取双方意见的基础上,依据广博的知识、丰富的经验、裁决争端的能力、对FIDIC合同条件了如指掌,科学地判断争端是非,以和谐调解人的身份提出解决争端的建议;同时也允许双方不接受裁决结果,形成了DAB裁决结果在约定时间内的弹性约束,不允许双方有出格的要求,起到了解决争端的独特作用。

(5)DAB是站在高层次和旁观者的角度,从工程本身实际功能出发,在充分考虑双方利益的基础上,立足于工程本身根本利害关系,而不仅仅是从法律的角度提出自己的看法。故业主和承包商的关系不至于受到太大影响或破裂,双方都在冷静而不是冲动、和谐而不是对立的情况下解决争端。

(6)在争端解决过程中,给双方取证、准备材料、进行现场调查、认真思考分析、权衡利弊得失、形成正确的决议,有一个自由的、广阔的空间和时间,有利于争端的解决。

(7)如果不接受DAB的建议,将争端诉诸仲裁,双方会意识到要冒很大的经济风险。因为仲裁费用很高。"非强制性"运行方式,为当双方不接受DAB的建议时,可在此基础上和谈,直至为最终达成协议提供了有利条件。

(8)由于DAB的建议具有专业水平高和权威影响效应,相对比较公平、科学、合理,不需要或减少仲裁和判决次数,从而节省了时间,降低了争端处理的经济风险。

第五章　工程项目技术实施方略

5-1　国际承包工程中图纸分几种类型？

（1）标书图纸：作为合同文件中的附件，在投标之前已经由招标人提供给经过资格预审投标人的那些图纸为标书图纸。

（2）合同图纸：标书图纸是在投标之前提供的，而合同图纸是在承包人中标之后，在履行合同中提供的。即由工程师根据自然、地理、水文、地质等具体条件，为满足合同要求进行施工设计并提供给承包人的那部分图纸。

（3）承包人提供的图纸：除非合同另有规定，一般承包人应提供自己或分包人的施工、安装、临时工程的详图。有时合同规定由承包人提供部分永久工程的施工详图设计图纸。

（4）竣工图：已竣工的建筑物是按工程师批准同意的，或按工程师的命令修改过的最后的图纸建造的，这些图纸为竣工图。竣工图须与实际建筑物完全一致。承包人应在维修期满之前向业主提交完建工程所有的竣工图（一般 1 份底图和 3 份蓝图，或 1 份电子图、3 份打印图）。

5-2　国际承包工程中图纸的责权有哪些规定？

承包人应该对发给他的所有图纸进行审核，如果发现有模糊不清、矛盾或错误，承包人应该在这部分工程开工之前向工程师说明，并索取正确的决定。工程师做出的决定，即可被视为最后的决定。

有些工程，由工程师提供的标书图纸和设计图纸有时会不够细致，它们仅仅显示出那些典型的工程部位（尺寸在另外的尺寸表中给出）。对各个细部工程，承包人应设计其详图（称之为施工图），施工图应该以初步设计或技术设计图纸为基础，结合工程的实际情况进行，所有施工图应报请工程师批准同意。

有些标书规定承包人应自费设计某些由业主提供的钢筋配制图，这些钢筋配制图应包括钢筋布置图、钢筋大样图、钢筋表等加工需要的图纸，这些图也应报请工程师批准同意。

需报请工程师批准的图（工程上所有的施工图、装配图和说明书），承包人应将其一式 3 份报请工程师批准。这些图纸应该清楚地显示以下 3 个方面的内容：

（1）合同中规定的某个部位的平面布置及所有尺寸。

（2）各个部位的原材料及使用数量。

（3）各个部位的细部构造图。

任何工程构件的加工、制作和施工，都必须在接到工程师书面同意的通知后，方可开始进行。

对工程师批准的图纸，不经他的许可，不得对其中的任何部分进行更改，如果有必须作的更改，应该同样报请工程师批准(一式3份或规定的份数)。

虽然图纸经工程师批准，但并不减少承包人按合同应该履行的任何责任和义务。

工程师对承包人呈报的图纸进行审核，应在自接收之日起14天内(或另外规定)，签署意见或批准同意，然后交还给承包人。如果工程师退回，要求承包人重新设计，承包人应按工程师的要求进行必要的修改，再次报请工程师审批，直至最后取得工程师同意和批准为止。

当开始施工工作或经过进一步的试验，得出了更为充足的有关地质基础和其他设施参数的数据时，如果业主发现有必要对已批准的图纸进行重新设计或修改，这时业主有权根据工程师的意见，对图纸进行修改或重新设计，以便使工程设施使用、运行更合理。

5-3 国际承包人对工程师的工作人员的监测应提供哪些帮助?

承包人应向工程师的工作人员提供尽可能多的支持和帮助，提供足够的用于校核施工放样和工程验收的工具，如铁钉、木桩、测量工具、直尺、脚手架、模具、样板和标杆等。

承包人应根据工程师的要求，帮助工程师雇用全日制或计时制的测量人员。承包人应该承担工程师雇用的用于校核施工放样、工程验收的工作人员的费用，以及所需材料、工具等的所有费用。

5-4 国际项目对规范和标准的附加条件有哪些?

(1)除合同中另有规定外，所有使用的工艺、材料和工具、设备均应该满足标书中所列的规范和标准。

(2)投标时接受承包人建议使用的规范和实施标准，这仅仅意味着工程师原则上同意参照使用该规范和实施标准，而工程师仍然有权拒绝接受其中低于标书中所列规范和标准要求的某些条款。

(3)当文件中附有某些规范指南和标准的说明时，除非另有规定，这些说明都应该理解为规范，并视为与标书签发之日起开始生效的某些规范标准的更改、变动和补充条件具有同等效力。

(4)标书所列的规范和标准，一般是标书签发之日前，已实施的某国家的规范和标准，以及投标时承包人建议并批准的其他国家的规范和标准。

5-5 承包人应提供的月报表和工程进度表要包括哪些内容?

(1)上个月实际完成工作量和当月估计完成的工作量；

(2)工程进度完成情况(预计的和实际的)；

(3)当月各项物资、燃料的消耗量总值；

(4)已由业主支付了预付款的施工机械和材料清单；

(5)施工机械设施运行情况；

(6)劳动力及工作人员情况报表；

(7)承包人负责购买的、工程必需的施工机械、配件、材料费用的报表；

(8)其他由业主或工程师要求的特殊报表。

5-6 试验室与试验室设备的提供和管理有哪些要求?

承包人应在他的办事处和施工区设置试验室,并提供按合同技术要求"土工、混凝土材料及结构试验"所必需的试验设备和仪器,必要时在标书中列出项目。

承包人应在接到开工通知后的28天之内,向工程师报请试验计划表。试验计划表应包括所有的土工和混凝土试验。

试验室应由承包人负责管理和维修,承包人应向试验室负责供水、供电,提供试验设备和仪器,雇用必需的试验操作人员和工人,提供与试验有关的费用,承包人应专门指派最少一个成员负责试验室的管理工作。

当工程师或工程师代表要求某项试验时,承包人应在他们的监督下进行指定项目的试验;或者由聘请的试验工程师、试验员和试验工人进行试验。

为了掌握地下基础的工程性质,承包人应该经常在工程师的指导下进行钻探、勘测、试验取样工作,提供所有必需的设备、材料及工作人员,并在工程师的指导下从事野外试验工作。

有关试验所发生的所有费用都应包含在工程量表的总报价单之内。

5-7 混凝土工程的宏观控制应包括哪些内容?

(1)批准使用的规范、标准及计量单位(应注明国家、部门、编号等);

(2)土工、混凝土及其材料的试验和取样费用的支付方法;

(3)应说明如果土工、混凝土不符合规定要求时,则工程师及其代表所采取的措施。

5-8 国际承包工程中水泥的质量如何控制?

(1)应该规定水泥的质量按某国、某部门某年某月颁布的什么编号的规范进行试验,并注明试验外部条件应该是热带、亚热带或是寒带气候,列出水泥的品种和型号。

(2)规定水泥的包装和运输方式,水泥单位重量的允许公差(例如,每袋的允许公差±2.5%)。

(3)规定水泥运输和储存的条件,比如干燥、通风、分隔区域、出厂日期标签或标记,如果是袋装水泥,应限制堆放高度(一般不超过10袋)。

(4)每批水泥都应有合格证、试验样品以及详细的试验、检测记录。在工地交货之前,承包人应该向工程师提交每次交付的水泥的制造厂做试验的合格证,工地应按标书规定的标准要求接收水泥,承包人还应向工程师提交标有托运编号的托运单、制造厂商的名字、托运吨数和袋数。承包人应随时向工程师提供每批水泥的试验样品、特点及各批水泥用于混凝土工程具体部位的详细记录,以备工程师验收。

5-9 国际项目对混凝土骨料的供应与分类如何规定?

承包人应事先调查料源,然后将有关数据报请工程师批准。开采、破碎、筛分和运输应征得工程师同意。

一般以 5 mm 为界，大于 5 mm 的骨料为粗骨料，小于 5 mm 的为细骨料，骨料应按拌和混凝土的和易性、密实性分级，如表 5-1 所示。

表 5-1 常用混凝土粗骨料级配规格

序号	级配规格 ϕ_{max}(mm)	粗骨料粒径范围 ϕ(mm)
1	10	5～10
2	20	5～20
3	40	5～40

5-10 国际承包工程中骨料的质量如何控制？

混凝土所用的全部骨料应该是清洁、坚硬、密实、坚固、无裂隙，不起化学反应的骨料，它的多孔性应受到限制，并应该无涂敷微粒，没有黏附有机物（一般每周检验一次）。

根据标书要求的试验规程进行下列试验：

(1)级配分类：粗细骨料都应列出级配等级和使用条件的范围；

(2)机械性能：在 50 kN 试验机作用下，细微颗粒不超过总质量的 10%；

(3)泥沙、黏土和灰尘所占百分数：粗骨料（石子）<1%，细骨料（砂）<3%；

(4)吸水性：24 小时后，吸水率 <4%；

(5)坚固性：采用硫酸钠试验，衰减百分值应小于 15%；

(6)碱集料反应活动性：不能有反应痕迹，有反应时不应产生有害物质；

(7)收缩性：干燥收缩性要求 <0.065%；

(8)云母含量：小于骨料总质量的 1.0%；

(9)氯化物含量：普通钢筋混凝土要求小于骨料总质量的 0.06%，预应力混凝土要求小于 0.03%，其他要求见规范；

(10)针片状颗粒：小于总质量的 5%。

另外，还有特种混凝土对骨料质量的其他要求。

5-11 混凝土用水有哪些要求？

拌和混凝土、砂浆、灌浆用的水，应该是天然无害或经过净化处理的，其中油、酸、碱、盐和有机物质或其他有害于混凝土和钢材的夹杂物的含量不得超过标准规定值，或对工程的安全稳定有害。混凝土用水应该是承包人提供水源样本，经工程师批准的并符合合同附录中规定的水。

合同要求至少在做混凝土混合物 42 天之前，承包人从计划用水的水源地中取样，并送交工程师或工程师指定的地点进行检验。

5-12 混凝土中化合物的含量有什么要求？

混凝土骨料中的硫酸盐，不管是以石膏形式还是以可溶性盐的形式存在，当按三氧化硫进行测定时，其总的含量不应超过混凝土中水泥重量的 4%。

混凝土骨料中的氯化物，当按氯化物的离子进行测定时，其总的含量不应超过混凝土中水泥重量的2%，或骨料重量的0.06%（特殊要求的混凝土另有规定）。

如果收到工程师的通知，承包人应该从混凝土中取样，进行标书合同注明的全部试验。取样和试样运输的费用应包括在混凝土的合同价中。

如果在混凝土中加入添加剂，与不加入添加剂的同等级、同类别的混凝土相比较，其28天龄期强度不应降低。

5-13 混凝土的种类和等级如何规定与使用？

工程中所有使用的混凝土应是图纸标示的，或工程数量表中指出的，或者是工程师指定的种类和等级。

工程中所用混凝土的特性应该满足合同标书技术条款中规定的条件，同时需要工程师在现场指导、监督试验，最后批准现场试验得到的技术参数。

混凝土的设计强度等级及参数见表5-2。

表5-2 混凝土的设计强度等级及参数

序号	设计强度等级	C10	C15		C20			C25	
1	级配代号	10/40	15/20	15/40	20/10	20/20	20/40	25/10	25/20
2	最大骨料规格(mm)	40	20	40	10	20	40	10	20
3	基准抗压强度(N/mm^2)	100	150	150	200	200	200	250	250
4	最低水泥含量(kg/m^3)	220	260	240	330	310	290	360	380
5	最高水泥含量(kg/m^3)	400	400	400	400	400	400	400	400
6	最大水灰比	0.60	0.55	0.55	0.50	0.50	0.50	0.45	0.45

不同混凝土设计强度等级的使用部位如表5-3所示。

表5-3 混凝土设计强度等级的使用部位

序号	设计强度等级	使用部位
1	C10	混凝土垫层，不重要的部位，大体积素混凝土
2	C15	重要部位或单薄部位的素混凝土
3	C20	预制混凝土构件，重要部位或单薄部位的钢筋混凝土
4	C25	钢筋混凝土梁，重要部位钢筋混凝土受力构件

5-14 混凝土抗压强度值如何规定？

混凝土的抗压强度试验，通常采用试块为150 mm的正立方体，按照标书规定的方法和批准的试验规程，在工地试验室进行。如果是在承包人所安装的试验设备上进行的试验，则应在工程师或其助手的监督下进行。

混凝土的抗压强度，应由基准抗压强度来确定。标书中对每一等级混凝土列出其基准抗压强度的数值。

混凝土的基准抗压强度，指的是 150 mm 立方体混凝土试块，在标准养护条件下，经历 28 天龄期后，进行压模试验所得的抗压强度值，试验结果误差不应大于 5%。

如果 28 天龄期试块抗压强度试验结果低于规定基准抗压强度不大于 5%，工程中的混凝土应被认为符合标书规定的抗压强度的要求。也可以规定试块强度限制值，如表 5-4所示。

表 5-4 中所示标准偏差 s 至少应取 40 个单批混凝土的试块试验结果来确定，当少于 40 个试块试验结果时，对原始混合物设计的标准偏差 s 值，应按表中序号 4 给定的标准偏差 s 取值。

表 5-4　混凝土抗压强度值验收标准

序号	强度等级	C10	C15		C20			C25	
1	混凝土级配代号	10/40	15/20	15/40	20/10	20/20	20/40	25/10	25/20
2	单个试块最小值 (N/mm^2)	8.5	12.8	12.8	17.0	17.0	17.0	22.0	22.0
3	连续 4 个试块平均值 (N/mm^2)	10 + 0.82s	15 + 0.82s	15 + 0.82s	20 + 0.82s	20 + 0.82s	20 + 0.82s	25 + 0.82s	25 + 0.82s
4	标准偏差 s (N/mm^2)	4	6	6	9	9	9	12	12

规定一组 4 个试块连续试验代表的混凝土，应包括从其中取第一个试块和最后一个试块的那两批以及这两批之间所有批次的混凝土。如果仅有一个试块的试验结果没有满足上述所规定的最低强度，那么应该看成仅代表所取试块的那一批混凝土，并规定 4 个试块的平均值（其中产生了低值）要满足上述基准强度 +0.82s。对于没有满足标准所规定的强度值的那些试块，对它们所代表批量的混凝土所产生的与此有关的影响，应该由工程师来判别确定是否合格，可以用鉴定、验收、分级等方法处理，严重的情况下应该采用拒收或拆除工程的方法处理。

5-15　混凝土水灰比与可塑性如何控制？

合同文件所规定的最大水灰比，应该是在混合物中游离水与水泥的重量比，其混合物是以浸透表面干燥状态的骨料为基础的。

在混凝土生产的全过程中，应严格控制规定的水灰比，有规律地调节骨料和水的配置，以保持经批准设计的水灰比。

混凝土应该有一定的可塑性，从而能够在模板的拐弯和棱角形体处容易作业，能包在钢筋的周围而没有游离材料，并在自由表面或贴着模板的面上没有游离的水。拆除模板的混凝土表面应该是均匀的，没有蜂窝麻面、表面裂纹或外来灰尘。用工程师的话来说，就是可塑性不应该在规定的标准之下。水下浇筑的混凝土，应该有较高的可塑性，混凝土很快凝固就可以达到所规定的基准强度。混凝土可塑性用坍落度值控制，如表 5-5 所示。

表 5-5　混凝土坍落度规定范围

序号	混凝土的种类	坍落度值范围(mm)
1	预制混凝土构件	10 ~ 50
2	大体积混凝土和素混凝土	25 ~ 75
3	钢筋混凝土	50 ~ 100
4	水下浇筑混凝土	100 ~ 200

5-16　工程项目混凝土配合比如何设计?

承包人应该对标书所列工程所需要的每个等级的混凝土进行试验,组织试验工程师设计合适的混凝土配合比。每个等级的混凝土,应按最低限度设计强度指标加安全系数进行设计和控制,如表 5-6 所示。

表 5-6　试验室确定混凝土配合比强度指标标准

序号	强度等级	C10	C15		C20			C25	
1	混凝土级配代号	10/40	15/20	15/40	20/10	20/20	20/40	25/10	25/20
2	图纸设计强度指标(N/mm^2)	10	15	15	20	20	20	25	25
3	试验室设计强度指标(N/mm^2)	$10+1.64s$	$15+1.64s$	$15+1.64s$	$20+1.64s$	$20+1.64s$	$20+1.64s$	$25+1.64s$	$25+1.64s$
4	标准偏差 s(N/mm^2)	4	6	6	9	9	9	12	12

标准偏差 s 应按前述的方法试验或选择确定,1.64 为安全系数。

对于每种级别的混凝土配合比,为取得工程师的批准,承包人应预先提交下列资料:

(1)试验和检验配合比的详细资料和试验情况。

(2)配合比设计方案清单,要附上拌和 1 m^3 完全捣实混凝土所需各种材料的计划数量和可塑性数值等资料。

如果试件立方体试验结果始终大于或超过强度指标数值,那么承包人可以修改原来文件中所规定的配合比,并且还要提请工程师批准,工程师可以要求制作任何他认为应该新增加检验种类的配合比。

如果试件立方体试验结果始终低于强度指标数值,那么承包人应停止相应有关混凝土的生产,并调查研究有关低强度的原因,直到工程师满意为止。

5-17　混凝土的配合比如何检验?

检验配合比的工作在施工现场可由承包人承担,在工地试验室里采用合同所规定的设备进行。对于工程所用的混凝土,承包人应至少在它用于工程 5 周之前,对每个等级的混凝土在当地施工方法、材料、环境、设备相同的情况下进行混凝土现场制备和检验,混凝土材料和施工设备、施工方式应与工程所计划使用的相同。承包人应提前 24 小时通知工程师检验的地点和时间,以便工程师在检验时到达现场监督。

现场检验某种混凝土配合比，应制备 3 批混凝土样本，从每批混凝土样本中制备 3 个立方体试块，共计 9 个试块，进行 7 天、14 天、28 天 3 个龄期的强度试验。

如果 9 个 28 天龄期的试块单体合格，且平均值超过表 5-7 的要求，则该种混凝土的配合比是合格的。工程师应通过审签，并批准混凝土现场施工。施工现场混凝土试验强度指标一般大于图纸设计强度指标，其超出的参数值为 $x = 1.64s - 3.5$，如表 5-7 所示。

表 5-7　施工现场混凝土配合比批准的标准

序号	强度等级	C10	C15		C20			C25	
1	混凝土级配代号	10/40	15/20	15/40	20/10	20/20	20/40	25/10	25/20
2	图纸设计强度指标（N/mm^2）	10	15	15	20	20	20	25	25
3	施工现场混凝土试验指标（N/mm^2）	$10+x$	$15+x$	$15+x$	$20+x$	$20+x$	$20+x$	$25+x$	$25+x$
4	标准偏差 s（N/mm^2）	4	6	6	9	9	9	12	12

注：$x = 1.64s - 3.5$。

检验配合比的试验结果已提交，直到工程师审签批准所计划使用的混凝土配合比设计之前，承包人不得提前开始工程的施工浇筑。一旦各种不同混凝土配合比被批准以后，没有工程师的同意，承包人不得改变混凝土的配合比或者其他任何构成材料的产地。

5-18　混凝土的取样和工地现场检测试验如何进行？

混凝土的施工取样和试验应按照标书所列试验规程的规定进行。

承包人应按工程师批准的计划，制定一个有规律的混凝土取样和试验次序，应从工程中所用的每种混凝土里按合同规定选取制备样品。浇筑的整个过程，其取样时间间隔应近似相等。在使用一台以上拌和楼（拌和机）的情况下，应按次从每个拌和机中取样。取样和试验的比例通常按表 5-8 所示的规定执行。但是工程师可以随时改变取样的比例和数量。在工程开始一段时间里为了尽早确定混凝土的质量，或者当怀疑混凝土浇筑质量有问题时，可以采用较高的取样频率和试验次数监督质量。

承包人应为取样和在工地试验室内进行试验提供所必需的设备、劳动力和运输工具。

混凝土试验立方体试块在工程师的监督下，在工地试验室进行储存、养护和试验。

混凝土的取样和试验记录应由承包人保存，并应于试验后的 24 小时之内将数据转交给工程师，试验所用的样品应从浇筑工程地点制取，试验种类和取样要求如表 5-8 所示。

表 5-8　施工现场混凝土试验规定

序号	试验种类	取样要求和试验频率
1	可塑性试验，即坍落度试验	任何浇筑过程，每个拌和机的第一、二批，其后按每 10 批取样制备试件，测出坍落度在规定的范围内，方可浇筑混凝土
2	新浇混凝土的温度试验	按可塑性试验同样的时间间隔、比例进行，测出气温、水温、混凝土温度
3	7 天、14 天、28 天龄期抗压试验	在表 5-9 所列比例之内应制备一组 3 个试件，但是对于每天所拌和各个等级的混凝土至少制备一组 3 个试件

不同混凝土强度等级现场试验频率如表 5-9 所示。

表 5-9 不同混凝土强度等级现场试验频率

序号	强度等级	用拌和楼或拌和车施工	用拌和机施工
1	C10	每 50 m^3 混凝土制备一组 3 个试件	每 50 批混凝土制备一组 3 个试件
2	C15	每 50 m^3 混凝土制备一组 3 个试件	每 50 批混凝土制备一组 3 个试件
3	C20	每 20 m^3 混凝土制备一组 3 个试件	每 20 批混凝土制备一组 3 个试件
4	C25	每 20 m^3 混凝土制备一组 3 个试件	每 20 批混凝土制备一组 3 个试件

5-19 施工现场混凝土浇筑预拌和或拌和车运输混凝土有哪些要求?

只有取得工程师的批准,才可以使用预拌和混凝土,其混凝土各项指标应符合合同的全部要求。

当混凝土用拌和楼或拌和车施工时,在拌和楼连续作业或拌和车中的运载要求应符合标准,或按被批准的类似规则施工。对于每批混凝土,在骨料中加水泥和水的时间应作记录,交货时把它交给工程师,注意,可在交货点或在中心调配设备处追加水,但不能在运输途中追加水。

普通混凝土应在装载后 1 小时内或初凝时间内进行平仓和浇筑,或者按其他能够判断出的必要时间或由工程师批准的时间范围进行平仓和浇筑作业,以保证混凝土在平料和浇筑时间内具有所要求的可塑性。装载时间是指水泥和骨料之间接触的时间,当水泥和骨料是干燥表面时,也可以按水泥和水的接触时间计算。

5-20 混凝土生产和混凝土工艺质量如何控制?

混凝土混合物的固体成分应该按其重量称量。

应该为散装水泥提供一个单一的称重装置,或者用每批混凝土中加整包水泥计数量,而一批中不准使用不够一包的水泥。

所用的水应该采用与拌和机配套的量水装置,按其体积或者重量进行称量,加水到需要数量刻度时,加水装置应自动关闭供水,固体外加剂应按其重量比进行称量,液体或糊状外加剂应按其重量或体积进行称量。

在称骨料重量时,对于骨料中的水应按照试验时的饱和面干含水标准计算,扣除粗细骨料多余的含水量。

配料装置上应提供能经常使用和迅速测量骨料湿度和含水率的设备,并且是被工程师认可的检测装置。

称重装置的精度应在水泥、水、骨料等所测总重的 ±3% 内,同时还应在所用外加剂重量的 5% 内。全部称重装置应该保持灵敏、清洁、运行状态良好,并应天天检测调整其零位,月月标定其刻度。

拌和设备应符合标书规定的标准,或所批准的与其相当的标准要求,拌和时间不应少于拌和设备制造厂为设计拌和设备性能所用的拌和时间。

拌和设备（连续作业的拌和设备除外）在拌和另一批新强度等级和种类的混凝土之前，应该先空转清理设备内的旧料渣。拌和设备的拌和量不得超过制造厂规定的额定数量，拌和量以拌好的混凝土料的体积计算。

除非另有规定或批准，否则，水上普通混凝土不应浇筑在死水和流动水的基础中，承包人用于运输、浇筑和捣实混凝土的计划方案应取得工程师的批准。

混凝土运输到达施工现场，在浇筑地点应该具有规定的质量和被批准的稠度，混凝土料在离开拌和设备后，不能再加什么物质，也不允许漏掉什么物质。

用溜槽输送混凝土时，其坡度应满足不使混凝土产生离析现象，并应安装合适的斜槽和挡板，以防止在排料期间产生离析，不允许混凝土料有大于 2 m 的自由落体运动。

在灌浆表面、盖填孔隙的细石屑混凝土或其他混凝土上，表面一干燥应紧接着在其上面浇筑新混凝土，为此规定其接缝应保持浇筑前 24 小时潮湿。灌浆表面应很好地振捣密实，然后在其上面浇筑混凝土，施工体接缝表面不应采用砂浆层。

无论任何情况，混凝土都应按层或断面浇筑成所要求的高度和厚度，其浇筑层的尺寸应与所在工程部位尺寸和振捣方法相结合，工程师应签署他对现场混凝土浇筑的评价。但是宽度大于 1.5 m 的构件，其混凝土浇筑层厚通常一次不应超过 2 m。浇筑施工的分层厚度，应以振捣器能插入下一层为宜。

在有台阶、喇叭口和凹槽的地方，应与其他混凝土同时浇筑成一体，并注意在振捣和抹面整修期间保证得到充分的均匀捣实。

水下浇筑的混凝土不允许振捣。所有其他的普通混凝土浇筑要求按照标准捣实，以保证得到结构密实而均匀的混凝土构件和建筑物。

已经暂时凝固的或者是没有把握使它成为适于浇筑稠度的混凝土，不应再使用。

具有大于 10 N/mm^2 基准强度的混凝土，应采用机械振捣器捣实。对于钢筋混凝土的振捣，任何情况下都应注意避免振捣器与钢筋接触。在施工期间，承包人应提供足够数量的备用振捣器和备用电源，以在偶尔损坏的情况下有备用的振捣器和动力替换。混凝土浇筑中所用振捣器数量和形式应取得工程师的批准。

当使用插入式振捣器时，振捣器插入混凝土中至少应有 7 000 r/min 的转速，平板式振捣器应可靠牢固地固定在板上，在振捣混凝土时，至少应有 8 000 r/min 的转速。相邻结构正在初步凝固和捣实 24 小时之后的混凝土不能振动。振捣器不能用来沿着模板方向移动混凝土，应该避免因过分振捣而产生的混凝土离析，以及表面翻浆和串通模板的渗漏。

具有不大于 10 N/mm^2 基准强度的混凝土可以人工捣实；但是其浇筑层每层施工的厚度不应超过 300 mm，应采用专用工具或竹竿和棍子均匀地振捣，直到它紧密地浇筑在仓内不产生气泡为止。

混凝土浇筑层在捣实前深度一般不应超过 0.6 m，应该注意振捣器不能摇动或振动混凝土中的钢筋。

除非另有指示，没有工程师代表或工程师亲临现场，预先检查模板安装、钢筋绑扎或其他预埋件就位的状况，以及具有良好的施工空间和旧混凝土表面的清理等工作，没有经过工程师代表或工程师现场验收批准，不得进行混凝土的浇筑。至少应提前 24 小时书面通知工程师将要进行混凝土浇筑，或申请批准混凝土浇筑的时间、地点、工程部位、混凝土种类和强度等级等。

5-21 水下混凝土浇筑应如何进行?

只有在工程师批准的情况下才能进行混凝土的水下浇筑,并应该在浇筑之前把拟订浇筑方案的详情提交给工程师批准。其浇筑方法应符合标书规定的水下基础浇筑规范,混凝土不应该浇筑在流动的水中,只允许在静水中浇筑。

水下混凝土应该采用混凝土导管或经批准的水下浇筑设备进行浇筑,不允许有水平接缝。水下混凝土不允许振捣,只有需要浇筑和找平的表层才允许进行一点轻微的扰动。水下混凝土浇筑期间及以后,快速抽水或排水作业应暂时停止,直到工程师允许继续排水为止。

一般水下混凝土的最低水泥含量是360 kg/m^3,但可以按照工程师所批准的,以及标书中所规定的水泥含量浇筑。

5-22 在哪些情况下应停止混凝土的浇筑?

承包人在下列情况下一般不应该进行混凝土的浇筑:

(1)大雨或较大尘土飞扬的天气;

(2)当厂棚下气温超过38 ℃时;

(3)气温低于2 ℃时;

(4)在混凝土的温度低于4 ℃或高于30 ℃的情况下,要采取必要的措施,使工程师完全认可并感到满意;

(5)当厂棚下温度超过30 ℃时,如果没有按工程师认可的措施进行防护,则要保证混凝土内部水化温度在初步凝固期间不超过38 ℃;

(6)当模板或钢筋的温度超过30 ℃时。

5-23 混凝土工程如何按合同养护?

承包人应对混凝土进行为期不少于7天的养护,使之不受冰冻、大风、太阳曝晒、气温高低急剧变化、过早加载、偏移扭转、冲撞碰击、地表水和地下水的冲击侵蚀等有害影响。

所有暴露的混凝土表面应该洒水养护,或采用覆盖保护膜、浸透水的草甸、覆盖潮湿沙土等方法养护,或由工程师批准的其他方法养护,混凝土表面应保持不少于7天的潮湿状态。

经工程师批准的保养薄膜应按制造厂的说明使用,要在浇筑混凝土后的1小时内把它盖在混凝土表面上,在阳光强烈的赤道地区保养薄膜应掺合铝粉或其他批准的反射剂。用保养薄膜养护的混凝土应该挡住太阳的照射,对于防水混凝土表面不应采用保养薄膜养护。

5-24 混凝土中预埋件应如何安设?

在混凝土浇筑之前,应检查所有的预埋件是否都牢固地固定在按图纸要求或其他特殊指定的位置上,所有预埋件都应干净、没有油渍或其他杂物污染。如铁锈、胶状物、碎屑物、砂浆等松散覆盖层。除非工程师另有批准，不准在混凝土中预埋木制预埋件或低于本身强度的预埋件。

按照施工惯例，合同规定的预埋导管，或者其他预埋材料都应该达到上面所述的规定要求，在导管使用结束后，应该用大于原混凝土强度等级一个级别的混凝土将其孔洞回填或充实。例如强度为 C20 的混凝土要用 C25 的标准回填。这项费用由承包人承担。

5-25　混凝土预留孔洞和沟槽将如何处理？

按合同规定，某些由承包人安装、预埋的金属构件，或其他零部件设施的部位，在浇筑混凝土时，要预埋设备或预留孔洞和沟槽。

当孔洞和沟槽形成之后，要对其混凝土表面进行凿毛，清理干净，并应保持至少 4 小时的潮湿状态后才用新拌和的混凝土封填。

当预留孔槽按照上述方法用混凝土封填之后，就要对其进行养护，从而使新浇的后期混凝土能与前期混凝土紧密地粘在一起，使预留孔槽中的金属构件或其他零件能与混凝土完全固结在一起。

制作预留孔槽和封填预留孔槽等的费用，应包括在合同工程量表中相应的混凝土工程报价中。

5-26　对模板及其使用和拆除有什么要求？

模板应该结构简单、便于操作，用工程师允许的材料制成，形状按工程图纸中规定的尺寸和要求加工。为了承受由于施工设备重量、临时活动荷载、振捣混凝土、风荷载及其他外力产生的压力，而不使模板产生较大的变形，模板要进行加固，采用增加受力方木、斜撑或肋板支撑的措施加固。

在开始施工之前，承包人应向工程师提交符合上述要求的模板套具设施检验清单。但这种请求被工程师批准，并不能减轻承包人在合同中为顺利竣工而履行的责任、义务。

模板与混凝土接触的浇筑面应该光滑平整，不能有凹沟裂缝缺陷、突出的钉子、鼓出的欠皮，或类似不光滑的其他现象。各块模板的连接和排列次序应使模板在新浇筑混凝土的湿度下均匀膨胀，而不致引起过大的变形。模板之间的缝隙应该尽量小，或用油灰填塞，模板应该有足够的防水功能，从而防止由于混凝土多余的水而引起的水泥逃逸。但应严格禁止用不防水的纸张等物来填塞模板缝隙，以便影响混凝土表面光洁。

为了检查浇筑仓内部清理情况和使冲洗下来的水能够排出，模板要开设排水口（如果需要的话），但应注意开口的位置和开设排水口的方法，应该在开始浇筑混凝土前能很容易地堵塞住。

脚手架（如果需要的话）应按合同规范或工程师的要求牢固搭设。除非工程师另有批准，脚手架工程不能作为另外一项支付项目，费用一般包含在混凝土单价中。

在混凝土浇筑之前，所有预埋螺栓或类似的预埋件（如果需要，应该按照图纸尺寸预先固定在混凝土浇筑仓内）都要牢固、准确地固定在它们的位置上，用于预留孔洞、开口沟槽等的空箱模具或相关设施应固定在模板上，只有经过校正确认无误，才能开始浇筑混凝土。没有工程师的同意，混凝土上不准开槽、钻孔、打洞。当混凝土墙表面永久性地暴露在大气中时，用于固定模板的扎丝就不应该留在混凝土墙面上，因为那将导致混凝土沿扎丝方向锈蚀、破坏、渗水。

当扎丝用于其他部位的混凝土模板架立时，拆除模板后的扎丝应在混凝土的表面处截断。当用预埋金属构件固定模板时，如果混凝土骨料最大粒径是40 mm，那么该金属构件就应在距离混凝土表面3 cm处截断，以保证混凝土保护层厚度。为防止模板与混凝土黏结，在混凝土浇筑之前，应在模板表面涂脱模剂、矿物油或其他许可的光滑涂料等。不允许脱模剂等与相邻的钢筋接触，若不小心使它们相互接触了，应该采取措施把钢筋清洗干净。

当钢筋模板制作完毕并在浇筑混凝土部位安装之后，应请工程师对钢筋、模板、预埋件进行检查。在工程师验收之前，不得开始浇筑混凝土，为了不影响施工进度，提高工效，及时浇筑，承包人应至少提前24小时通知工程师到现场检查钢筋模板的准备工作。

承包人应对在模板拆除时确认混凝土已达到预定强度负全部责任，特殊情况下，没有工程师的事先许可，模板不得拆除。在任何情况下，1 m以下较低的侧边模板至少要在混凝土浇筑3天之后才能小心地拆除。

支撑模板的纵向、横向、斜向方木和钢支架在安装时，应考虑模板能顺利拆除，尽量采用扣件、螺栓加固，不用锤子敲打、不破坏模板结构、不损坏混凝土表面等。在棱角处，应该安装断面边长为1.5 cm的等边直角木条，使转角成45°斜坡。

5-27　钢筋、钢筋的编制以及注意事项有哪些？

(1)钢筋。钢筋是指从新钢坯轧制而成的条形圆钢。它应该符合合同中相应的规范标准，合同规定钢筋的抗拉强度应从49 kg/mm^2 到63 kg/mm^2，最小屈服强度为30 kg/mm^2。供应商供应的任何品种级别的同一直径、同一品质与型号的钢筋，要求断面均匀，在钢筋的任意长度位置都应为规定的标准直径。从同一批供货中任意抽取20根钢筋，其平均直径与规定的标准直径之差不得大于或小于标准直径的2%，钢筋应没有铁锈、油渍、灰尘杂质，以及结构上的缺陷。

在每批钢筋提货之前，如果工程师要求的话，承包人应向工程师提交由钢铁制造厂签发的对钢筋的力学试验数据表（一式3份），请求工程师批准。在工地，工程师应按规范和上述的钢筋力学试验数据表对钢筋进行再次验收检查。

(2)钢筋的扎制、安放。承包人应该按照图纸要求，将所有钢筋型材、钢筋网、箍筋、拉筋及其他形式的钢筋，按正确的数量、形状、尺寸固定在正确的建筑物结构和模板内的位置上，以便在混凝土浇筑过程中的振动、捣实和冲击作用下不产生变形和移位。承包人应提供所有必要的钢筋垫块、温度伸缩缝隔板和站筋来固定钢筋的正确位置，费用自理。

与纵向钢筋有关的拉筋、箍筋的布置，应使纵向钢筋能起到准确、合理的固定作用，拉筋、箍筋的弯钩在拐角处应与纵向钢筋完全接触，从而保证固定该纵筋的位置。钢筋绑扎应该用工程师批准的、经过退火处理的低碳钢丝。在绑扎钢筋时，应该用扎丝钩把钢筋捆绑牢固并扭紧钢丝，其捆扎钢丝的结头应向内折弯，使其离开模板，以免拆模后外露锈蚀。

在钢筋被埋在混凝土里之前，应把钢筋表面的铁锈、油渍或其他有害杂质清理干净。在浇筑过程中，如果暴露在外的钢筋粘上了混凝土料，同样也要清除干净。

钢筋扎制完毕，应请工程师对其检查、验收、签字。在工程师验收合格之前，不得开始浇筑混凝土，承包人应至少提前24小时通知工程师对某建筑物钢筋扎制进行检查、验收，通常是与模板一起联合验收。

（3）钢筋保护层。钢筋外的混凝土保护层厚度应根据图纸所示或工程师指定要求预留（一般情况水利5 mm，建筑3 mm），采用预制混凝土垫块在底部和侧边支撑，来保证混凝土保护层的厚度，混凝土垫块强度应该等于或大于被浇筑混凝土的强度。在任何情况下，都不得采用木质和强度低于被浇筑混凝土的垫块。

5-28 承包工程对混凝土、模板、钢筋如何结算付款？

常用的结算方式是工程量乘以单价，即分别以各种材料用量乘以材料单价等于总价的工程承包类型。中期账单按月结算，以当月完成各类工程量与单价的积来确定结算款。

混凝土是以 m^3 为单位结算的，在投标时由承包人自己填写的C20、C15、C10等单价表，中标后就是结算的根据。混凝土方量是以工程图纸、工程师补充的图纸和指示为根据计算出来的，所有的孔、洞、凹部、各种材料的预埋件占有的较大体积都应扣除，但是螺纹钢筋、螺栓和型钢的体积不作扣除。该单价应包含混凝土工程完成所用的所有机械、人力、材料、能源、设备等消耗的费用。

只有那些工程师同意使用的模板才可支付费用，以测量或计算的实际使用的模板面积为准，根据投标书所列单价表中每平方米模板单价计算付款数额；该单价包括模板制作所需的机械、设备、人力、工具、材料、立模、拆模、脚手架和其他有关的必要花费。

钢筋工程以吨（t）为单位支付费用，按图纸钢筋表或工程师指定的数量为准，根据数量表中所报每吨（t）单价来计算付款数额。单价不仅包括钢筋制作、扎丝或其他支承物的绑扎费用，而且还应包括钢筋的交货、卸货、运输、储存、试验、冷拉、切断、弯曲、清洗、安装，以及按图纸要求或工程师的指示，把钢筋固定在建筑物正确位置上而产生的费用。

5-29 承包工程对水泥砂浆有什么要求？

水泥砂浆由普通硅酸盐水泥、砂子和水混合而成，用于砖石墙体砌筑、浆砌块石护坡、勾缝抹面等建筑物施工，以及按标书规定需要水泥砂浆的地方。与水泥砂浆接触的表面，应该完全彻底地抛毛、清理，清除所有松散物质、灰尘或其他杂质。

水泥砂浆中的水泥、细骨料（砂子）、水及添加剂都应符合规范和合同的质量要求，新配制的砂浆水灰比应大约保持在0.55，水泥与砂子比例按合同要求配制：砌砖1:4；铺砖1:3；碎块砖铺砌1:6；规则勾缝1:2；墙体粉刷1:4；砌石1:4～1:6（其中比例为重量比）。

水泥砂浆应该采用机械拌和，拌和时间按照试验确定，但不少于1.5 min。拌和时间超过1小时的砂浆、水和水泥接触时间超过1小时的砂浆均应作为废料。因为1小时超过普通硅酸盐水泥的初凝时间，所以不允许再使用。砂浆的填筑与勾缝应该由经验丰富的技术工人完成，砂浆的养护应按合同规定或标书指明的规范进行，最少连续养护7天。

砌砖与砌石工程应分别严格按标书中的规定和砌体规范去完成。

5-30 工程中所用铅丝笼的技术规定和结算方式有哪些?

江河防洪堤、沟渠护坡及渠道下游渐变部分,将部分地或全部地依照图纸所示的或工程师的指示,用铅丝石笼护坡和护底加固防止冲刷,根据建筑物结构的需要,选取不同尺寸的铅丝笼,如表5-10所示。表中SWG(Standard Wire Gauge的缩写,即标准线规)是铅丝、电线、电缆行业的标准之一。

表5-10 铅丝笼的技术规格分类及参数

规格分类	尺寸(m)	网眼(cm)	网线规SWG	束环索SWG	拉条SWG
A	3.0×1.5×1.0	15×15	10	7	13
B	2.0×1.0×1.0	12×12	10	7	13
C	3.0×1.0×0.5	12×12	10	7	13
D	3.0×1.0×0.3	10×10	10	7	13
备注	长×宽×厚	长×宽	SWG 10为 ϕ3.25 mm	SWG 7为 ϕ4.47 mm	SWG 13为 ϕ2.34 mm

铅丝笼里填充的石块应坚硬、完整、抗冲、不风化。A、B、C、D类规格使用的石块直径应为20~35 cm。铅丝笼里的石块应有序排列、紧密放置,以便使其中石块之间孔隙最小。

图上有标志处,或工程师有指示时,应将TER-RAM2000反滤布或其等效材料铺在石笼砂砾石垫之下。

铅丝笼垫分A、B、C、D类工程结算,在验收石料质量和施工质量以后,按照现场铅丝笼垫测量的尺寸和统计各种类型的数量,对照标书的工程量表中所列的A、B、C、D类型,分别以每立方米的合同单价支付。单价应包括以下所有方面的费用:采石场采集石料、装车、拖运、卸车、储存,铅丝的采购、运输、储存,铅丝笼的编织,石料的填充,安放到施工场所(包括在铅丝笼下铺砂砾石垫层,以及砂砾石垫下铺反滤布等)的费用。

5-31 预制混凝土构件怎么进行?

承包人经工程师批准,可以在工地现场按照有关施工规范进行预制混凝土构件的加工制造。所有用于混凝土预制构件的材料应符合合同有关规定,或经工程师批准。模板、模具应按图纸中的尺寸、形状或按工程师指定的尺寸、形状制作。承包人应编制所有使用模板、模具的计划,并附细部构造和详细资料的说明,报请工程师批准后开始预制混凝土构件。

除合同要求的预制构件外,只要建筑物的尺寸和性能允许,承包人愿意采用预制方法,他应向工程师提交一份详细的计划方案。方案要包括对混凝土断面厚度、混凝土规格及钢筋的改动计划,以便适应预制方法的要求,还要包括计划采用的吊装、固定预制件的方法等一些必要的措施。工程师可作一些修改,或者根本不改动而同意承包人的预制构件计划。

工地现场预制的混凝土构件,应该是能承受工程师指定荷载的高强度等级的混凝土。

预制构件的模板应主要用钢模板,承包人应向工程师提交钢模板的详细设计资料,请求批准。

除非工程师另有指定,混凝土构件应该水平方向浇筑,混凝土浇筑应该连续,不得中断,应采用工程师许可的振动台或振捣方法进行振实。在振实过程中,应尤其注意不得使钢筋发生错位和移动。

混凝土构件应至少在浇筑 3 天之后,方可拆侧向模板。拆模之前,混凝土表面应该用保湿薄膜、麻袋或编织草帘盖住,以保持构件养护的潮湿状态。另外,模板或模具的两边要搭棚遮住太阳的直射光线,模板或模具拆除之后,混凝土构件应潮湿养护至少 14 天以上。除非工程师另有指示,在拆模之后,一般情况预制件在使用之前都应该归垛堆放至少 28 天以上,每个构件之间要保持一定的距离,以便空气流通和养护,继续提高构件强度。按工程师规定的方法,每个预制构件都要清楚地标记上强度等级和浇筑的日期,以便混凝土达到标准龄期后安装、使用。

5-32 建筑物土方部分如何填筑?

承包人应该在计划开始施工取土的 14 天前,向工程师呈交从取土区内取土的详细计划和方案,以及土样的试验资料,以征得工程师的同意。在未征得工程师同意前,承包人不能进行采料、取土、施工的任何工作。

所有填土必须达到图纸规定或工程师指示的边界和高程,填筑料中不应混有残废杂土、灌木、杂草、植物根茎、煤块、动物尸体等可能腐烂的物质。取土区土壤含水量应该尽可能在开挖前调节,若含水量过小,应进行浇灌;含水量过大,则应挖沟排水。

土方填料必须水平铺设,且压实后每层必须在 20 cm 以下(或另有规定)。土方填料应严格控制土的类型、级配、湿度,使填土材料达到规范要求。除非另有说明,在含水量调整至最优含水率 $\gamma(1 \pm 3\%)$ 之前,压实工作不能进行施工。

除非工程师另有指示,承包人应该用工程师批准的碾压设备和工具进行碾压。压实后的土料干容重必须达到合同规定的,大于或等于由标准葡氏压实试验(某国际标准规定试验方法)所确定最大干密度的某百分数,允许有标书规定的误差。某案例规定土方施工控制在大于或等于试验最大干密度标准值为:大坝黏土心墙 98%,干渠 90%,支渠 85%。

5-33 国际工程项目进度监测和调整如何进行?

国际工程项目在实施过程中,一旦发现实际进度偏离计划进度,要认真分析偏差的原因及对工期和后续工作的影响,采取合理的措施调整进度,确保进度目标的实现。项目进度监测系统如图 5-1(a)所示,项目进度调整系统如图 5-1(b)所示。

5-34 国际工程项目费用管理的一般程序是什么?

国际工程项目费用管理的过程比较复杂,主要包括资源计划、费用估算、费用计划和费用控制等 4 部分。国际工程项目费用管理的一般程序如图 5-2 所示。

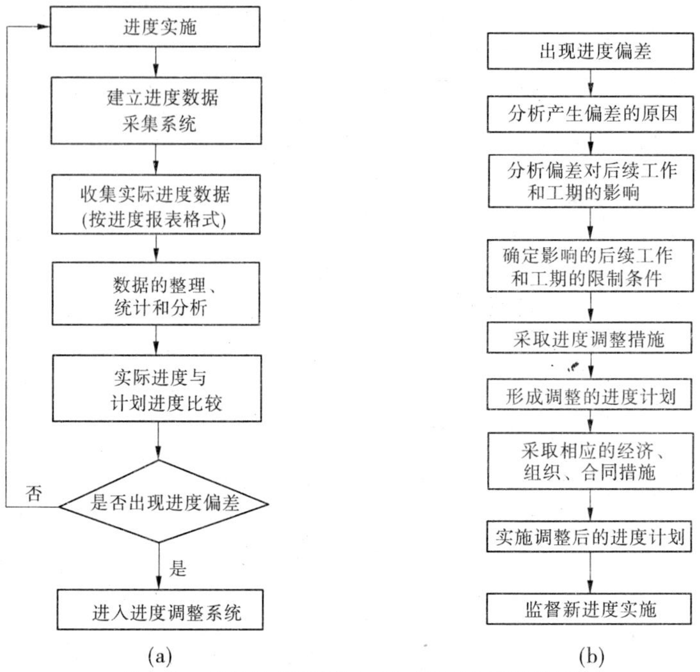

图 5-1　项目进度监测系统和项目进度调整系统

5-35　国际工程项目费用发生偏差的原因是什么?

国际工程项目费用控制主要是控制实际费用和计划费用的偏差,通过对已建项目费用偏差的原因进行归纳总结,为其他项目预防费用偏差提供依据,发生偏差主要有政治、经济、社会、自然,以及物价、设计、业主、施工、技术、管理等原因。国际工程项目费用偏差原因如图 5-3 所示。

5-36　国际工程项目资金结算内容和付款流程是什么?

国际工程项目资金结算内容,包括下列几个方面:①所施工的永久工程的款额。②工程量表中的任何其他项目,包括承包人的设备、临时工程和按日计工作量等。③按投标书附件中所要求的,已购材料发票总额和由承包人供货至现场为永久工程配套的设备,但尚未安装到工程上的设备发票的百分率(一般只付 80% ~90%)。④按费用与立法变更规定的调整值。⑤按合同规定承包人有权收取的其他费用。

根据 FIDIC 施工条件各款要求,期中付款和最终付款是在工程师收到结算单后,在 28 天之内向雇主(业主)证明他认为应该付给承包人的结算款额和可支付的项目。雇主(业主)接到工程师期中付款证明并经审核确认后,在 28 天之内完成期中付款;雇主(业主)接到工程师最终付款证明并经审核确认后,在 56 天之内完成最终付款,一般按照如图 5-4 所示的流程进行。

5-37　国际工程项目质量的分类评价因素有哪些?

国际工程项目质量是研究领域的热点,探索在国际标准条件下进行技术控制和科学

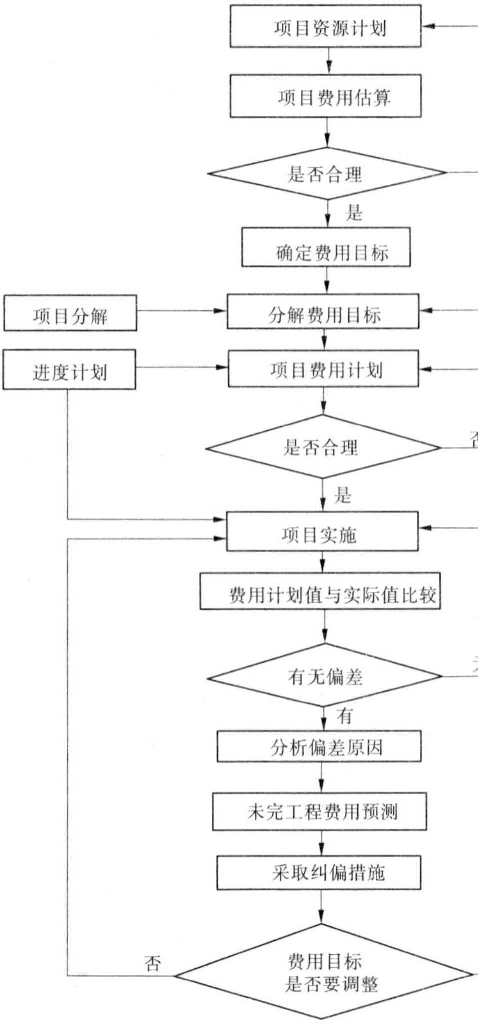

图 5-2 国际工程项目费用管理的一般程序

管理的理论及方法,期望在有限的资源和紧迫的时间内使工程质量达到项目质量总要求,高质量、高水平、高效益地完成工程项目建设。工程项目质量风险评价是工程项目质量管理的重要有效手段,是发现质量问题、寻找改进对象以及提高工程质量的依据。在国内工程项目质量管理的现状是:只重视工程质量,不重视工作质量,在工程质量中又只重视施工质量,只对影响工程施工质量的人、机、料、法、环五大因素进行控制。国际工程项目质量要求从全过程、全工序、全方位控制工程项目质量。国际工程项目质量分为工程质量和工作质量,工程质量又分为决策质量、设计质量、施工质量、竣工验收质量 4 类,工作质量又分为社会工作质量和生产过程工作质量等,按照具体要求还可以细分,如图 5-5 所示。

5-38 国际工程项目风险管理内容和流程是什么?

国际工程项目风险管理是指通过风险识别、风险分析和风险评价去认识项目的风险,

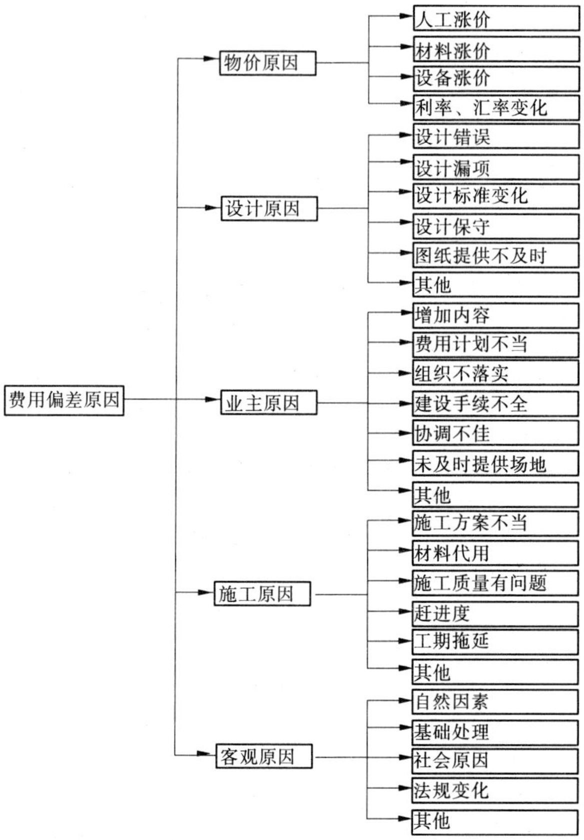

图 5-3　国际工程项目费用偏差原因

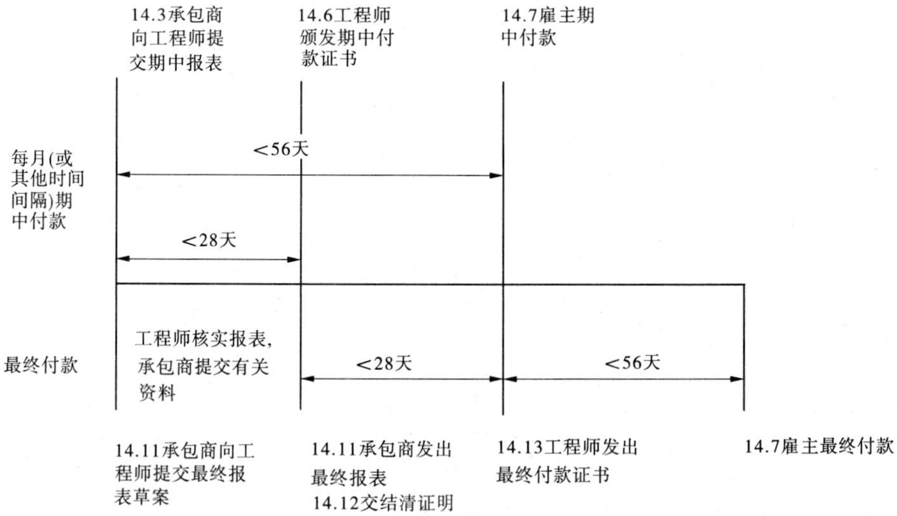

图 5-4　国际工程项目资金结算内容和付款流程

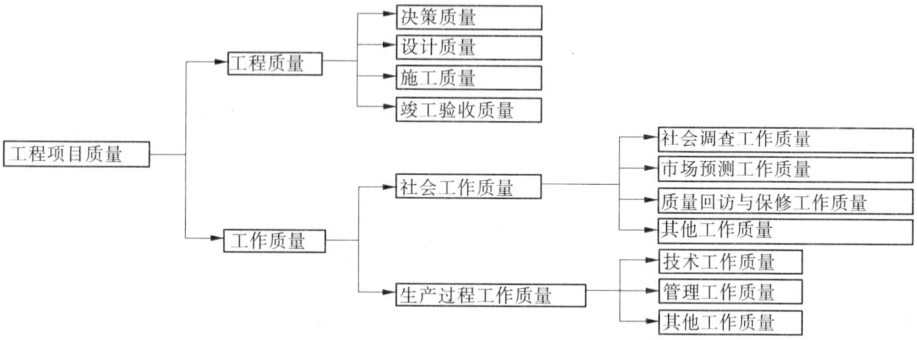

图 5-5 国际工程项目质量的分类评价因素图

并合理地使用各种风险应对措施、管理方法、技术和手段,对项目的风险实行有效的控制,妥善地处理风险事件造成的不利后果,以最小的成本保证项目总体目标实现的管理工作。项目风险有以下 3 个特性:

(1)风险具有客观性。首先,表现在风险的存在是不以个人的意志为转移的,决定风险的各种因素对风险主体是独立存在的,不管风险主体是否意识到风险的存在,风险在一定条件下仍有可能变为现实。其次,还表现在风险是无时不有、无所不在的,它存在于人类社会的发展过程中,潜藏于人类从事的各种活动之中。

(2)风险具有不确定性。风险的发生是不确定的,即风险的程度有多大、风险何时何地变为现实是不确定的。这是由于人们对客观世界的认识受到各种条件的限制,不可能准确预测风险的发生。

(3)风险具有可变性。风险的可变性是在一定条件下,因势利导,通过风险控制管理是可以转化的,化险为夷,化被动为主动。

风险一旦产生,就会使风险主体产生挫折、损失甚至失败,这对风险主体是极为不利的。风险的不利性要求我们在承认风险、认识风险的基础上,做好决策,尽可能地避免风险,将风险的不利性降至最低。

国际工程项目风险管理是指通过风险识别、风险分析和风险评价去认识项目的风险。识别、分析和评价风险的前提是风险分类,按照不同的起因、载体、结果、特性等分为以下几种风险:

(1)按风险后果分为纯粹风险和投机风险。纯粹风险导致的结果有 2 种,即没有损失或有损失(不会带来利益)。投机风险导致的结果有 3 种,即没有损失、有损失或获得利益。纯粹风险一般可重复出现,因而可以预测其发生的概率,从而相对容易采取防范措施。投机风险重复出现的概率小,因而预测的准确性相对较差。纯粹风险和投机风险有时会同时存在。

(2)按风险来源划分为自然风险和人为风险。自然风险是由于自然力的不规则变化导致财产损毁或人员伤亡,如风暴、山洪、地震等。人为风险是由于人类活动导致的风险。人为风险又可细分为行为风险、政治风险、经济风险、技术风险和组织风险等。

(3)按风险的形态分为静态风险和动态风险。静态风险是由于自然力的不规则变化或由于人的行为失误导致的风险。从发生的后果来看,静态风险多属于纯粹风险。动态风险是由于人类需求的改变、制度的改进和政治、经济、社会、科技等环境的变迁导致的风险。从发生的后果来看,动态风险既属于纯粹风险,又属于投机风险。

(4)按风险可否管理分为可管理风险和不可管理风险。可管理风险是指用人的智慧、知识等可以预测、可以控制的风险。不可管理风险是指用人的智慧、知识等无法预测和无法控制的风险。

(5)按风险的影响范围分为局部风险和总体风险。局部风险是指由于某个特定因素导致的风险,其损失的影响范围较小。总体风险影响范围大,其风险因素往往无法控制,如经济、政治、社会、自然等因素。

(6)按风险后果的承担者划分为以下几类:政府风险、投资风险、雇主(业主)风险、承包商风险、供应商风险、担保方风险等。

(7)按风险对目标的影响分为以下几类:工期风险、费用风险、质量风险、市场风险、信誉风险、人身伤亡健康风险、工程设备损坏风险、法律责任风险等。

风险识别包含两方面内容:①识别哪些风险可能影响项目的正常进展,识别某一风险具有的形式特征。风险识别不是一次性行为,而应有规律地贯穿在整个项目的实施中。②分别对内在风险和外在风险进行识别。内在风险指项目工作组能加以控制和干预的风险,如人事任免和成本估计等。外在风险指超出项目经理和项目工作组等控制力和影响力的风险,如政治变化、政府行为、经济危机、市场转向等。

风险不仅指遭受创伤和损失的可能性,对项目而言,风险识别还牵涉机会选择(积极成本)和不利因素威胁(消极结果)。项目风险识别应凭借对"因"和"果"(将会发生什么,导致什么结果)的认定来实现,或通过对"果"和"因"(什么样的结果需要予以避免,或促使其提前或延时发生,以及以什么样的方式发生)的认定来完成。项目风险识别的目的是制订风险计划和对策,以便管理和控制风险。

风险对策包括对机会的跟踪和对威胁的对策。对威胁的对策大体分以下3点:①避免。排除特定的威胁往往靠排除危害的起源。项目管理队伍绝不可能排除所有风险,但特定的风险事件往往是可以排除的。②减缓。通过预期资金投入来减少风险事件,降低风险发生的概率(如为避免项目产出的产品落后,而使用新专利技术),以及减少风险事件的风险系数,或两者双管齐下。③吸纳。接受风险引起的一切后果。这种接受可以是积极的(如制订预防性计划来防备风险事件的发生),也可以是消极的(如某些工程运营超支,则接受低于预期的利润)。

常用的风险控制措施有3种:

(1)经济性措施。主要经济性措施有3种:合同方案设计(风险分配方案、合同结构设计、合同条款设计);保险方案设计(引入保险机制、保险清单分析、保险合同谈判);管理成本核算。

(2)技术性措施。技术性措施应体现可行、适用、有效性原则。主要技术性措施有3种:预测技术措施(模型选择、误差分析、可靠性评估);决策技术措施(模型比选、决策程序和决策准则制定、决策可靠性预评估和效果后评估);技术可靠性分析措施(建立技术体系、制订生产工艺方案、完善设施维护保障技术)。

(3)组织管理性措施。主要是贯彻综合、系统、全方位原则和经济、合理、先进性原则。包括管理流程设计、确定组织结构、管理制度和标准制定、人员选配、岗位职责分工、落实风险管理的责任等。还应提倡推广使用风险管理信息系统等现代管理手段和方法。

国际工程项目风险管理的主要内容和流程如图5-6所示。

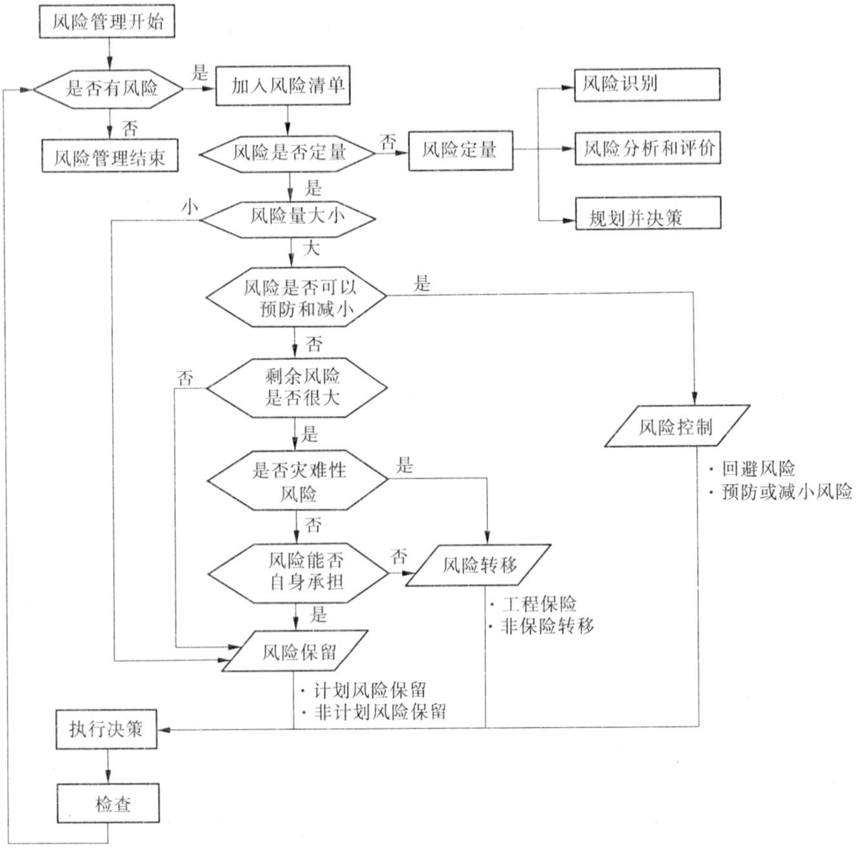

图5-6 国际工程项目风险管理的主要内容和流程

5-39 国际工程项目信息收集、储存、检索系统如何分类?

信息(Information)在英文中有情报、资料、消息、报道之意,我国曾译为情报或信息,后经国家有关部门核准,统一译成“信息”。在我国台湾、香港地区,该词被译为“资讯”。教材中信息的定义是被反映物的属性再现,信息的属性在于表现他物。也就是说,信息不是事物的本身,而是由事物发出的消息、情报、指令、数据、信号中所包含的内容,是对客观世界中各种事物性质、特征、变化及其相互联系的最新反映。世界的一切,包括自然界和人类社会都会产生信息。一个完整的信息过程,包括信息的产生、加工、传递、接收、储存和使用。信息具有以下特征:①普遍性;②时效性;③传递性;④可转换性;⑤可再生性;⑥共享性;⑦可识别性;⑧可存储性。

信息检索通常有广义和狭义之分。①广义的信息检索:是将信息按一定的方式组织和存储起来,并根据用户需要找出相关文献的过程。其中包括“存”与“取”两个环节,“存”就是信息存储,是对信息进行收集、标引、描述和归类,以及特征化表达并加以编码排序,形成信息检索工具或检索系统的过程;“取”就是信息查找,是通过某种查询机制,从检索工具或检索系统中查找出用户所需的特定信息或获取其线索的过程。②狭义的信息检索:仅仅指信息查找的过程,就是获取信息的环节。

要建立国际工程项目信息收集、传递、储存、检索系统,首先要对信息进行编码和分类,不仅要根据事件产生的原因、情报的来源、指令的途径、数据的类型、信号的特征等分类,还要根据客观事件的特征、变化及其相互联系对类型进行调整。国际工程项目一级目录经常分为合同文件、来往函件、项目图纸、工程变更、进度报告、会议纪要、施工记录、项目记事、竣工资料等。根据工程项目的大小还可以将目录细分,如图 5-7 所示。

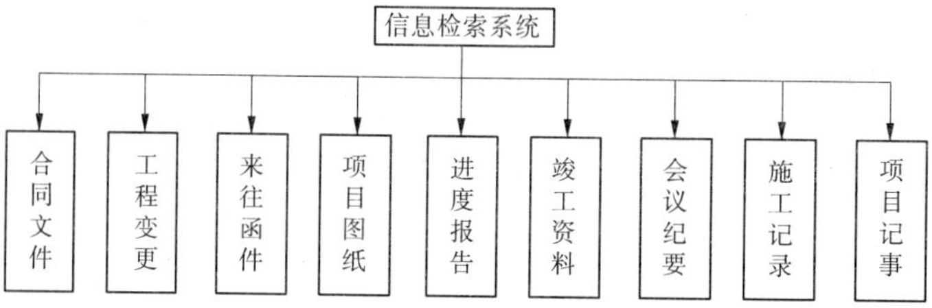

图 5-7　国际工程项目信息收集、储存、检索系统

5-40　国际工程项目合同文件子系统的信息结构如何建立?

在国际工程项目管理信息系统的总体框架和体系结构中,包括进度控制、质量控制、成本控制、合同管理、材料管理、专家系统、系统管理等模块。为了建立合同文件子系统,要对合同文件子系统进行需求分析、总体结构设计,通常要建立合同文件编辑、合同信息管理、合同跟踪管理、合同查询、统计分析、系统维护等模块。合同文件子系统包括:合同格式和合同条件、会议纪要和问题澄清、招标邀请文件、技术建议文件、商务投标文件等,如图 5-8 所示。

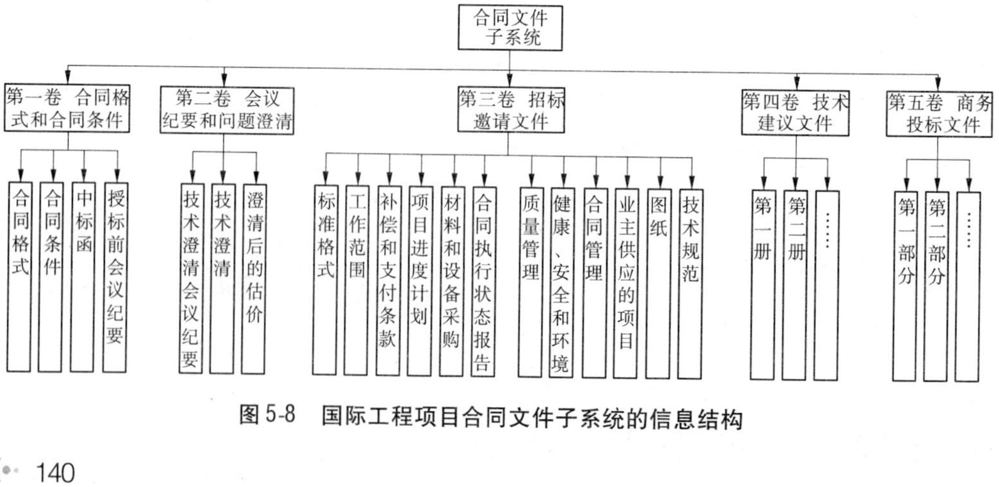

图 5-8　国际工程项目合同文件子系统的信息结构

5-41 国际工程项目梦龙智能项目管理集成系统是什么?

在工程项目实施中,梦龙智能项目管理集成系统由众多子系统组成,可以对项目进行全方位管理,中心调度协调系统与子系统之间的信息是相互传递、相互借用、相互查询、相互补充、分工协作、分项集成等互为因果关系的管理系统,箭头方向是双向的,项目管理集成系统结构如图 5-9 所示。

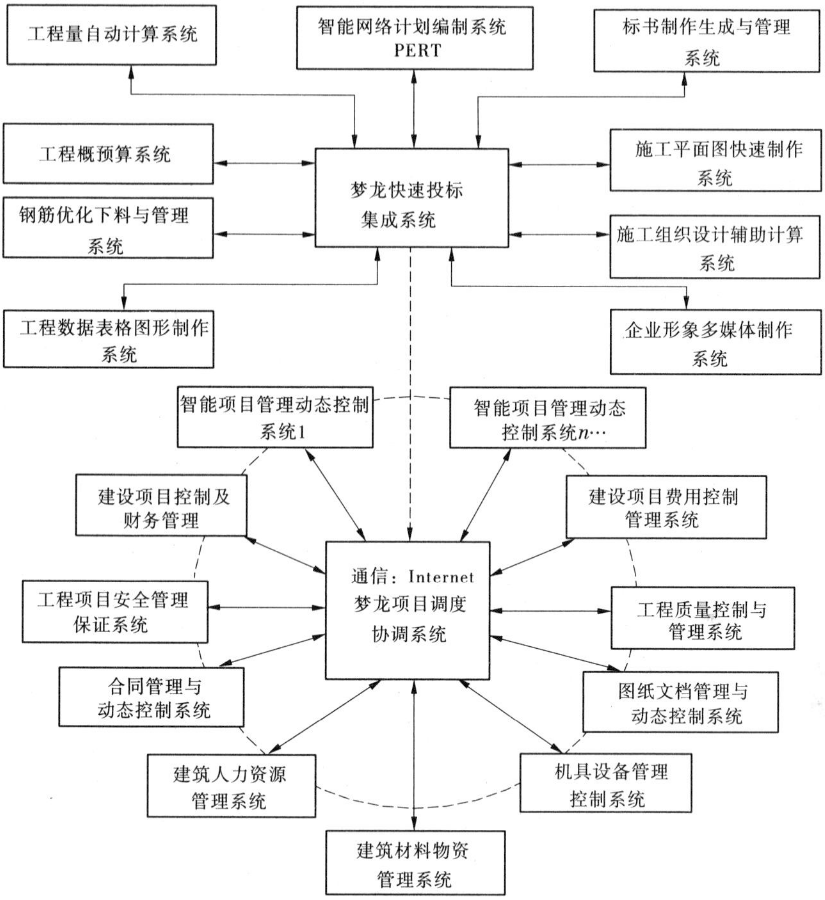

图 5-9 国际工程项目梦龙智能项目管理集成系统结构

第六章　常用合同协议信函标准格式

6-1　投标书及投标书附件格式(1999 年以前版 FIDIC 仍然在使用)

投标书

合同名称：*______________________________

致：*______________________________

____

____

1. 我方仔细阅读了为上述工程施工而颁发的合同条款、规范、图纸和工程量表以及________种附件。我们签署的人，承诺要遵循合同条款、规范、图纸、工程量表与附件要求。进行施工和完成这个工程与弥补其任何缺陷，所报的价格为

(大写)*______________________________

(小写) *______________________________，或根据所述条件可确定的其他金额。

2. 我方确认附件为投标书的一部分。

3. 我方保证，如果中标，在接到工程师的开工通知书后，尽可能地迅速开工，并保证在投标书附件中所规定的工期内完成合同所包括的整个工程。

4. 我方愿从所规定的接受投标书的日期起，在*__________天的期限内遵守我们投标书的承诺，在承诺期限期满前的任何时间投标书对我们均保持约束作用，可以被我方接受。

5. 除非有了和直到编写出正式的合同协议书和得到工程实施开始时止，本投标书和你们的书面中标通知就构成了我们之间有约束力的合同。

6. 我方理解你们不是一定要接受最低标或你们收到的任何一个投标书。

投标人签字：(身份)____________是正式授权签署投标书的负责人代表(单位盖章)

投标人地址：(全称)______________________________

证人：__________________职务：__________________地址：__________________

日期：__________年__________月__________日

注：标有*符号处在颁发投票书前要填入详细内容。

附件：

表6-1 对应1992版FIDIC条款投标书附件的格式

序号	关键项目	对应1992版FIDIC条款	填入承诺内容
1	保函金额(如有)	10.1	合同价的________%
2	第三者保险的最少金额	23.2	每次______,但不限定发生的次数
3	发出开工通知的时间/天数	11.1	天
4	完工的时间/天数	43.1	天
5	赔偿费金额	17.1	
6	赔偿费限额	17.1	
7	缺陷责任期	49.1	天
8	备用金调整百分数	59.4(3)	%
9	材料清单发票价值的百分数	60.1(3)	%
10	保留金的百分数	60.2	%
11	保留金的限额	60.2	
12	中期支付证明的最小金额	60.2	
13	未付金额的利息	61.10	%

投标人签名______________________

年　　月　　日

备注：所有上述各项的详细情况，除《土木工程施工合同条款——国际通用条款》第59.4分项条款的百分数数字外，在投标文件颁发之前都要填好。为与本合同条款的条文相一致，凡是要填天数的地方，最合适的数字是7的倍数。

在合同中包含附加规定的情况下，应增添下列内容：

(1)各分部工程的完工期(土木工程施工合同条款《国际通用条款》第43.1和第48.1(1)分项条款)。

(2)分部工程的赔偿金(土木工程施工合同条款《国际通用条款》第47.1分项条款)。

(3)奖金(土木工程施工合同条款《国际通用条款》第47.3分项条款——第Ⅱ部分)。

(4)到达现场材料的付款(土木工程施工合同条款《国际通用条款》第60.1(3)分项条款)。

(5)外币付款(土木工程施工合同条款《国际通用条款》第60条款——第Ⅱ部分)。

(6)预付款(土木工程施工合同条款《国际通用条款》第60条款——第Ⅱ部分)。

(7)对由于各种专门材料造成的合同价调整(土木工程施工合同条款《国际通用条款》第70.1分项条款——第Ⅱ部分)。

(8)各种货币兑换率(土木工程施工合同条款《国际通用条款》第2分项条款——第Ⅱ部分)。

6-2 协议书格式(1999年以前版FIDIC仍然在使用)

协议书

本协议书于________年________月________日,由____________________为一方(以下称业主)和____________________为另一方(以下称承包人)双方达成。

鉴于业主愿将本工程授予承包人,即________________(××公司)来施工,并接受了承包人为施工和完成本工程,以及弥补其任何缺陷所交的投标书。

本协议书以下述内容作依据:

1. 本协议书的字词和其含义分别与下面提到的合同条款中所用的字词相一致。

2. 下列文件将认作本协议书的组成部分,并作为本协议书的一部分加以引用和解释。

(1)中标通知书。

(2)上述投标书。

(3)合同条款(通用条款和专用条款)。

(4)规范。

(5)图纸。

(6)工程量表。

3. 考虑到业主要按下述的规定,对承包人进行付款,因此承包人与业主立约保证,完全按合同规定承担施工和完成工程,并弥补其任何缺陷的任务。

4. 业主在此立约保证,对合同价格中的工程施工、完成工程与弥补其任何缺陷的金额,或其他按合同规定应付款项,按合同所说的时间和方式进行支付。

作为见证,本协议签约双方基于协议符合其各项有关法律,于________年________月________日起,使协议付诸执行。

协议双方________和________的章是在________在场的情况下,或有下列人士在场情况下________,由________和________签署盖章的。

业主签约人:______________________(盖章)

承包人签约人:____________________(盖章)

年　　月　　日

6-3　投标委托证明书格式及举例

委托证明书

我（证明人姓名________），本人是根据（某法律名称________）法律任命的（证明人职务及单位________）总经理。本经理证明签署标书的投标代理人（投标代理人姓名________）是由总公司主管部门授权的工程项目经理部负责人。我方承认代理人签署的各类文件具有法律效力。

委托人：________（签名盖章）

年　　月　　日

举例：

颁布号：CWE－97

委托证明书

根据投标文件规定：我（朱________）是中国水利电力对外公司（简称 CWE）总经理。本人根据中华人民共和国的法律全权代表并负责该公司，公司总部设在中国北京六铺炕。本经理任命（李________）先生为中国水利电力对外公司驻尼泊尔经理部经理，为我方的法律代表人，我方授权该代理人准备签署和呈交各种投标文件，委托该代理人与业主谈判、签署和履行合同，并全权负责处理在尼泊尔王国政府境内的与工程有关的各类问题。

我方承认经代理人签署的各类文件具有法律效力。

中国水利电力对外公司总经理：朱________（签名盖章）

被授权的中国水利电力对外公司驻尼泊尔经理部经理：李________（签名盖章）

1986 年 11 月 20 日于中国北京

6-4　银行担保书格式

银行担保书

投标人________（投标人姓名）愿意根据投标号为________，日期为________的招标文件投标承建该工程项目。

我方银行愿以担保书的形式为该投标人作投标担保。

1. 我方确认是投标人的担保人，担保总金额为________________（大、小写）。我方保证根据投标人的要求，无条件地向____________________（业主）支付限额为____________________（大、小写）的保证金。

2. 我方的投标担保，从递交标书之日起到中标之日止的一段时间内始终生效。除非在________年______月______日（投标截止期限）以前，我方收到业主要求的付款书面通知,否则,我方将没有责任根据此担保书向业主支付投标保证金。

3. 除非________(业主)事先同意,否则我方保证在投标有效期内不撤回我方的担保。

担保人:____________________(签名盖章)

银行名称:____________________________

银行地址:____________________________

年 月 日

6-5 投标保证书格式

投标保证书

委托人:____________________

担保人:____________________

担保金额:____________________________________(大、小写)。

如果上述委托人投标承建________________________________(项目名称)工程项目。上述委托人和担保人愿立本约为据。约束各方共同并分别承担本约义务。向____________________(发标单位,以下称业主)及其继承人或受让人缴纳上述保证金,以此来共同并分别地约束我们自己,包括我们的继承人或受让人。

因此,我方按合同要求向业主作如下保证:

1. 保证委托人在规定投标有效期内不撤回投标书。
2. 如果中标后,保证委托人按时签署合同。
3. 如果委托人中标,保证委托人按期缴纳履约保证金。
4. 保证委托人切实履行合同并如期完工。
5. 保障工程材料和工地人员不受损失和损害,意外事件由委托人承担损失。

在履行合同期间,如果委托人向业主支付的保证金已超过投标文件中所规定的数目,则本约作废,否则,本约仍然有效。

委托人和担保人是在下述日期有证明人在场的情况下订立此约的。有关人员将分别签字并代表其单位盖章。

委托人:________(签名盖章)

担保人:________(签名盖章)

证明人:________(签名盖章)

年 月 日

6-6 投标保证书上委托人证明的格式

委托人证明的填写规定

1. 此证明书是履约保证书所必须附带的。除非经主管工程师同意,否则不得更改。

2. 委托人的单位名称____________(全称)及地址____________。应填写在相应的空白位置内,立约人的签名应具有法律效力,并在签名上加盖单位窝形印章(钢印)。

3. 若委托人属于联合经营体责任公司,联合经营体中各成员经营体都应分别填写各单位名称,并将联合经营体的名称也填写其中,而各单位应分别履行条约。

4. 若委托人或担保人属于(股份有限)公司,应将公司所属国家的名称填写在相应的空白处,并加盖公司的印章。

5. 若委托人属于(股份有限)公司代表,代表委托人在履约担保书上签字人的字体和签字人的职务也应按此证明书格式由秘书或副秘书证明,并附在履约担保书之后。

委托人证明

我__________(证明人姓名)是委托人的公司(或股份有限公司)__________________的秘书(或副秘书),证明代表委托人在履约担保书上签字的__________(签字人姓名)是该公司的________(签字人的职务),我能够辨认出他的字体并证明履约担保书上的签字是由他亲笔所签。此外,我还证明履约担保书是根据公司主管部门的指示,如期签署并及时密封的。

在场的见证人:　　证明人:____________________

担保人:____________________

委托单位全称:____________________(委托单位盖章)

委托单位联系地址:__________________________

年　　月　　日

6-7 履约保证书格式

履约保证书

主约人____________________(承包人姓名及地址),作为委托人(以下称承包人)的立约人_____________________(担保公司、契约公司、保险公司的名称,要填法定名称及地址),作为担保人__________________(以下称担保人)愿立本约为据,保证履行合同并分别承担本约义务。向__________________(发标单位,以下称业主)缴纳总额为__________________________________(大、小写)的保证金,以此来共同并分别地约束我们自己,包括我们的继承人或受让人。保证金将按支付合同价格所规定的货币总额或合同比例支付。

鉴于委托人已通过______年______月______日的书面协议书与业主签订了

______________________________(工程名称)工程合同,该协议书是该合同文件的一部分。

现将履行本保证书的条件申明如下:倘若委托人能够迅速、忠实地履行上述合同(包括所有附件),此证书作废。否则,本约仍然有效。如果委托人不能履行合同,或由业主通知担保人申明委托人不能履行合同,而业主也已尽了自己的责任,那么,担保人应迅速弥补其过失或迅速按下列条件执行:

1. 完成合同条件及条约所规定的全部合同内容。

2. 为按合同条件及条款完成工程,可从通过资格预审的投标人中获得一个或几个报价,呈报给业主。一旦业主和最低价投标人的担保人确定后,在投标人和业主之间签订一个合同。随着工程开展(尽管按此条签订了合同,但也有可能违约或连续发生违约的现象),来提供足够资金可以支付合同"标价余额"的工程履约担保费用。

包括担保人能承担的其他费用及损失在内,不超过保证金所规定的数额。"标价余额"是按合同由业主要付给承包人的总额中减去业主已付给承包人的那部分。

3. 向业主支付由业主完成合同所需的费用,总额不超过此保证金款额。

担保人不对超过规定保证额的那部分罚款负责。对保证书如有什么要求,在缺陷责任期内提出,即必须在维修合格证书颁发前一年内提出。

除业主或其继承人、受托人、管理人、转让人外,任何人或公司都无权动用这笔保证金。

此保证书经承包人及担保人法定代表签名、盖章并签署日期如下:

担保人:________(签名盖章) 证明人:________

承包人:________(签名盖章) 证明人:________

年　　月　　日

6-8　银行履约担保书格式

银行履约担保书

1. 鉴于____________(发包单位,以下简称业主)为修建____________(工程名称)工程已经根据________年______月______日颁布的编号为______的招标文件的有关条款,免除了________(投标人名称,以下简称承包人)按合同号为________的合同中所规定的履约保证金。如果由于承包人的违约而造成业主经济损失,我方将保证向业主支付总金额不超过____________________(大、小写)的费用。

2. 如果承包人不按合同条件的有关规定履行合同,或者不承担合同中所规定的有关承包人的义务,只要业主提出要求,我方保证无条件地向业主支付上述费用。不过,我方保证支付金额的总数不超过____________________(大、小写)的费用。

3. 我方______________(银行名称)同意并申明,只要不涉及合同中所规定的有关业主和承包人所应履行的义务,业主有权任意更改合同中的有关条款和条件,有权增加或减少合同中的工程数量,有权延期或撤销合同,有权限制或增强合同中的任何条款和条件。我方的担保将不因上述情况的变更而改变。换言之,在上述情况下,我方的担保依然有效。

4. 除非经业主事先书面同意,否则,我方________________(银行名称)保证在规定的有效期内不撤回我方的上述担保。

主约人:____________________(签名盖章)

银行名称:_____________________________

银行地址:_____________________________

日期:______年______月______日

6-9 对预付款的银行担保格式

对预付款的银行担保

本担保协议是以____________(银行名称,以下简称担保人,银行总部设在____________)为一方。以__________(以下简称业主)为另一方,________年______月______日共同签订的。

根据____________(承包人名称,以下简称承包人)于________年________月________日签订的合同号为______的合同(以下简称合同),承包人将保证按________年________月________日的合同承建____________________工程。

根据合同条件,为了修建工程,业主将向承包人预先支付________________________(大、小写)的费用,本费用将按合同条件____________条的有关规定支付。

在上述的费用预付之前,应承包人的要求,担保人同意作如下担保:

1. 鉴于业主已同意向承包人预先支付__________________(大、小写)的费用,担保人将保证承包人按合同要求建造工程;以确保业主到期收回这笔款项的本金和利息以及其他开支。如果承包人违约,担保人将按要求向业主支付这笔款项的本金和利息以及上述其他开支。担保的最高金额为__________________(大、小写)。

2. 如果承包人违约,只要业主提出要求,担保人将无条件向业主支付第1条所规定限额内的费用。

3. 担保人同意并申明,上述担保在整个合同运行期间始终生效,并保证在上述合同期满后,无条件重新更改或降低担保金的数额,直至业主所预先支付的费用全部归还。如果由于某种原因使合同延期,而在此期间上述担保又依然生效。若承包人在此期间未能向业主提供新的担保,担保人将向业主支付__________________(大、小写)的费用,以及上述其他开支。

4. 如果由于业主的疏忽,而造成应该支付给业主的担保金而未能支付,一旦事后发现,担保人必须立即弥补这笔款项。

5. 业主和承包人有权协商与预付款无关的合同变更,而无须通知担保人。

6. 除非事先经业主书面同意。否则,本担保不得撤回。

7. 尽管有上述各种规定，本担保的限额为＿＿＿＿＿＿（大、小写）。上述其他开支或超过限额的部分将在＿＿＿＿年＿＿＿＿月＿＿＿＿日以前始终保持有效。

8. 除非文件的上下文有矛盾之处，否则担保人和承包人应包括他们各自的继承人或受让人。

担　保　人：＿＿＿＿＿＿（签名盖章）
银 行 地 址：＿＿＿＿＿＿（签名盖章）
银行见证人：＿＿＿＿＿＿（签名盖章）
＿＿＿＿年＿＿月＿＿日

6-10　设备抵押书格式

设备抵押书

本契约是以＿＿＿＿（承包人，其注册办事处设在＿＿＿＿＿＿）为一方，以＿＿＿＿＿＿（业主）为另一方，于＿＿＿＿年＿＿＿＿月＿＿＿＿日共同签订的。

为承建＿＿＿＿＿＿＿＿＿＿工程，业主和承包人已于＿＿＿＿年＿＿＿＿月＿＿＿＿日签订了合同号为＿＿＿＿的合同（以下简称合同）。

1. 鉴于业主已向承包人预先支付的费用，根据合同规定，承包人将以清单中所得到的施工机械和设备（清单见后），向业主作抵押，以偿还业主所预先支付的金额为＿＿＿＿＿＿＿＿＿（大、小写）的费用。

2. 为此，承包人根据国际惯例，同意并申明如下：

（1）承包人将根据合同条件＿＿＿＿＿＿条的有关规定，以及其他有关约定，偿还业主所预先支付的金额为＿＿＿＿＿＿＿＿＿＿＿＿＿（大、小写）的本金和利息。

（2）在承包人完成合同之前，清单中所列的机械设备，如表6-2格式，将绝对属承包人所有。承包人保证不拍卖、不转让，也不向他人抵押上述机械设备或零部件。

（3）只要业主所预先支付的费用没有还清，承包人也保证不拍卖、不转让，并且不向他人抵押清单中所列的机械设备或零部件。

3. 承包人申明，清单中所列的机械设备全部是承包人的财产，只要符合规定，业主有权任意扣押和留置。

4. 在担保期内，承包人将在其注册的办事处内仔细登记，并妥善保管有关购买上述机械设备的全部资料、文件和信函，以备业主随时检查和索取有关资料。

5. 在担保期间，承包人将以承包人和业主的联合名义，在业主认可的保险公司，自费为抵押的机械设备办理保险手续，以防止机械设备发生损失和损坏（特别情况除外），并交付使保险生效所必需的全部保险费。而缴纳保险费的原始收据，就由承包人和业主共同保管。承包人应将他本人在保险单上所拥有的全部权力、法定名称及各种利益转让给业主。

如果承包人不履行上述义务，即不为清单中所列的机械设备办理保险手续，或者不把保险单转让给业主，业主将以承包人和业主的联合名义为上述设备办理保险，而费用必须由承包人支付。

承包人申明，关于保险单上的有关问题和争议，业主有权直接和保险公司交涉进行调解、诉讼和解决。承包人应承认上述交涉结果，并承认该结果对承包人具有约束力。承包人应同意，业主有权接受保险公司按保险单上所支付的保险金，并用以偿还业主所预付给承包人的费用，而承包人不会对此提出任何异议。

6. 如果承包人有任何违约现象，或者在业主所预付的费用未还清以前，放弃合同或者不偿还预付款的利息，业主有权留置所抵押的机械设备。业主可根据自己的意愿或者作价充为己有，或者公开拍卖，或者以其他业主认为可行的方式处置，其销售费用可用来偿还预付款的本金和利息，以及其他开支和费用。如有剩余，业主应将剩余的部分归还承包人。

7. 为了使本契约所规定的业主的合法权益不受损害，业主可按照对承包人具有强制约束力的有关证据，强迫承包人或其他合伙人分别或共同偿还预付款的本金和利息。

表 6-2　机械设备抵押清单格式

序号	设备名称、规格及型号	台数	购买价（或主管工程师的估价）	总价格	预付款占总价格的百分比
1					
2					
3					

本文件是在有证明人在场的情况下由当事人于______年______月______日签订的。

承包人：___________（签名盖章）　　　　业主：___________（签名盖章）

担保公司证明人：1. ___________ 2. ___________ 3. ___________

备注：承包人应填写下列内容：

1. 承包人________的儿子________先生是________的居民，目前在________（地点）开展业务。商号为________（以下简称承包人，除非文件有明确规定，否则，该名词应包括他的继承人、法定代理人、管理人以及受让人）。其合伙人是(1)_______________先生；(2)_______________先生。

2. 承包人注册办事处是设在___________（地址）的_______________公司（以下简称承包人。除非文件中有明确规定，否则，该名词应包括其管理人、受让人以及代理人）。

6-11 新版 FIDIC 投标函及投标函附件格式(1999 年版)

最新 FIDIC 条件规范格式简介:

原来 FIDIC 合同条件第 4 版经过 11 年的使用,已经影响到世界各国和许多国际组织,所有条款要求与世界各国的政治、经济、法律、宗教信仰、风俗习惯等相衔接。1999 年 9 月 FIDIC 新版合同条件标准格式英文版问世,称为 FIDIC 合同条件第 5 版。这一次作了较大的改版,新版合同条件基本上是重新编写的,1998 年推出试用本,在成员协会国进行试点使用,在世界范围内收集建议和意见,经过 1 年多的试用后出版。

新版合同条件由原来的 FIDIC《土木工程施工合同条件》(红皮书)、《电气与机械工程合同条件》(黄皮书)、《业主/咨询工程师标准服务协议书》(白皮书)3 个合同文件变革成 4 个合同文件。

新版 FIDIC 合同条件 4 个文件分别是:《施工合同条件》(Conditions of Contract for Construction)(新红皮书)、《生产设备和设计—施工合同条件》(Conditions of Contract for Plant and Design - Build)(新黄皮书)、《设计采购施工(EPC)/交钥匙项目合同条件》(Conditions of Contract for EPC Turnkey Projects)(银皮书)、《简明合同格式》(Short Form of Contract)(绿皮书)。受 FIDIC 委员会委托,2002 年 5 月中英对照 FIDIC 新版合同条件翻译本在我国机械工业出版社出版。

投标函(适用新版 FIDIC)

合同名称:______________________________

致:______________________________

____

____

1. 我方已经研究了为实施上述工程的合同条件、规范要求、项目图纸、工程量表、其他资料表、所附的附录及第________号(填文件编号)补充文件。我方愿以__________(大、小写)的总额(用支付的货币填写),或按照合同条件可能确定的此项其他总额的报价,按照本投标函,包括所有这些文件,实施和完成工程并修补其中任何缺陷。

2. 我方接受你方在资料表__________中列出的关于任命争端裁决委员会(以下简称 DAB)的建议。

说明:我方已填写该资料表,增加了我方对 DAB 另一个成员的建议,但这些建议不是本报价的条件*。

说明*:投标人不接受该建议,可以删除本段,并以下文代替:我方建议按照合同条件 20.2 款的规定共同任命 DAB。

3. 我方同意遵守本投标函直至________年________月________日有效,在该日期前本投标函对我方一直具有约束力,随时可以接受中标。我方承认所附附录为本投标函的一部分。

4. 如果我方中标,我方将提供规定的履约担保,将在开工日期后尽早开工,并在竣工时间内按照上述文件完成工程。

5. 除非制定正式的协议书并生效，本投标函以及你方的书面中标通知，应构成你我双方具有约束力的合同。

6. 我方理解你方没有必须接受你方可能收到的最低标或任何投标的义务。

投标人签字：________________ 职务：________________

授权代表：________________________________

签署投标人地址：（全称）________________________

日期：________年________月________日

附件：

表 6-3　对应 1999 年新版 FIDIC 条款投标书附件格式

序号	项目	对应新版 FIDIC 条款	填入承诺内容
1	雇主名称和地址	1.1.2.2 和 1.3	
2	承包商名称和地址	1.1.2.3 和 1.3	
3	工程师名称和地址	1.1.2.4 和 1.3	
4	工程竣工时间	1.1.3.3	________天
5	缺陷通知期限	1.1.3.7	1 年或 365 天
6	电子传送系统	1.3	
7	管辖法律	1.4	
8	主导语言	1.4	
9	交流语言	1.4	
10	进入现场时间	2.1	开工日期后______天
11	履约担保金额	4.2	中标合同金额的______%；按合同价格的应付币种和比例支付
12	正常工作时间	6.5	
13	工程误期损害赔偿费	8.7 和 14.15(b)	每天为最终合同价的____%；按合同价格的应付币种和比例支付
14	误期损害赔偿的最高限额	8.7	最终合同价的______%
15	暂列金中对实际支出的调整百分比	13.5(b)（如果有）	______%
16	因成本改变的调整	13.8	每月或每年以__（货币）支付
17	预付款总额	14.2	中标合同金额的______%
18	分期付款的次数和时间安排	14.2	
19	货币和比例	14.2	本币____%；外币______%
20	开始返还预付款	14.2(a)	当付款为中标合同金额减去暂列金额之差的______%时
21	预付款分期摊还比例	14.2(b)	________%
22	保留金的百分比	14.3	________%
23	保留金的限额	14.3	中标合同金额的______%

续表 6-3

序号	项目	对应新版 FIDIC 条款	填入承诺内容
24	期中付款证书的最低额	14.6	如投标函中指定的
25	支付的货币	14.15	适合多种货币填写
26	提交保险文件的期限	18.1	保险证明________天； 保险单________天
27	雇主风险保险免赔的最大金额	18.2(d)	
28	第三方保险的最小金额	18.3	
29	任命 DAB 的最晚日期	20.2	开工日期后 28 天内
30	DAB 的聘任	20.2	由 1 位或 3 位成员组成
31	分项工程定义	说明(1.1.5.6) 竣工时间(1.1.3.3) 误期损害赔偿(8.7)	

投标人签名________________

年　　月　　日

6-12 新版 FIDIC 协议书格式(1999 年版)

合同协议书(适用新版 FIDIC)

本协议书于________年________月________日，由____________________(国家或部门)的________________(姓名)(以下简称雇主)为一方，与____________________(国家或部门)的________________(姓名)(以下简称承包商)为另一方签订。

鉴于雇主愿将名称为____________________的工程交由承包商实施，并已经接受了承包商提交的关于实施和完成该工程以及修补其任何缺陷的投标函。

雇主和承包商达成协议如下：

1. 本协议书的词语和措辞的含义应与下文提到的合同条件中分别赋予它们的含义相同。

2. 下列文件应被视为本协议书的组成部分，并应作为其一部分引用和解释。

(1)________年________月________日的中标函；

(2)________年________月________日的投标函；

(3)新补充文件编号____________(填编号)；

(4)合同条件(第Ⅰ部分通用条件和第Ⅱ部分专用条件)；

(5)规范要求；

(6)图纸,以及设计说明书;

(7)已经填写的资料和工程量表。

3. 鉴于雇主将按下文所述付给承包商各种款项,承包商特此与雇主签约,保证遵照合同的各项规定,实施和完成该工程以及修补其任何缺陷。

4. 鉴于承包商将承担上述工程的实施、竣工及修补其任何缺陷,雇主特此立约,保证按合同规定的时间和方式,向承包商支付合同价格款项。

本协议书由双方根据各自法律规定,从签字之日起生效,特立此据。

签约双方基于协议符合其各项有关法律,于＿＿＿＿＿年＿＿＿＿月＿＿＿＿日起,使协议付诸执行。

＿＿＿＿＿的章是在＿＿＿＿＿在场的情况下,或有下列人士在场的情况下＿＿＿＿＿由＿＿＿＿＿签署(或密封和递送)盖章的。

雇主签约人:＿＿＿＿＿＿＿＿＿＿＿＿＿＿

在下列证人在场下,代表雇主签字

雇主见证人职务:＿＿＿＿＿＿＿＿＿＿＿

见证人姓名:＿＿＿＿＿＿＿＿＿＿＿＿＿＿

见证人地址:＿＿＿＿＿＿＿＿＿＿＿＿＿＿

日期:＿＿＿＿＿＿＿＿＿＿＿＿＿＿＿＿＿

承包商签约人:＿＿＿＿＿＿＿＿＿＿＿＿

在下列证人在场下,代表承包商签字

承包商见证人职务:＿＿＿＿＿＿＿＿＿

见证人姓名:＿＿＿＿＿＿＿＿＿＿＿＿＿

见证人地址:＿＿＿＿＿＿＿＿＿＿＿＿＿

日期:＿＿＿＿＿＿＿＿＿＿＿＿＿＿＿＿

第七章　国际项目实施管理专题论述

7-1　国际工程项目中 DRB 的作用和特性研究

国际工程项目中 DRB 的作用和特性研究

（发表于《人民黄河》,2002(4):43－45）

摘要: DRB(争议评审团)起源于20世纪60年代美国的大型土建工程施工,渐渐得到了广泛采用,1996年该机制引进了FIDIC红皮书条款。本文论述了DRB的工作内容、争议解决程序,研究分析了DRB争议处理的权威性、独立性、公正性、弹性约束性、可接受性、思维成熟性、可和谈性、可降风险性等八大特性。DRB在我国二滩水电站和小浪底工程建设中发挥了独立、公正、权威和令人信服的争议处理作用。呼吁我国尽快建立适合中国国情的DRB体制和管理法规,以迎接加入WTO带来的国际挑战。

关键词: DRB;起源;发展;素质;特性;作用
中图分类号: TU723　**文献标识码:** A　**文章编号:** 1000－1379(2002)04－0043－03

1　DRB 的起源与发展

1.1　DRB 的起源与成因

DRB 是英语“Dispute Review Board”的缩写,译为“争议评审团”。DRB 最早起源于20世纪60年代美国的土建工程施工管理中,尤其是大坝施工、地下工程施工和水资源管理,它的核心是采用非正式的方式,及时、公正、合理地解决施工过程中发生的争议。

资料表明,DRB 产生于20世纪60年代初期,正是世界建筑业蓬勃发展的时代。由于施工行业与业主发生争议后,通过仲裁和判决的方式解决争议的费用越来越高,因此人们对工程师(业主代理人或监理工程师)[1]在解决争议中的独立性表示疑虑,逐渐采用其他方式解决争议,其中优势明显的方法就是采用 DRB 来解决施工过程中发生的争议(1999年9月 FIDIC 新版合同条件将 DRB 修改为 DAB,Dispute Adjudication Board 译为争端裁决委员会)。

1.2　DRB 的发展情况

据统计,截止到1994年,世界上有60多个项目已经采用了 DRB,有90多个在建项目正在采用 DRB,有200多个项目计划采用 DRB。近几年, DRB 在美国、英国、法国、中国、印度、孟加拉、南非等国得到更广泛的采用。1995年1月, DRB 被纳入世界银行的招标文件范本,范本建议贷款在 5 000 万美元以上的项目采用 DRB。1995 年 9 月,国际工程师联合会(FIDIC)将 DAB 解决争议机制纳入了 FIDIC 黄皮书,1996 年又将 DRB 机制引进了 FIDIC 红皮书,在国际大型水利工程中, DRB 方式得到越来越广泛的应用。

2　DRB 的成员组成

1996 年发布的红皮书(土木工程施工合同条件, Conditions of Contract for Works of Civil Engineering Construction)引进了由 1 人或 3 人组成的“DRB”。

国际工程项目中若采用 DRB,一般在承包人与业主签订协议后 49 天内,第一位成员由承包商聘任,并在 14 天内让业主认可;第二位成员由业主聘任,并在 14 天内让承包商认可;然后由这 2 位成员在 49 天内共同推选出第三位成员,让该成员担任主席。主席的任命在 14 天内需要得到业主和承包商的一致同意。这样要求的目的,在于使业主和承包商对 DRB 有充分的信任感。

如果在规定的时间内业主和承包商就某一位成员未能达成一致意见,由已任命的一方成员在 56 天内自行决定委托英国土木工程师联合会或斯德哥尔摩商院任命[2];如果先任命的 2 位成员未能就主席达成一致意见,则主席由英国土木工程师联合会在 56 天内代为任命。在这种情况下,第三方机构的任命为最终决定,不得更改。

所有被任命的成员(或主席)均需按规定的式样签订一份聘任函,这就组成了 DRB 评审机构。聘任函应在第一次参观现场前生效。第一次参观现场应在主席聘任后的 84 天内进行,不得超过时间。

3　对 DRB 成员的要求

国际建筑工程项目对 DRB 人员的选聘条件要求较高, 要解决好双方争议,必须选择素质高、经验丰富,公正、公平,在国际上有名望的人员组成 DRB。

3.1　资格预审

根据国际惯例,参照拟定候选人的评分标准,采用量化的方式进行 DRB 资格预审,其内容及所占比例为:①学历(约 10%);②工作经验(15%);③知识面(12%);④仲裁和争议处理经验(20%);⑤国际工程项目经验(15%);⑥熟悉 FIDIC 或类似合同的程度(10%);⑦工程所在国或地区的工作经验(8%);⑧土木工程(或水电工程)施工的经验(10%)。上述 8 条合计总共 100 分,积分高者为首选对象。

3.2　基本职责

要求 DRB 有类似将要参加工程项目的施工经验,并迅速熟悉该工程项目的合同文件和解释。每一位成员必须充分认识到 DRB (争议评审团)是一个机构,工作的宗旨应从工程的根本利益出发,以最小的代价解决争议,尽可能减少对工程师(业主代理人或监理工程师)的工作干扰。DRB 一经确定,就是该工程项目的一个永久机构。但 DRB 的成员可随时撤换,每位成员应按规定与评审团的其他成员密切合作, 尽职尽责,充分发挥评审团的集体作用,不得影响评审团的工作效率,不得有任何与评审团的宗旨不符的行为。

3.3　权利限制

为了使 DRB 成员公正、公平、公开、无私地处理工程争议,归纳起来,对 DRB 成员要提出下列严格的要求：

（1）DRB 成员不得是业主和承包商任何一方所在国的公民，包括承包商联营体的伙伴。

（2）DRB 成员除了得到评审团服务协议中的报酬外，均不得在合同任何一方享有所有权权益，或在合同中享有财务上的利益。

（3）DRB 成员可以在其他项目从事咨询服务，但任何 DRB 成员均不得在本工程合同授予前 3 年内受雇于协议双方的任何一方。

（4）DRB 成员只能担任本机构中的工作，任何成员均不得在合同执行期间受雇于协议任何一方（业主代理人单位或监理工程师单位）。

（5）每位 DRB 成员最长任期为 2 年，个人可随时提出辞职，续聘和解聘成员需得到业主和承包商的一致同意，空缺重选工作应按协议规定进行。

（6）DRB 成员的费用，含月聘请费、现场日工作报酬、月旅行费和其他开支，需得到业主和承包商的一致同意，并写入协议。不得在本工程中有任何其他受益。

4　DRB 的工作内容和争议解决程序

4.1　工作内容

DRB 的主要工作内容是协助解决可能诉诸仲裁的各项争议。每年 DRB 最少到现场 3 次，归纳起来应从事下列具体工作：①审查工程项目施工进度；②调查存在的问题并使 DRB 最终介入；③根据 FIDIC 红皮书争端的解决的条款[3]对已经发生的争议进行听证；④与工程项目各方协商，了解争议的原因与存在问题；⑤确定 DRB 对争议的处理意见，编写报告，提交报告后可以离开现场。

4.2　争议解决的程序

争议是由双方合同约定的一方受损失后引起的矛盾。解决争议需要一个过程。据国际工程管理的资料，争议解决的程序归纳如下：

（1）当业主和承包商之间在工程实施过程中因合同或其他原因发生争议时，受损失的一方可根据争端解决的条款，把争议用书面的形式提交给工程师[1]。

（2）当工程师收到有关争议的文件后，应立即进行分析、听证、调研、解决争议，在 42 天内将解决争议的决定通知业主和承包商。

（3）如果业主或承包商对解决争议的决定不满意，或者工程师未能在 42 天内做出决定，则不满意一方可将自己的意向通知对方（否则工程师的决定具有约束力），并抄送工程师，然后将争议事件提交 DRB。同样情况下，不满意一方也可选择将争议诉诸仲裁。但如果另一方在收到解决争议决定的通知后 28 天内发出了将争议提交 DRB 的通知，则争议仍然先提交 DRB。

（4）DRB 收到通知后，应在下一次访问现场时召开听证会。在听证会召开前规定的时间内，要求不满意一方提交正式的诉状，对方提交辩护状，以便阐述各自的立场、观点，说明各自的理由。

（5）听证会之后，DRB 先依次进行现场考查、重点调研、分别协调、内部磋商，最后以书面报告形式提出解决争议的建议。一般情况下，在 DRB 离开现场前提交报告，遇特殊情况,可与业主、承包商商定在一个更长的时间内交出报告。

(6)如果业主或承包商在收到DRB争议解决报告后56天内没有对报告提出异议,那么DRB的建议具有约束力,反之,则提交仲裁。

(7)尽管业主或承包商已经发出了仲裁的意向通知,在仲裁之前,双方仍有时间进行友好协商。

(8)当仲裁意向发出56天之后,如果友好协商没有达成一致意见,争议事项可以按照国际商会仲裁院的规则进行仲裁(也可采用法庭判决)。这是解决争议的最终方法。

5 DRB在我国的应用

我国港、澳、台地区早已和世界其他国家同步采用DRB[2]。1992年底,我国第一次引进DRB的工程项目是二滩水电站。实践证明:解决争议缩短了时间,节约了费用,运作良好,成效显著,使提交国际仲裁的争议大为减少。

1996年底,应世界银行官员的要求,考虑到小浪底工程的需要,开始在该工程项目管理中组建DRB。经过与标段"双方"进行谈判,签署了"四方协议",确定了DRB的3位成员,1997年4月22日正式成立了小浪底工程项目DRB。

小浪底工程项目DRB的3位成员分别是:承包商聘任的来自瑞士的皮埃尔·江彤(Pierre Genton)先生,业主方面聘任的来自英国GIBB公司的正式职员彼特尔·布恩(Peter L Booen)先生,这两位成员共同推荐了美国的戈登尔·杰尼斯(Gordon L. Jaynes)先生担任主席。最后征得了业主和承包商的一致同意。

小浪底工程项目DRB的3位成员,在1998年4月第一次参观了施工现场,开始发挥其独立的、公正的、权威的争议处理作用。

6 DRB体制的特性研究

从表面上看,DRB体制是"非强制性"和"非正式性"的。表面容易使人产生一种错觉,似乎DRB机构的作用软弱无力,业主和承包商可以接受,也可以不接受。这其实是一种误解。下面从DRB争议处理建议的权威性、独立性、公正性、弹性约束性、可接受性、思维成熟性、可和谈性、可降风险性8个方面进行研究:

(1)从DRB人员的组成看,双方各聘任1位成员,再由这2位成员推荐主席,DRB机构中的3位成员最终要征得业主和承包商的共同认可,充分体现了DRB成员组成和争议处理执行者主导思想的公平性和公正性。

(2)不允许DRB成员与业主或承包商的国籍相同,目的是使DRB成员不受政府行政和政治干扰,不受风俗习惯和民族情感的影响,表现了DRB工作环境和处理问题的独立性。

(3)从DRB成员资格条件的量化标准(8条共100分)、工作的权限以及不应有的利益冲突等方面来看,对DRB成员的知识、能力、业务、效率、素质要求都很高,体现了DRB这一在工程施工中永久性机构的权威性。

(4)DRB成员产生于双方的聘请,在充分听取双方意见的基础上,依据雄厚的知识、丰富的经验、对合同条件的了如指掌，科学地判断争议是非，以调解人的身份提出解决争议的建议，进退容易，理由充分，事实明确，科学公正，专业证据确凿，双方容易接受，同时也允许不接受，形成了DRB的弹性约束，不允许双方有出格的要求，起到了解决争议的独特作用。

(5)DRB是站在高层次和旁观者的角度，从工程本身实际出发，在充分考虑双方利益的基础上，立足于工程本身根本利害关系，而不仅仅从法律的角度提出自己的看法，故业主和承包商的关系不致受到影响或破裂，双方都在冷静而不是冲动、和谐而不是对立的情况下解决争议，DRB的建议容易被双方接受。

(6)争议解决过程中的时限，给双方取证、准备材料、进行现场调查、认真思考分析、权衡利弊得失、形成正确的决议，有一个自由的、广阔的空间和时间，有利于其思维的成熟，进而有利于争议的解决。

(7)如果不接受DRB的建议，将争议诉诸仲裁，双方意识到要冒很大的风险。因为仲裁费用很高，仲裁人员一般都是合同和法律方面的专家，不像DRB成员有工程专业的知识和经验，了解现场情况，理解业主和承包商的观点。“非强制性”运行方式，为双方不接受DRB的建议时，可在此基础上和谈，直至为最终达成协议提供了有利条件。

(8)由于DRB的建议具有专业水平高和权威影响效应，相对比较公平、合理，减少或不需要仲裁和判决，从而降低了争议处理的风险。

7 结语

我国加入WTO后，水电工程的项目管理也要与国际惯例接轨。建议将DRB的成功经验与“三项制度”改革一样，用法律法规的形式确立下来，建立适合中国国情的DRB体制，研究适合中国国情的DRB管理细则，使所有水电建筑工程中的争议得到公平、合理、及时的解决，避免资源、财力浪费，合理分担风险，使水电建筑工程的管理步入良性循环的正确轨道。

参考文献

[1] 杨道富. 国际建筑工程承包知识200问[M]. 北京：中国广播电视出版社，1995.
[2] FIDIC. Conditions of Contract for Works of Civil Engineering. Fourth Edition. 1987.
[3] 崔学文. 小浪底国际工程建设[M]. 北京：中国水利电力出版社，1998.

7-2 国际水电工程施工中的索赔及应用研究

国际水电工程施工中的索赔及应用研究

（发表于《人民黄河》,2003(1):31－32）

摘要:国际水电工程中的索赔按领域可分为工程索赔和商务索赔,按索赔的目的分延长工期索赔和开支亏损索赔,按索赔的原因分施工和设计变更索赔、工程量变化索赔、施工进度延期索赔、合同单价索赔、材料差价索赔、物资采购和运输索赔、工程保险索赔等。索赔的程序包括索赔项目的提出、索赔的证实、索赔价目的编报、索赔的解决和索赔的支付等。索赔工作中应细心研究合同条款,时刻关注索赔事件,建立施工记录档案,注意索赔及谈判的方式和处理索赔的时限。

关键词:工程索赔;存在问题;注意事项; 应用研究;水电工程

中图分类号:TV51 **文献标识码:**A **文章编号:**1000－1379(2003)01－0031－02

0 引言

读水利部副部长张基尧《改革是中国水利水电事业的推进器》一文,吃惊地发现小浪底开工“仅一年多时间,各承包商给业主的信函就达千余封,其中涉及索赔的200多封。仅二标索赔文件摞在一起就有1 m多高”。承包方提出的索赔,有些是正当的索赔,有些是不正当的索赔,正当索赔中有时也往往存在大量不合理的要求。对于开放不久的中国水电工程建筑市场,如何拒绝不正当的索赔、取消不合理的部分、防止索赔事件的发生、处理索赔事件中应注意哪些问题……国内许多工程技术人员并不清楚。这就要求我们在更广泛的领域中宣传普及国际水电工程施工中的索赔知识。

1 索赔的概念

广义的索赔是指在经济活动交易过程中,因为合同双方约定的交易条件未获得履行,从而蒙受损失的一方,向另一方提出赔偿所受损失的要求以及向对方要求损害赔偿的指控[1]。

2 索赔的意义

在国际承包工程中,许多国家深深意识到:在大型、巨型水电工程建设中,条件越复杂、工期越长,物价上涨、人为和自然因素影响越大,不实行科学的管理,可能会带来无法承受的风险和不可估量的经济损失。因此,要求工程相关的各方严格履行各自的权利、义务、职责和应承担的经济损失[2]。

盈利是所有承包商的共同愿望。在“重义、守信、保本、薄利”的情况下,要提高经济效益,除提高科技含量、加强管理、提高劳动生产率外,还应当适时进行正当的索赔。索赔贯穿于工程开始投标到工程结束的全过程，涉及投标报价、勘测设计、物资供应、施工管理等各个环节。

3　索赔的分类

按索赔的领域分施工索赔和商务索赔两类。施工过程中的索赔，称为施工索赔，也叫工程索赔。工程项目的物资和设备采购过程中的索赔，称为商务索赔。

按索赔的目的分因业主方原因延长工期索赔和因业主方原因开支亏损索赔两类。

按索赔的原因可分以下几类：①施工设计变更索赔；②工程量变化索赔；③施工进度延期索赔；④合同单价索赔；⑤物价变化索赔；⑥物资采购、运输的索赔；⑦工程保险的索赔等。

3.1　施工索赔

在承包工程中，因一方违约，不履行合同条款，从而影响工程的正常进行，造成损失。受损失的一方可以向违约方提出赔偿损失的要求和指控。在承包工程中，由于承包合同把工程施工的风险主要放在承包商一方，承包商违约，合同中规定了专门的罚款条件；不过，如果业主违约，承包商也有权要求业主赔偿损失。索赔是承包商和业主之间承担风险的合理再分配。

(1)施工设计的变更索赔。在施工中，发现原来业主提交的设计和合同中规定的施工方法不适当、与地质条件不符合，需要变更设计，承包商有权提出索赔。

(2)工程量的变化索赔。由于工程设计的原因或者标书、合同中的工程量不准确造成工程量出现差异，或者咨询工程师指令增减甚至取消某些施工项目等，承包商有权提出索赔。

(3)施工进度延期索赔。施工中，因人力不可抗拒的自然条件、特殊风险、业主的干扰等原因，导致工程施工难度增加和进度延期，加重了承包商的风险和增加了施工费用，承包商有权向业主要求延长工期并索取工程延期而引起的经济损失。

(4)合同单价索赔。业主提出的超越合同中工程量单价表的新项目和新要求，承包商有权提出单价索赔。

(5)物价变化索赔。在施工期间，由于材料、燃料、运输费用和人工费用的价格上涨，从而引起费用增加，承包商可按规定的价格调整公式计算，向业主提出索赔。

(6)工程保险的索赔。当业主要求承包商向保险公司投工程保险时，施工中发生了保险条款中所述的工程破坏和经济损失，承包商应及时向保险公司进行索赔。

(7)其他索赔。在施工中，业主违反合同，法律和法规的改变，税法和税率的变化，停电、停水、停气等引起的事件，由承包商向当事人提出索赔。

3.2　商务索赔

承包商在工程所需物资的采购中，因供货商、运输商和保险公司等违约可提出索赔。

(1)货物数量的索赔。短缺、丢失，数量与合同或单据中的数量不符。

(2)货物质量的索赔。低质、劣质货物，质量不符合合同中规定的标准或相关规范，因包装不良而雨淋、受潮引起的变质等。

(3)货物损坏的索赔。因包装、堆放、翻车、倒箱等，造成货物破碎、变形等。

(4)供货违约索赔。不履行合同或不按规定期限交货等。

(5)运输保险索赔。在保险公司投了保,货物运输损失和设备破坏损失可向保险公司索赔。

4　索赔的程序

4.1　提出索赔项目

由于业主或工程师(国内相应为监理工程师)方面原因引起的索赔,承包商必须在合同规定的期限内(通常在事件发生的28天内)以书面的形式提出索赔项目。

4.2　索赔的证实

提出索赔项目之后,承包商应提供索赔事件所必需的现场记录,允许工程师检查这些记录,并到现场调查、证实索赔项目发生的程度、大小和规模。

4.3　编报索赔价目

在现场记录的支持下,承包商应整理出详细的索赔价目账单,提出索赔的理由,论证增加的费用,证明索赔金额的合理性。

4.4　索赔的解决

索赔的解决有4种方式,即和解、调解、仲裁、诉讼[3]。和解是在双方互相信任的基础上友好解决,双方无法和解时由工程师调解,如果合同中订有仲裁条款,可通过仲裁解决。诉讼是通过法律程序解决索赔纠纷的最终方法。

4.5　索赔的支付

双方达成索赔协议,确定一个应支付的金额,承包人有权把它列入中期账单,由工程师根据付款规定出具付款证明,由业主支付索赔款项。

5　索赔应注意的问题

5.1　细心研究合同条款

在工程招投标、合同谈判和签约时,要认真研究合同条款,对合同中含糊不清的词语,权利、义务、责任不明或有矛盾的条款,要求对方书面明确答复,并做好记录[4]。

5.2　时刻关注索赔事件

当发生或将要发生索赔事件时应有思想准备,对事件发生的过程要详细地记录,以便及时让工程师进行书面确认。特别是如下事件发生时应及时提出索赔:①当不利的自然条件比合同中描述的更困难、更恶劣时;②当改变设计方案、质量要求、施工工序和工程量增减时;③当非承包方原因使工期延长时;④当材料、燃料、运输费、人工费等价格上涨时;⑤当政府银行宣告货币贬值或改变汇率时;⑥当发生战争、叛乱、外敌入侵、军事政变等特殊风险时等[5]。

5.3　建立施工记录档案

在施工过程中,对施工记录、验收记录、往来文件、财务会计和成本核算等方面的资料,工程师与业主研究的技术问题、施工进度和其他重要的会议,要做好记录,双方签字后作为正式文件存档,以备索赔时查阅。

5.4 提出索赔及谈判的方式

具备索赔条件时可提出索赔，用词应该温和、恰到好处。如“请在某合同条款下予以考虑”、“希望能满意地解决双方之间的分歧”、“请做出公正的调整”、“请注意由此带来的工期拖延和我方的经济损失”等。

索赔谈判要选择良好的时机，用温和的语气耐心地申辩，在商谈价格时，要根据合同来说明问题，索赔证据充分、符合实际，使业主和工程师审阅后的第一个印象便觉得合情合理，有利于达成索赔协议。

5.5 处理索赔的时限

国际水电工程中索赔事件处理，超过时限概不负责。事件初发 28 天内发出索赔通知，在通知后 28 天内提交事件记录和详细索赔金额账单。如果事件继续发生，该账单为中间账单，在事件影响结束后的 28 天内要提交一份最终账单，索赔账单与月报表在 28 天内由工程师批准并开出付款证书，业主在 28 天内付款给承包商[5]。

5.6 选择高素质的索赔工作人员

索赔工作涉及社会、经济、金融、法律、法规、经济合同、工程技术、施工规范、技术标准等多方面的知识，要求谈判人员业务精通、办事效率高，精明强干。

6 结语

索赔是承包工程经营活动中经常发生的事。如果一个承包商不懂索赔、不善索赔，他就不是一个有竞争能力的承包商，就无法从经营管理中获得效益，甚至会带来无法承受和不可估量的风险。

重合同、守信誉、公平、公开、合理是管理好建筑工程的重要因素。合理的罚款和索赔是制约双方责任、权利、义务的必要手段。投资单位、决策机构，业主、监理、承包单位都应该掌握索赔技巧。

参考文献

[1] 阎修桐，孙岩，王春亮，等. 工程承包与劳务合作[M]. 北京：中国青年出版社，1993.
[2] 杨道富. 国际建筑工程承包知识 200 问[M]. 北京：中国广播电视出版社，1995.
[3] 杨道富. 国际招标承包的发展概况[J]. 河南科技，1998(6)：29-30.
[4] 杨道富. 国际工程项目管理文件简介[J]. 河南水利，1998(3)：34-35.
[5] FIDIC. Conditions of contract for works of civil engineering construction. 1998.

7-3　FIDIC 合同条件的历史沿革与特性研究

FIDIC 合同条件的历史沿革与特性研究

（发表于《人民黄河》,2003(7):5－7）

摘要:探讨了 FIDIC 条件《土木工程施工合同条件》(红皮书)、《电气与机械工程合同条件》(黄皮书)、《业主/咨询工程师标准服务协议书》(白皮书)编写的主导思想和沿革过程,研究了最新 FIDIC 条件《施工合同条件》(新红皮书)、《生产设备和设计—施工合同条件》(新黄皮书)、《设计采购施工(EPC)/交钥匙项目合同条件》(银皮书)、《简明合同格式》(绿皮书)的编写意图和特性。结果表明:①FIDIC 条件具有科学性、权威性、独立性、公平性、公开性、广泛性、交易自由性和非官方性;②FIDIC 条件在各类工程项目特别是大型水电工程管理中应用广泛;③FIDIC 条件编写成员的选择科学、组成合理;④FIDIC 条件在国际工程项目管理中起主导作用,影响和推动着我国工程项目管理的改革。

关键词:起源;发展;修订;完善;历史;现状;特性; FIDIC 合同条件

中图分类号: TU723.1;TV512　**文献标识码**:A　**文章编号**:1000－1379(2003)07－0005－03

"FIDIC"是"国际咨询工程师联合会"法语(FEDERATION INTERNATIONALE DES INGENIEURS CONSEILS)的缩写[1]。该联合会成立于 1913 年,初期由欧洲 3 个国家的咨询工程师协会组建,现在已有 60 多个国家的成员协会参加。20 世纪 90 年代,建筑业智力服务使 FIDIC 成为国际上最具权威的行业组织。下属的各个专业委员会编制了各类合同文件、协议标准范本、工作指南、惯例建议、资格预审标准格式等许多高水平的国际工程项目管理文件。这些文件是对国际工程界几十年来工作实践和经验的总结,被许多国际组织、各国政府部门、相关组织和公司广泛采用或借鉴。中国工程咨询协会 1996 年加入该组织,鲁布革、三峡、小浪底、二滩、万家寨等国内工程已经采用 FIDIC 条件管理。为了使更多的人熟悉国际惯例,这里就 FIDIC 条件的起源、发展、沿革、特性等进行了较为系统的分析、研究。

1　FIDIC《土木工程施工合同条件》(红皮书)[2]

20 世纪 60 年代,第二次世界大战后繁重的重建任务带来了国际承包业的蓬勃发展。在工程施工建设中,许多工业发达国家深深地意识到:人为和自然因素对于大型工程建设项目的影响很大,不实行科学的管理制度,可能带来无法承受的风险和不可估量的经济损失。各国都非常需要一套标准的、通用的国际管理条件,以便在正常情况下确保项目目标的实现[3]。在经历了很多曲折之后,国际工程师联合会(FIDIC)和许多国际组织总结出了一些可资借鉴的具体办法,通过招标、承包、咨询、监理,以契约的形式确定各自的权利和义务。

FIDIC《土木工程施工合同条件》(Conditions of Contract for Works of Civil Engineering Construction)第1版出版于1957年1月,它是FIDIC委员会以当时正在英国使用的、由土木工程师协会(IEC)制定的合同格式为蓝本编制而成的,在此以前国际上还没有专门用于国际建筑工程合同管理的文件。因为受英国合同格式的影响,所以它所反映的风俗习惯、传统文化和法律制度具有英国特色。由于FIDIC《土木工程施工合同条件》第1版封面为深红色,因此这个文件很快以其封面的颜色在国际上流传,被称为"红皮书"(其他国家文字的译本封面也必须为深红色)。

1963年出版的FIDIC条件"红皮书"第2版,保持了第1版原有的特色,同时增加了当FIDIC条件用于河道疏浚和土方填筑合同时,对通用条件部分文字进行变动、修改的方法。

1977年出版了全面修订后的FIDIC条件"红皮书"第3版,同时编写了与之相配套的解释性文件,即《土木工程合同文件注释》。此后,FIDIC专门设立了一个下属机构,称为"土木工程合同委员会"(CECC),负责监督FIDIC条件"红皮书"的使用,发现问题及时向FIDIC执行委员会汇报。

1987年9月,FIDIC条件"红皮书"第4版出版,在瑞士洛桑召开的FIDIC学术年会上举行了首发式。第4版与第3版相比差别较大。第4版根据FIDIC执行委员会收集和反馈的情况作了详细的修订和改革,对"红皮书"每条每款都做了注解。如果将这些条款中的文字稍加修改,增加特殊条款,则适用于各国、各地区和各类工程项目管理。

1992年出版了FIDIC条件"红皮书"第4版的修订版。FIDIC条件"红皮书"引入了DRB(Dispute Review Board,译为争议评审团)机制,在解决大型国际工程项目施工中的争议时,具有8个特性,即"DRB争议处理建议的权威性、独立性、公正性、弹性约束性、可接受性、思维成熟性、可和谈性、可降风险性"[4],因此该机制得到广泛应用。1996年底,应世界银行官员的要求,在黄河小浪底水利工程项目管理中开始组建DRB。经过与3个标段的代表谈判,签署了"四方协议",确定了DRB的3位成员,1997年4月22日小浪底工程的DRB正式成立。1999年9月,新版FIDIC合同条件中的施工项目包含土木、机械、电气、构筑物等,将DRB修改为DAB(Dispute Adjudication Board,译为争端裁决委员会)。

随着照相和复印技术的发展,有些被改动过的复制件可以以假乱真。为防止假合同事件的发生,FIDIC坚持用黑色和蓝色两种颜色的字迹印刷工程合同。合同正本用蓝色印刷(具有防伪功能),合同副本可以用黑色印刷。

FIDIC下属的"土木工程合同委员会"(CECC),在监督、修改、编写出版FIDIC条件"红皮书"第4版的过程中,组织了由国际知名人士参加的编委会,主任是丹麦的M. Sfrensen,成员有德国的R. Elsasser,美国的R. Helns,瑞典的H. Kristensen,英国的K. B. Norris,修订和编写过程历时4年。第4版"红皮书"内容丰富,符合实际,风险分担合理,便于使用,受到国际工程界的好评。

国际承包商联盟(CICA)、欧洲国际承包商会(EIC)、美国承包商总会(AGC)对FIDIC条件"红皮书"起草进行了咨询,提出了宝贵的、具有建设性的意见和改革方案。

伦敦Bain Clarkson有限公司的Angus Cleaver先生提供了有关保险条款的方案和起草技巧,以便与保险法规衔接;他是风险分担方面不可多得的顾问。

巴黎和伦敦的两位律师,代表国际律师协会在法律方面提出了宝贵的意见、建议和改革方法,以确保 FIDIC 合同文件全部内容与国际法和各国法律条文协调一致,有机衔接。当发生合同纠纷时,使合同条款的解释、延伸可以通过仲裁或法庭判决来解决。

2 FIDIC《电气与机械工程合同条件》(黄皮书)[5]

工程建设项目中大部分是以土木工程为主、以电气与机械工程为辅,也有的以电气与机械工程为主、以土木工程为辅,两者都是建设项目的重要组成部分,因此许多工业部门的国际组织呼吁应该出台与 FIDIC 条件"红皮书"类似的《电气与机械工程合同条件》。1963 年,在 FIDIC 条件"红皮书"第 2 版出版时,国际咨询工程师联合会(FIDIC)首次出版了用于业主和承包商之间有关机械设备的供应和安装的《电气与机械工程合同条件》(Conditions of Contract for Electrical and Mechanical Works)[6],因为封面为黄色,故称为 FIDIC 条件"黄皮书"(一直沿用至今)。

1977 年,FIDIC 要求合同委员会审查 FIDIC 条件"黄皮书"第 1 版,准备出版第 2 版,与此同时编制《电气与机械工程合同文件注释》手册,对每一条款进行注释,以防理解错误。1980 年经过修订后的 FIDIC 条件"黄皮书"第 2 版及注释手册出版。

合同委员会继续审查第 2 版,并征求世界各国各地区设备生产商代表的意见,非英语语系国家的人普遍认为很难理解第 2 版中采用的(旧英国时代)盎格鲁—撒克逊式的法律术语。在不改变合同条件约束效力的情况下,简化了合同条件的语言和结构,以便减少非英语语系国家的使用障碍。1987 年 FIDIC 条件"黄皮书"第 3 版出版。

1995 年 1 月,世界银行把 DRB 机制纳入了招标文件范本,建议贷款在 5 000 万美元以上的项目采用 DRB 机制。1995 年 9 月国际工程师联合会(FIDIC)将 DRB 解决争议的机制纳入了 FIDIC 条件"黄皮书"。1999 年 9 月,新版 FIDIC 合同条件中的施工项目包含土木、机械、电气、构筑物等,将 DRB 修改为 DAB。

目前,FIDIC 条件"黄皮书"已应用于我国许多大型水电机械设备和政府公用事业设施的采购招标。如小浪底工程的发电机和水轮机等设备的采购招标,就是采用 FIDIC 条件"黄皮书"中的合同条件管理的[7]。

3 FIDIC《业主/咨询工程师标准服务协议书》(白皮书)[8]

在 FIDIC 条件"红皮书"和"黄皮书"使用期间,多数业主经常聘请有能力的咨询工程师帮助管理工程,因此从 1986 年初开始,Povl Ahm 先生在任 FIDIC 业主/咨询工程师关系委员会主席时,着手编写《业主/咨询工程师标准服务协议书》(Conditions of the Client/Consultant Model Services Agreement)。由于初版书皮为白色,故以"白皮书"代称之。在 Eigil Steen Pedersen 先生担任主席期间继续进行了此项工作,最后在 Mario Asin 先生担任主席期间的 1990 年完成了"白皮书"的编写出版工作。

"白皮书"的编写经历了 3 个阶段。第一阶段是在原有相关文件的基础上修订,使语言更简明、程序更合乎逻辑,并与传统的其他 FIDIC 合同条件的格式和风格趋向一致。第二阶段是收集各方面的意见和建议,顺应国际惯例,并与国际基金机构(IFA)编制的咨询服务文件的意图相一致,对文件作了原则上的变动。第三阶段,也是最难的一个阶段,对有关权利、责任、保障和保险的规定条款进行加工,使其符合法律的规定[9]。

世界银行、亚洲开发银行以及阿拉伯基金会的一个联合委员会对"白皮书"的草案文本进行了审查,所提出的许多建议被编入最终的文件,并做了特别有价值的、非常详尽的评注。

4 国际最新 FIDIC 合同条件

1999 年 9 月 FIDIC 新版合同条件英文版问世。受 FIDIC 委员会委托,FIDIC 新版合同条件中英对照本于 2002 年 5 月在我国机械工业出版社出版。主要有 4 本合同文件:①《施工合同条件》(Conditions of Contract for Construction)(新红皮书)[10];②《生产设备和设计—施工合同条件》(Conditions of Contract for Plant and Design - Build)(新黄皮书);③《设计采购施工(EPC)/交钥匙项目合同条件》(Conditions of Contract for EPC Turnkey Projects)(银皮书);④《简明合同格式》(Short Form of Contract)(绿皮书)。

新版 FIDIC 合同条件继承了原有合同的优点,注入了科技发展的新成就,汲取了国际工程管理的经验,听取了国际权威机构的专家、学者以及相关各方的意见和建议,统一了词义,规范了措辞,确定了歧义归位原则,明确了法律界定方法。合同条款数目统一调整为 20 条,其中大部分是重新编写的。其中《设计采购施工(EPC)/交钥匙项目合同条件》和《简明合同格式》是首次推出的全新的合同条件。

新版 FIDIC 合同委员会主席是英国的 John B. Bowcock,成员有瑞典的 Michael Mortimer - Hawkins 和德国的 Axel - Volkmar Jaeger,特别顾问是 K. B.(Yony)Norris。新版 FIDIC 合同委员会起宏观指导作用。

新版 FIDIC 条件起草工作组组长是瑞典的 Christopher Wade,主要起草人是英国的 Peter L. Booen,法律顾问是法国的 Christopher R. Seppaia,工作组其他成员有德国的 Hermann Bayerlein 和阿根廷的 Jose F. Speziale。稿件经过 30 多个国家的国际知名权威人士、社会团体和国际组织审阅。

新版 FIDIC 合同条件在编排格式上更为系统化、科学化、标准化、规范化,对不同的国家、不同的地域、不同的工程类型适用性更强、应用性更广,在合同双方权利、义务、责任以及风险分担等方面的规定更加合理、准确、清楚、严密。具体表现在:①合同条件中的施工项目包含土木、机械、电气、构筑物等;②将 DRB 修改为 DAB[10];③工程师的口头指令的确认时间由 7 天改为 2 天;④增加了工程师默示合同条款;⑤将工程项目检验、接收证书颁发数由 1 个增加到 6 个。

5 FIDIC 合同条件特性研究

从表面上看,FIDIC 机构是"非官方的",作用软弱无力;FIDIC 合同条件是"非强制性"的自由交易行为,可以接受,也可以不接受。其实,这是一种误解。在选择这种工程项目管理模式前是自由的,一旦进入,国际惯例、国际贸易规则、国际法律、该合同涉及的那些国家的法律(法规、条例、规范)将对工程项目合同各方形成强大的约束力。为了深入了解 FIDIC 合同条件,有必要对其特性进行研究 。

(1)科学性。国际 FIDIC 组织成立于 1913 年,至今 100 多年。自 1957 年第 1 版

FIDIC合同条件出版以来，经过了许多国家科技界的知名人士、社会团体和国际组织审查、完善、使用，进行过5次大修订，合同条件逐步系统化、科学化、标准化、规范化。

（2）权威性。FIDIC合同条件集建筑管理之精华、聚全球英才之灵气，阅历建筑业发展沧桑，其合同条款具有科学性、准确性、规范性等特性，不仅最具权威性，而且遵守各国法律、社会制度和宗教信仰，受到世界各国的普遍赞扬。

（3）独立性。FIDIC组织（成立于1913年）由小到大，参加的组织和成员遍及世界各国，在工程项目管理方面具有独特的条例、文件、程序和方法，具有工程项目管理的独立性。

（4）公平性。FIDIC合同条件公开规定了各方权利、责任、义务，工程项目管理权和施工权通过公开招标、公平竞争获得。不分国家大小，不分制度、种族、风俗习惯是否相同，FIDIC合同条件不准有非公正、非公平行为和歧视态度，在合同条件约束下一律平等。

（5）公开性 。FIDIC合同条件规范了项目管理各方交易的行为，交易的条件、方式、程序公开，提倡交易公正、公平、公开、合理进行。

（6）广泛性 。新版FIDIC合同条件适用于土木、机械、电气、构筑物等施工管理，体现了适用范围的广泛性；FIDIC编制了各类合同条件、协议标准范本、工作指南、惯例建议、资格预审标准格式等工程项目管理文件，体现了管理业务内容的广泛性；FIDIC合同条件被许多国际组织、各国政府部门、相关组织和公司广泛采用或借鉴，体现了使用范围的广泛性。

（7）交易自由性。FIDIC合同条件使建筑产品交易通过公开招投标的市场行为完成，消除贸易壁垒，使生产要素自由流动、优化组合，鼓励建筑企业在竞争中求发展，提高建筑企业科技和经营管理水平，给业主、承包人、监理更多自由选择的机会，使消费者在自由交易中得到物美价廉的商品和服务。

（8）非官方性。自1913年欧洲三国咨询工程师协会组建FIDIC以来，现在已有许多个国家的成员协会参加，得到了联合国、国际组织、各国政府的承认、响应和支持，是某一国政府无法单独完成的。FIDIC，非官方性的组织推动了国际建筑业的改革和建筑经济全球化的发展。

6　结语

在国际范围内，FIDIC合同条件被推荐用于建设项目投资前的论证、可行性研究、工程设计、工程项目招标投标、工程项目施工管理等。呼吁我国工程项目的管理、投资单位的决策、施工单位的运行以及咨询监理的服务等使用和借鉴FIDIC成功的经验，建立适合我国国情的、标准服务的管理体制，组建类似国际DAB的争端裁决机构和制定类似FIDIC合同条件的、动态平衡各方利益的管理文件，以规范建筑市场，理顺各方关系，公平一致地对待工程项目建设各方，快速、高效地完成各类工程项目。

参考文献

[1] 杨道富. 国际国内建筑工程招标承包的发展综述[J]. 漯河职业技术学院学报，2002(2)：8-11.
[2] 国际咨询工程师联合会(FIDIC). 土木工程施工合同条件[M]. 北京：航空工业出版社，1992.

[3] 杨道富. 国际建筑工程承包知识 200 问[M]. 北京：中国广播电视出版社,1995.
[4] 杨道富. 国际水电工程施工中 DRB 的作用和特性研究[J]. 建筑经济,2002(2):41-43.
[5] 国际咨询工程师联合会(FIDIC). 电气与机械工程合同条件[M]. 北京:航空工业出版社,1992.
[6] 杨道富. 国际工程项目管理文件简介[J]. 河南水利,1998(3):34-35.
[7] 杨道富. 国际建筑工程中的索赔及应用研究[J]. 黄河水利职业技术学院学报,1999(4):20-22.
[8] 国际咨询工程师联合会(FIDIC). 业主/咨询工程师标准服务协议书[M]. 北京:航空工业出版社,1992.
[9] 杨道富. 国际国内招标承包的发展概况[J]. 河南科技,1998(6):29-30.
[10] 国际咨询工程师联合会(FIDIC). 施工合同条件[M]. 北京:机械工业出版社,2003.

7-4　基于国际工程项目管理中的争端裁决研究

基于国际工程项目管理中的争端裁决研究*

（发表于《人民黄河》,2006(12):5－7）

摘要:国际工程项目管理中组建争端裁决机构起源于20世纪60年代美国的大型土建工程施工,渐渐得到了广泛采用。分析了争端裁决委员会(简称DAB)的工作内容,归纳了争端解决的程序,研究分析了争端裁决委员会处理争端的权威性、独立性、公正性、弹性约束性、可接受性、思维成熟性、可和谈性、可降风险性等8个特性及相关理论问题。DAB在我国二滩和小浪底工程建设中发挥了独立、公正、权威和令人信服的争端处理作用。建议我国相关项目法规从理论上引入适合中国国情的DAB管理体制,以适应加入WTO带来的国际挑战。

关键词:争端裁决;DRB;DAB;国际工程项目

中图分类号:TU723　**文献标识码**:A　**文章编号**:1000－1379(2006)12－0005－03

DAB(Dispute Adjudication Board,译为争端裁决委员会)的前身是DRB(Dispute Review Board,译为争议评审团),最早起源于20世纪60年代美国的土建工程施工管理中,尤其是大坝施工、地下工程施工和水资源管理,它的核心是采用非正式的方式,及时、公正、合理地解决施工过程中发生的争议。由于施工行业与业主发生争端后,通过仲裁和判决的方式解决争端的费用越来越高,人们对工程师(业主代理人或监理工程师)[1]在解决争端中的独立性表示疑虑,逐渐采用其他方式解决争端,其中优势明显的方法就是采用DRB来解决施工过程中发生的争端。由于DRB作用越来越大,1999年FIDIC(国际咨询工程师联合会)合同条件将DRB修改为DAB,即由争议评审团改为争端裁决委员会,进一步提高了施工现场争端解决的权威和地位[2]。DRB在美国、英国、法国、中国、印度、孟加拉、南非等国得到更广泛的采用。1999年9月FIDIC新版合同条件英文版问世,2003年译成汉语版,将DRB修改为DAB。近几年,在国际大型水利工程施工中,DAB方式得到越来越广泛的重视和应用。

1　争端裁决成员的遴选

1999年FIDIC条件改版后的新"红皮书",即《施工合同条件》(Conditions of Contract for Construction)引进了由1人或3人组成的DAB。

国际工程项目中若采用DAB,业主和承包方"各方均应推荐一人,报他方认可",一般在承包人与业主签订协议后49天内,第一位成员由承包商聘任,并在14天内让业主认可;第二位成员由业主聘任,并在14天内让承包商认可;然后由双方共同选定的2名成员在49天内共同推选出第三位成员,让该成员担任主席(裁决人)。主席的任命在14天内

* **基金项目**:河南省科技攻关项目(20025700002),世界银行国际水电工程项目管理研究。

需要得到业主和承包商的一致同意。如果合同内列有 DAB 预选成员名单,一般应从该名单中选择。

如果在规定的时间内业主和承包商就某一位成员未能达成一致意见,由已任命的一方成员在 56 天内自行决定委托英国土木工程师联合会或斯德哥尔摩商院任命[3];如果先任命的 2 位成员未能就主席达成一致意见,则由英国土木工程师联合会在 56 天内代为任命。也可以选在“合同专用条件中指名的任命实体或职员,经双方协商同意后任命为 DAB 成员”。在这种情况下,“此项任命是最终的、决定性的”,不得更改。

所有被任命的成员(或主席)均需按规定的式样签订一份聘任函,这就组成了 DAB 争端裁决机构。聘任函应在第一次参观现场前生效。第一次参观现场应在主席聘任后的 84 天内进行,不得超过时间。

2　争端裁决委员会组成成员的要求

国际工程项目对 DAB 成员的选聘条件要求较高,要解决好双方争议,必须选择素质高、经验丰富、公正公平、在国际上有名望的人员组成 DAB。

2.1　成员资格预审的评分标准

根据国际惯例,采用量化的方式进行资格预审,对候选人的理论、技术、经验、知识面等综合评审,其内容及所占比例为:①学历(10%);②工作经验(15%);③知识面(12%);④仲裁和争议处理经验(20%);⑤国际工程项目经验(15%);⑥熟悉 FIDIC 或类似合同的程度(10%);⑦工程所在国或地区的工作经验(8%);⑧土木工程(或水电工程)施工的经验(10%)。

2.2　成员选择的基本约束条件

为了使 DAB 成员公正、公平、公开、无私地处理工程争端,归纳起来,对 DAB 成员提出下列要求和严格的约束条件:①DAB 成员不得是业主和承包商任何一方所在国的公民,包括承包商联营体的伙伴。②DAB 成员除得到争端裁决委员会协议中的报酬外,均不得在合同任何一方享有所有权权益,或在合同中享有财务上的利益。③DAB 成员可以在其他项目从事咨询服务,但任何 DAB 成员均不得在本工程合同授予前 3 年内受雇于协议双方的任何一方。④DAB 成员只能担任本机构中的工作,任何成员均不得在合同执行期间受雇于协议任何一方或业主工程师单位、业主代理人单位、监理工程师单位。⑤每位 DAB 成员最长任期为 2 年,个人可随时提出辞职,续聘和解聘成员需得到业主和承包商的一致同意,空缺重选工作应按协议规定进行。⑥DAB 成员的费用,含月聘任费、现场日工作报酬、月旅行费和其他开支,需要得到业主和承包商的一致同意,并写入协议书。不得在本工程有任何其他受益。

2.3　成员行为宗旨的要求

要求 DAB 有类似将要参加工程项目的施工经验,并迅速熟悉该工程项目的合同文件和解释。每一位成员必须充分认识到 DAB(争端裁决委员会)是一个机构,工作的宗旨应“从工程的根本利益出发,以最小的代价解决争端”,尽可能减少对工程师(业主代理人或监理工程师)的影响。DAB 一经确定,就是该工程项目的一个永久机构。但 DAB 的成员可随时撤换,每位成员应按规定与争端裁决委员会的其他成员密切合作,尽职尽责,充分发挥争端裁决委员会的集体作用，不得影响争端裁决委员会的工作效率，不得有任何与争端裁决委员会的宗旨不符的行为。

3　争端裁决工作内容和程序

3.1　工作内容

DAB 的主要工作内容是协助解决可能诉诸仲裁的各项争端。每年 DAB 最少到现场 3 次，归纳起来应从事下列具体工作：①审查工程项目施工进度；②调查存在的问题并使 DAB 最终介入；③根据 FIDIC 红皮书争端的解决的条款[4]对已经发生的争端进行听证；④与工程项目各方协商，了解争端的原因与存在问题；⑤确定 DAB 对争端的处理意见、编写报告，提交报告后可以离开现场。

3.2　争端解决的程序

争端是由双方合同约定的一方受损失后引起的矛盾。解决争端需要一个过程。据不同国际工程管理的资料综合分析，争端解决的程序归纳如下：

（1）当业主和承包商之间在工程实施过程中因合同或其他原因发生争端时，受损失的一方可根据争端解决的条款，把争端用书面的形式提交给工程师。

（2）当工程师收到有关争端的文件后，应立即进行分析、听证、调研，在 42 天内将解决争端的决定通知业主和承包商。

（3）如果出现业主或承包商对解决争端的决定不满意，或者工程师在 42 天内未能做出解决争端的决定，则不满意一方可将自己的意向通知对方（否则工程师的决定具有约束力），并抄送工程师，然后将争端事宜提交 DAB。同样情况下，不满意一方也可选择将争端诉诸仲裁。但如果另一方在收到解决争端决定的通知后 28 天内发出了将争端提交 DAB 的通知，则争端仍然先提交 DAB。

（4）DAB 收到通知后，应在下一次访问现场时召开听证会。在会前规定的时间内，要求不满意一方提交正式的诉状，对方提交辩护状，以便阐述各自的立场、观点，说明各自的理由。

（5）听证会之后，DAB 先依次进行现场考查、重点调研、分别协调、内部磋商，最后以书面报告形式提出解决争端的建议。一般情况下，在 DAB 离开现场前提交争端解决报告，遇特殊情况，可与业主、承包商商定在一个更长的时间内交出争端解决报告。

（6）如果业主或承包商在收到 DAB 争端解决报告后 56 天内没有对报告提出异议，那么，DAB 的建议具有法律约束力；反之，则提交仲裁。

（7）尽管业主或承包商已经发出了仲裁的意向通知，在仲裁之前，双方仍有时间进行友好协商解决争端。

（8）当仲裁意向发出 56 天之后，如果友好协商没有达成一致意见，争端事项可以按照国际商会仲裁院的规则进行仲裁（也可采用法庭判决）。这是解决争端的最终方法。

4　国际争端裁决方式在我国的应用

1992 年底，我国第一次引进 DAB 的工程项目是二滩水电站。实践证明：解决争端缩短了时间，节约了费用，运作良好，成效显著，使提交国际仲裁的争端大为减少。

1996年底，应世界银行官员的要求，考虑到小浪底工程的需要，开始在该工程项目管理中组建DAB。经过各标段甲乙双方的谈判，签署了“四方协议”（业主、承包商、监理工程师、DAB成员），确定了DAB的3位成员，1997年4月22日正式成立了小浪底的DAB[5]。

小浪底DAB的3位成员分别是：承包商聘任的来自瑞士的皮埃尔·江彤（Pierre Genton），业主方面聘任的来自英国GIBB公司的正式职员彼特尔·布恩（Peter L. Booen），这2位成员共同推荐了美国的戈登尔·杰尼斯（Gordon L. Jaynes）担任主席，最后征得了业主和承包商的一致同意。小浪底工程项目DAB的3位成员，在1998年4月第一次参观了施工现场，开始发挥其独立的、公正的、权威的争端处理作用。

5 国际争端裁决体制的理论特性研究

从表面上看，DAB体制是“非强制性”和“非正式性”的[6]。这容易使人产生一种错觉，似乎DAB机构的作用软弱无力，业主和承包商可以接受，也可以不接受[7]，这其实是一种误解。下面从DAB争端处理建议的权威性、独立性、公正性、弹性约束性、可接受性、思维成熟性、可和谈性、可降风险性8个方面进行研究：

（1）从DAB人员的组成看，双方各聘任1位成员，再由这2位成员推荐主席，DAB机构中的3位成员最终要征得业主和承包商的共同认可，充分体现了DAB成员组成和争端裁决体制主导思想的公平性和公正性。

（2）不允许DAB成员与业主或承包商的国籍相同，目的是使DAB成员不受政府行政和政治干扰，不受风俗习惯和民族情感的影响，表现了DAB工作环境和争端裁决制度的独立性。

（3）从DAB成员资格条件的量化评分标准、工作约束条件和行为宗旨的权利限制，以及不应有的利益冲突等，体现了对DAB成员的知识、能力、业务、效率、素质要求都很高，并且还要求有丰富的施工经验，体现了DAB在国际工程施工管理中永久性机构的权威性。

（4）DAB成员在充分听取双方意见的基础上，依据广博的知识、丰富的经验、裁决争端的能力、对FIDIC合同条件的了如指掌，科学地判断争端是非，以和谐调解人的身份提出解决争端的建议；同时，也允许双方不接受裁决结果，形成了DAB裁决结果在约定时间内的弹性约束，不允许双方有出格的要求，起到了解决争端的独特作用。

（5）DAB是站在高层次和旁观者的角度，从工程本身实际出发，在充分考虑双方利益的基础上，立足于工程本身根本利害关系，而不仅仅是从法律的角度提出自己的看法。因此，业主和承包商的关系不至于受到太大影响或破裂，双方都在冷静而不是冲动、和谐而不是对立的情况下解决争端。

（6）在争端解决过程中，给双方取证、准备材料、进行现场调查、认真思考分析、权衡利弊得失、形成正确的决议，有一个自由的、广阔的空间和时间，有利于争端的解决。

（7）如果不接受DAB的建议，将争端诉诸仲裁，双方会意识到要冒很大的经济风险，因为仲裁费用很高。“非强制性”运行方式，为双方不接受DAB的建议时，可在此基础上和谈，直至最终达成协议提供了有利条件。

(8)由于 DAB 的建议具有专业水平高和权威影响效应，相对比较公平、科学、合理，不需要或减少仲裁和判决次数，从而节省了时间，降低了争端处理的经济风险。

6　结语

目前，我国工程项目管理许多方面已经与国际惯例接轨。建议将 DAB 的成功经验与“三项制度”改革一样，用法律法规的形式确立下来，修订建筑法、招投标法等法规，建立适合中国国情的 DAB 体制，研究适合中国国情的 DAB 管理细则。这样将使所有工程项目中的争议得到公平、科学、合理、及时地解决，避免工期拖延和财力、物力、资源的浪费，双方合理分担风险，使工程项目的管理步入科学、和谐的良性循环轨道。

参考文献

[1] 国际咨询工程师联合会(FIDIC). 土木工程施工合同条件[M]. 北京:航空工业出版社,1991.

[2] 国际咨询工程师联合会(FIDIC). 施工合同条件[M]. 北京:机械工业出版社,2003.

[3] 杨道富. 国际建筑工程承包知识 200 问[M]. 北京:中国广播电视出版社,1995.

[4] 杨道富. FIDIC 合同条件的历史沿革与特性研究[J]. 人民黄河,2003(7):5-7.

[5] 崔学文. 小浪底国际工程建设[M]. 北京:中国水利水电出版社,1998.

[6] 杨道富,孙五继. 国际水电工程施工中的索赔及应用研究[J]. 人民黄河,2003(1):31-32.

[7] 国际咨询工程师联合会(FIDIC). 业主/咨询工程师标准服务协议书[M]. 北京:航空工业出版社,1992.

本书参考文献

[1] 王雪青. 国际工程项目管理[M]. 北京:中国建筑工业出版社,2012.
[2] 杨道富. 国际建筑工程承包知识200问[M]. 北京:中国广播电视出版社,1995.
[3] 杨道富. 国际水电工程施工中DRB的作用和特性研究[J]. 工程项目管理,2003(8):18-21.
[4] 杨道富. 国际工程项目管理文件简介[J]. 河南水利,1998(3):34-35.
[5] 杨道富. FIDIC合同条件的历史沿革与特性研究[J]. 人民黄河,2003(7):5-7.
[6] 杨道富,等. 国际水电工程施工中的索赔及应用研究[J]. 人民黄河,2003(1):31-32.
[7] 杨道富,等. 基于国际工程项目管理中的争端裁决研究[J]. 人民黄河,2006(12):5-7.
[8] 杨道富. 国际国内建筑工程招标承包的发展综述[J]. 漯河职业技术学院学报,2002(2):8-11.
[9] 国际咨询工程师联合会(FIDIC). 施工合同条件[M]. 北京:机械工业出版社,2007.
[10] 国际咨询工程师联合会(FIDIC). 电气与机械工程合同条件[M]. 北京:机械工业出版社,2007.
[11] 国际咨询工程师联合会(FIDIC). 业主/咨询工程师标准服务协议书[M]. 北京:机械工业出版社,2007.
[12] 杨道富. 国际国内招标承包的发展概况[J]. 河南科技,1998(6):29-30.

杨道富作者简介

杨道富,教授,学报编辑部主任、执行主编,河南省学术技术带头人,黄河水利委员会评标专家、监理工程师,河南省高校学报研究会副会长,全国高职高专学报研究会副理事长,中国图学学会制图技术专业委员会副主任,中国科协继续教育中心讲师团成员,中国管理科学院高级研究员,世界知识产权组织观察员、国际专利事务评估师,全国建筑业企业项目经理继续教育教师(河南2人),中国高校自学考试委员会命题专家。开封市应急管理专家组(防汛组)成员,多次被省市、黄河水利委员会聘为评标专家。多次被教育部教指委聘为“高教杯”全国大学生先进图形技能与创新大赛评委,命题、审题专家。2013年12月被学生评为最有帮助的教师。

1.基本情况。1981年毕业于黄河水利职业技术学院。1998年河南大学工程项目可行性研究硕士研究生(2003年6月被录取为从美国普莱斯顿大学引进的工程学博士研究生)。曾任中国水利电力对外公司工程质量检验室主任、小浪底实践教学培训中心主任。

2.出版著作、编审教材20本。主要有《国际建筑工程承包知识200问》《国际项目实施方略》《水工建筑物》《水利工程概论》《水利工程制图》《水利工程管理》《水电工程汉—英词汇手册》《水利工程建设监理工程师手册》《水利工程合同管理》《水电工程学科专业英语词典》《土木工程专业英语》《水工建筑物基础》等。

3.发表论文66篇。其中核心期刊27篇,一级核心期刊12篇,一般CN期刊39篇,EI收录2篇,国际会议宣读3篇。主要有《科技期刊编辑能力探讨》《Vocational Teaching Cube System of Engineering Graphics》《Set up Mechanical Curriculum System Based on the Three - Dimensional Design》《新型多功能水闸启闭机的研究》《灌区建筑物完好率评估体系的研究》《黄河下游窄河段挖河断面不同尺度的减淤效果及对河势影响的试验研究》《基于期刊国际化若干问题的探析》《基于核心期刊的核心价值体系研究》《国际工程项目中DRB的作用和特性研究》《国际水电工程施工中的索赔及应用研究》《螺母螺杆直升式水闸启闭机的改造》《FIDIC合同条件的历史沿革与特性研究》《水工混凝土结构病害机理评估体系的研究》《国际职业需求与三维CAD教学改革》《用沉积理论研究黄河的造陆贡献》《基于国际工程项目管理中的争端裁决研究》《中心投影与平行投影椭圆对应关系的研究》等。

4.承担21门主干课讲授和大量毕业设计(中英文)。教学效果评估为优秀。主要有《水利工程制图》《建筑制图》《机械制图》《水工建筑物》《水利工程管理》《招标承包工程管理》《监理概论》《工程监理与监测》《中国水利概论》《国际工程施工索赔》《水利水电工程建设项目管理》《国际工程项目管理》《施工项目管理概论》《施工项目成本管理》《FIDIC施工合同条件》《国际工程合同管理》《国际工程风险管理与保险》《水工建筑物基础》《国际管理科学概论》《国际FIDIC条款概论》《国际工程咨询》等。

5.获得各种奖励38项。曾获中华人民共和国国家知识产权局专利(专利号:ZL

01226097.5;证书号:第480455号)。获得"中国知网杯"高校科技期刊突出贡献奖、教育部优秀编辑学论著一等奖、河南省(教委)优秀著作二等奖、河南省优秀科普作品一等奖、全国理论创新优秀学术成果一等奖、河南省创新教育教学成果一等奖、河南省高校优质课比赛第一名、中国水利电力对外公司科研项目奖3项、优秀论文奖3项奖励、日内瓦国际专利技术成果博览会金奖项目(联合国教科文组织领导)、第二届亚洲国际新技术新产品博览会金奖。获黄河水利委员会新长征突击手、开封市优秀教师、高校科技期刊优秀主编(主任)、全国期刊优秀编辑等荣誉称号。多次获学院奖励。

6. 主持参加科研项目、科技开发、技术推广、技术服务26项。"水工混凝土结构病害的成因、诊断、治理研究"和"新型防盗、防尘、环保闸门启闭机的开发"2项经省科委鉴定达到国内领先水平。还有阿荣旗至深圳国家重点公路、开封至通许(市界)段高速公路、桥梁防洪影响评价、水利部西藏扎达地区水电站厂坝区地形模型(孔繁森生前立项)、三门峡市灵宝县窄口水电站设计、小浪底实践教学培训基地模型、河南省投资管理学校的规划与设计、开封市防洪规划研究报告等。从1994年开始推广国际工程管理知识(有小浪底等十几个单位证明)。

7. 主讲学术报告65次。国际会议宣读论文3次,全国性学术报告主讲15次,省内外全国项目经理培训《国际工程项目管理》报告数十次。

8. 参加国际工程项目2次,多次出国或境外考察。在世界银行工程项目中与日本咨询和英国咨询进行技术合作与交流2次,主持完成科研项目3项,有"优化混凝土配合比的研究""翻板闸的研制""全封闭防盗启闭机的研制";主持设计尼泊尔巴格马堤水利枢纽(含42孔闸、3个100 m长断面4.5 m×4.5 m箱涵和100 m宽的溢洪道);主持和参加设计尼泊尔逊沙里—莫朗引水工程(含引水闸、一级和二级沉沙池、排沙工程、电站、灌区渠系建筑物);主持设计进水闸、溢洪道、渡槽、桥梁、跌水、倒虹吸、涡流排沙、溢流坝等主要工程数十座。主编中英文竣工图集(五卷十册,A1图6 800张),通过英国咨询、日本咨询、世界银行代表的专家评审。

9. 主编学报获奖多次。①教育部中国高校特色科技期刊2次(2006.10,2008.10);②教育部全国高校优秀科技期刊(2004.8);③河南省高校特色期刊(省高校工委和教育厅,2011.9);④河南省一级期刊2次(省出版局,2008.11,2014.1);⑤"中国知网杯"高校科技期刊突出贡献奖(2007.10);⑥中国高校科技期刊先进集体(2005.8.5);⑦全国高校科技期刊优秀编辑质量奖(2009.11);⑧中国高职高专核心期刊2次(2008.12.8,2011.11.6);⑨《CAJ-CD规范》执行优秀期刊(2003.10);⑩全国高职高专优秀学报(2002.5)。

学院和学报国际影响力持续扩大。学报编辑部2013年10月29日再次收到中国知网《黄河水利职业技术学院学报》发行与传播统计报告,国内外机构用户达到4 232个。发表的文章具有较高的学术技术应用价值,读者地域分布世界各国(美、英、法、德、日等国),传播趋势持续上升,国际影响力由内部发行的零点开始,十几年来连年创历史新高。